江湖中國

강호중국

인맥과
처세의
중국
파헤치기

위양 지음
서이담 옮김

학고재

때로는 머릿속이 하얀 백지상태와 같은 것이 좋을 수도 있다. 또렷하고 신랄한 이미지를 그려 넣을 수 있기 때문이다.

1980년대 중반에 대학에서 강사 생활을 한 적이 있다. 근심 걱정도 없었지만, 돈도 없고 권력도 없는 시절이었다. 자유롭고 유유자적한 생활이었지만 단조롭고 무미건조한 느낌이 들기도 했다. 대학원 담장 밖의 세계는 칸트의 '피안의 세계'와 마찬가지였다. 그것이 존재한다는 것은 분명 알고 있었지만 나와 무관한 세계 같았다. 시간이 흘러 강사 생활에 싫증을 느끼면서 젊은 나이에 신선한 자극을 찾아, 교수님을 따라 과학 기술에 종사하고자 농촌으로 갔다. 첫해에 우리는 광둥 성廣東省의 모 진鎭에 가서 시험관 바나나 묘목을 널리 보급하는 일을 했다.

농업과학연구소의 한 친구가 이 일을 위해서는 서기書記와 진장鎭長을 찾아봐야 한다고 귀띔해주었다. 그가 알려준 대로 서기와 진장을 찾아 술집으로 갔다. 일이 끝난 후에 안 사실이지만, 그 동네의 술집 몇 개를 몇 명의 간부가 각기 관리하고 있었다. 고위 관리들은 원래 그 지방의 거물로, 고향에서 높은 자리에 오른 후에는 자신의 술집에서 공무를 보며 두문불출했다. 이들은 퇴폐적인 생활을 하고 향락을 추구하면서 전화 통화와 측근들에 의지해 그 지방을 다스렸다. 지금이라면 조금도 놀라지 않겠지만 당시에는 그런 일에 백지상태여서 성도省都로 돌아온 후에도 의아함을 떨치지 못했다.

이런 일이 특별한지 보편적인지 판단도 하기 전에 실생활에서 다시 새로운 수업을 받았다. 이듬해에 푸젠 성福建省의 한 민영 회사 책임자로 부임했다. 첫 업무 수업은 '본바닥의 불량배', 즉 현지 관리를 찾아보는 것이었다. 관리와 술집에서 만나기로 약속했다. 그 술집의 여사장은 대만 사업가의 버림받은 아내이자 관리의 정부였는데, 미모가 무척 뛰어났다. 당시 관리는 나를 건성으로 상대하면서 여사장의 옷 속에 손을 집어넣고는 옆에 사람이 없는 것처럼 행동했다. 어릴 때부터 예가 아니면 보지도 말고 듣지도 말라고 배운 터라 부끄러워 낯을 붉힐 지경이었다. 이전보다 견문이 넓어진 덕에 이 일로 깜짝 놀라지는 않았지만, 이런 일들이 결코 특수한 사례가 아니라는 것을 깨달았다. 그러고 나서 수년의 세월이 흘렀다. 이제 괴이한 것을 보고도 놀라지 않았고, 고상하지 못한 세계가 존재한다는 것도 알았다. 고상하지 못한 세계에는 비밀 집단이 있고, 세상에 공개하기를 원치 않지만 그들만의 규칙과 가치관이 있다는 것도 알았다.

혼란스러워 역사에 도움을 청했다. 역사를 공부하고 나서 안 사실은 역사가 놀라울 정도로 되풀이되고 있다는 점이었다. 『태평광기太平廣記』의 「호협전豪俠傳」, 『금병매金瓶梅』, 『수호전水滸傳』을 읽고, 백련교白蓮教, 나교羅教, 청홍방青紅幇, 홍문洪門 천지회天地會와 가로회哥老會에 관해 읽고 문득 이런 사실을 깨달았다. 본래 강호江湖 사회라는 것은 정통 사회도 아니고 정인군자正人君子의 사회도 아니며 정통 사회 바깥의 오합지졸이라는 것이다. 정통이나 정의와 거리가 멀지만 어느 정도 사회에 지배력을 행사하고 있다는 점도 알았다. 지배력을 행사하기 때문에 현대인, 특히 정치가, 사회학자, 기타 모든 학자와 독자들이 중시할 만한 가치가 있는 것이다. 우리가 등한시하는 세계지만 어둠 속에서 전혀 깨닫지 못하는 사이 우리

　　　　　　　　　　　　　　　　　　　　　　　　　　　강호 중국

를 지배하는 세계가 바로 강호다.

강호에 대해 언급하자면 자연히 100년 전의 상하이가 떠오른다. 그 당시 상하이에는 청홍방이 운집해 있었다. 개개의 두목이 제각기 구역, 아편굴, 도박장 등을 장악해 보호비 명목으로 돈을 뜯어내는 대가로 사람들이 화를 당하지 않게 해주었다.

현재도 부정부패는 여전히 심각하다. '집안에 세무 직원이 하나 있으면 온 가족이 부자가 된다'는 남부 지방의 속언으로 짐작할 수 있다. 교통경찰은 한 손으로는 화물차 운전자를, 한 손으로는 자가용 운전자를 틀어쥐고 있다. 일단 교통사고가 나면 교통경찰은 돈을 받고 사건을 무마한다. 도시 관리, 위생 감독, 검열, 호적, 치안, 사법 등의 분야에서도 이러한 현상을 흔히 볼 수 있다. 지금 달라진 점이 있다면 청홍방이 사라지고 홍문 천지회와 가로회가 더 이상 존재하지 않는다는 것이다. 하지만 구역을 장악하는 것은 여전하다. 무엇 때문인가? 강호 민간 결사는 사라졌지만 강호의 정신과 강호 사회구조는 건재해 중국 사회가 강호화되었기 때문이다. 어떤 의미에서 말하자면 백성이 곧 강호이고, 사회에 강호가 포함되어 있다고 볼 수 있다.

상하이에 대해 언급하자면 청홍방 얘기를 하지 않을 수 없다. 또 청홍방을 얘기하면서 황진룽黃金榮에 대한 언급을 피할 수는 없다. 황진룽의 공개적인 신분은 프랑스 조계(租界: 19세기 후반 영국, 미국, 일본 등 8개국이 중국을 침략하는 근거지로 삼았던, 개항 도시의 외국인 거주지 ─ 옮긴이)의 총포두總捕頭로, 위로는 조계 당국의 명령을 받으면서 아래로는 조계 경찰들을 휘하에 두었다. 그는 녹봉을 받으며 치안을 유지했다. 황진룽의 공개되지 않은 신분은 청방(靑幫: 상하이의 지하 폭력 조직 ─ 옮긴이)의 두목이었다. 그는 제자와 손제자를 상당히 많이 두었는데, 이들 모두 한 구역을 농단하는 깡패, 무뢰한들이었다.

황진룽은 재물을 좋아했다. 그가 돈을 버는 비결은, 깡패가 상점에 가서 협박하고 소란을 피우면 나서서 해결하는 것이었다. 그 결과 상인은 돈을 내고, 깡패는 상납을 받고, 조계의 서양인은 황진룽을 표창하는 일석삼조의 효과를 거두었다. 어느 분야의 사람이건 그에게서 벗어날 수 없었고, 그리하여 그를 믿고 신뢰하는 구조가 형성되었다. 사람들의 신뢰를 받으면서 황진룽 수중으로 끊임없이 돈이 굴러들어왔다. 경제학의 관점에서 분석해보면, 황진룽은 공권을 이용해 개인 수익을 극대화한 것이었다.

만일 이와 같지 않았더라면, 이를테면 본바닥 불량배를 모두 체포했더라면 그들에게 상납금을 바치는 사람도 없었을 것이다. 말썽을 부리는 불량배가 없었다면 상인도 돈을 낼 필요가 없었을 것이다. 그리고 깡패들이 소란을 피우지 않았다면 수습할 일도 없었을 테고, 그렇게 되면 총포두의 능력을 과시할 수도 없었을 것이며, 서양인들도 굳이 그를 필요로 하지 않았을 것이다. 그렇게 되면 황진룽은 어디서 수입을 얻겠는가? 따라서 깡패를 소탕하면 이익이 최소화되었다. 상하이의 치안이 잘 유지되어 밤에도 대문을 닫아걸지 않아도 된다면 조계 경찰은 직업을 잃을 터이므로 경찰 역시 바보짓을 할 리 만무했다. 그렇다면 이익을 극대화할 수 있는 방법은 무엇인가? 바로 건달, 상인, 조계의 생태 균형을 유지하는 것이다. 깡패는 날마다 말썽을 일으키고, 상인은 날마다 돈을 바쳐 화를 방지하고, 황진룽의 똘마니는 날마다 나서서 분규를 해결해 각계로 돈이 굴러들어오는 것이다. 이것은 조금도 기이할 게 없는 강호 경제 운영 모델 가운데 하나다.

100년이 지난 지금도 이와 비슷한 일들이 여전히 일어나고 있다. 교통경찰이 살짝 누설한 바로는, 경찰이 교통질서를 유지하는 비결은 '물을 내보내 물고기를 기르는' 것이다. 교통법규를 위반하는 악습을 뿌리 뽑은 적은 없었다. 한동안 엄하게 단속하면 통사정하며 뇌물을 먹이는 사람들이 엄청나게 늘어나고, 그런 다음 적당한 시기를 봐서 단속을 푼다. 이때가 되면 교통경찰이 도로에서 거의 눈에 띄지 않을 뿐 아니라 교통법규를 위반해도 단속하지 않는다. 그러다 운전자들이 경계심을 늦추면 다시 한바탕 엄중히 단속하는 것이다.

이와 같은 강온 양면 전략은 마치 풀무질하는 것과 같다. 교통법규를 위반하는 운전자의 오래된 습관을 지속시키면서 흉터가 막 아물려고 할 때 다시 칼을 들이댄다. 그 결과 경찰관의 회색 수입은 극대화되는 반면 운전자의 지출은 최대화된다. 이것을 '전략적인 강탈'이라고 부르기도 한다. 이들은 황진룽에게 배운 적이 없으며 순전히 권력 이익 게임에 의존해 행동한 것이다. 황진룽도 누구에게 배운 것이 아니라 사회 권력 구조에 따라 그렇게 행동했을 것이다.

강호는 유교 국가의 노인병이나 마찬가지다. 중국은 유교의 모국인 까닭에 강호의 중증 지역이 될 수밖에 없었다. 유교 국가의 특징은 가족주의를 신봉해 가족이 모여 살며 자손 번성을 중시하는 것이다. 또 기술을 '사악하고 음험한 기교'라고 보고 기술 혁신을 거부한 탓에 농업 기술의 정체를 면치 못해 생산력이 인구 증가 속도를 따라잡을 수 없다는 점이다.

이 두 가지는 유교 운영체제의 버그와도 같다. 춘추전국시대 이후 1천여 년 동안 인구 증가와 생산력 정체의 모순이 점차 심화되면서 중국에는 인구와 땅의 긴장 구도가 형성되었다. 그 결과 가족이 모여 사는 유교 가족 사회가 해체되면서 전국이 유민 대조류에 휩싸였고, 그 과정에서 새로운 사회구조인 강호 사회가 형성되었다.

중국의 협객과 상인에게는 예로부터 강호의 유전자가 존재했다. 그러나 체계화된 사회구조로서 강호의 맹아가 싹튼 것은 명대 중기, 대략 16세기 전후다. 그 후 300년 동안 인구 증가와 조절을 거쳐 청대 건륭제가 퇴위한 뒤 19세기 초반에 이르면 인구 폭증으로 강호 사회가 흥기하기 시작한다. 20세기 초 청나라와 중화민국 교체기에 강호는 정통 질서를 철저히 전복하고 중국의 주도적 사회구조가 된다. 중국 사회의 전반적인 강호화 과정은 이때부터 시작된 것이다.

강호는 정통 사회 바깥의 사회구조를 통칭하는 말이다. 자세히 분석해보면 강호에는 두 유형이 있다. 동맹을 맺는 비밀결사와 동맹을 맺지 않는 관계망이 그것이다. 전자를 '비밀 집단'이라 부르고, 후자를 '인맥 집단'이라고 부른다. '비밀 집단'은 단체 구조로, 엄격한 조직과 제도가 있다. 반면에 '인맥 집단'은 네트워크 구조로, 인간관계로 연결되어 있으며 그다지 엄격하지 않은 인정 습속과 체면 습속에 따른다.

강호화를 일종의 사회 병리적 현상이라고 본다면 중국이 이 병에 걸린 지는 벌써 500년이 되었다. 과거에 중국은 숨이 곧 끊어질 듯한 상황에서 기능의 약화와 구조의 강호화라는 고통을 견뎌내야 했다. 강호화는 중국 사회의 노쇠를 증명하는 상징이다. 현재 중국은 강호가 와해되는 과정에서 최후의 판결을 기다리고 있다. 중국이 국제 경쟁 세계에서 제도 전환 과정 중에 소멸할 것인지, 아니면 변화 과정에서 자기 혁신을 꾀할 것인지는 강호화를 극복해 건전한 사회구조를 확립할 수 있을지, 새로운 가치 체계와 사회제도를 수립할 수 있을지에 달려 있다.

이 책의 주제는 사소한 일이나 항간에 떠도는 소문이 아니라 중국 민족의 고질병에 관한 것이다. 요컨대 중국의 미래에 희망이 있는지 없는

지는 중국 사회가 강호를 극복하고 초월할 수 있는지에 달려 있다. 모든 것은 강호를 청산하는 것에서부터 시작해야 한다. 강호의 중국, 건달들의 중국을 청산하고, 남을 속이고 수단과 방법을 가리지 않고 탈취하고 빈둥거리는 데 익숙한 중국을 청산해야 한다.

1

체제 밖 또 하나의 '체제'

1. 풀기 어려운 진부한 문제들

다섯 가지 의혹

우선 몇 가지 사회 현상에 대한 의혹부터 시작해보자.

첫째, 사회에서 필요한 것은 책에서 배울 수 없고 책에 있는 내용은 사회에서 무용지물이다.

어릴 때 이 말을 듣고 알 수 없는 의아함을 품고 있었다. 어떤 현묘한 이치가 이 말에 숨겨져 있는 것 같았고, 사회 실상이 '자욱한 안개'에 덮여 있는 듯싶었다. 그러나 자욱한 안개는 책벌레에게만 그렇게 보일 뿐, 다른 사람들에게는 개방되어 있고 공개되어 있다. 이 사람들은 '무림의 기술'을 익혀 비범한 능력을 지닌 까닭에 자욱한 안개 속에서도 능수능란하게 일을 처리할 수 있다. 이들이 바로 오늘날 우리가 말하는 노강호(老江湖: 세상 물정에 밝은 사람이라는 뜻-옮긴이)다.

냉정하게 말해서 사람의 능력에는 차이가 있다. 벼락출세하는 사람이 있는가 하면 영락하는 사람도 있다. 짙은 안개 속 분위기에 의심을 품은 이유는 인생의 성패 때문이 아니라 그 원인을 말할 수 없었기 때문이고, 집단 무의식에 의해 철저히 은폐되어 책에서 배울 수 없는 까닭이었다. 그런데 이는 세계적인 현상일까, 아니면 중국만의 독특한 정세일까? 정말로 '나라의 정세'인지 아니면 그것을 핑계로 내막을 숨기는 것인지 도

무지 알 수가 없다. 만약 책과 사회에 괴리가 있다면 그것을 책이라고 부를 수도 없고, 학문이라고 부를 수도 없다. 예를 들면, 사회학은 사회의 이치를 연구하는 학문이므로, 사회학에서는 사회 현상을 반영해야 한다. 바꿔 말하면, 사회 현상을 반영하지 않았다면 그것은 사회학이 아니라는 얘기다. 일반적으로 사회의 이치는 책에서 배울 수 있고, 책의 이치는 사회에서도 쓸모가 있다. 그런데 사회에서는 어째서 현실과 책 사이에 '도랑'이 가로놓여 있는 것일까? 이 도랑은 무엇이고, 또 책이 개입할 수 없는 이유는 무엇일까?

둘째, 착한 사람이 손해를 본다.

처음으로 세상을 경험하는 자녀에게 부모는 종종 '지나치게 정직하면 안 된다, 정직한 사람은 손해를 본다'고 가르친다. 아이가 철들면 일부 젊은 부모들은 때때로 당혹스러운 상황에 빠진다. 아이들이 싸우는 것을 보고 도대체 양보하라고 가르쳐야 하나, 맞받아치라고 가르쳐야 하나? 만약 아이가 학교 친구에게 구타를 당했다면 더 호되게 때려주라고 해야 하나, 선생님에게 이르라고 해야 하나?

일종의 게임 이론인 '죄수의 딜레마'다. 착하게 행동해 참으라고 가르쳤다간 자기 아이의 머리가 깨질 수 있고, 때리라고 가르쳤다간 남의 아이 머리가 깨질 수 있기 때문이다. 누구의 머리가 깨지든 부모는 그 대가를 치러야 한다. 부모마다 전략과 가치관이 다르기 때문에 아이의 성격도 다르게 형성될 수밖에 없다.

착한 사람은 정말 손해를 본다. 공공장소에서 일을 볼 때도 고지식하게 줄을 서면 손해를 보지만 약삭빠르게 새치기를 하면 이득을 본다. 정직한 상인은 정품을 팔아 이윤을 남기지 못하지만 악덕 상인은 모조품이나 하등품을 팔아 부당이득을 챙긴다. 정직한 사람이 손해를 보는 이런 현상은 인류 사회의 기본이 되는 정의의 원칙과 질서에 위배된다. 그렇다면 정직한 사람이 유독 손해를 보는 이유는 무엇일까? 착한 사람이 멍청한 것은 아니다. 그저 일 처리에 융통성이 없을 뿐이다. 질서를 지키면 손해를 보고, 지키지 않으면 이득을 보다니 기이한 일이 아닐 수 없다.

명·청대 이후 수백 년 동안 많은 중국인이 난세의 영웅호걸을 맹목적으로 숭배해왔다. 이 우상들은, 예컨대 시황제나 악비岳飛, 문천상文天祥, 척계광戚繼光, 임칙서林則徐처럼 정도를 걸었던 영웅이 아니라 위소보韋小寶, 영호충令狐衝, 연자이삼燕子李三, 황진룽, 두웨성杜月笙, 장대수張大帥, 허대마봉許大馬棒, 좌산조座山雕처럼 제도권 밖에서 농간을 부린 강호의 협객이나 도적들이었다. 이들 대부분은 제도권 밖에 있었지만 소수는 제도권 안에 잠복하면서 제도권 밖 강호의 법칙에 따라 일을 처리했다. 이들은 싸움을 좋아했고, 무자비한 방법을 썼으며 화적질로 얻은 장물을 나누어 가지면서 그것을 영예롭게 생각했다. 농사지은 곡식을 빼앗고, 보호비 명목으로 가게 주인에게서 돈을 뜯어내고, 길 가는 사람의 재물을 강탈하고, 중간에서 착복하고, 열심히 일하는 사람을 괴롭히고, 뇌물을 거절한 사람의 뒤통수를 때리는 등의 만행을 저질렀다. 정직하게 일하느니 화적질을 하고, 법이나 기율을 준수하느니 폭력을 휘두르는 것이 차츰 법질서를 뛰어넘는 일종의 관행으로 굳어지면서 황제라도 어찌해볼 도리가 없었다.

이런 상황에서 세상살이가 고달파지면 착한 사람도 타락하고, 양민도 반항하여 살아남기 위해 남의 재물을 강탈하게 마련이다. 결국에는 근대 이후의 기생적인 사회구조로 변모하는 것이다. 마치 '큰 물고기는 작은 물고기를 잡아먹고, 작은 물고기는 작은 새우를 잡아먹고, 새우는 물을 먹고, 물이 빠지면 돌이 드러난다'는 대련對聯의 구슬픈 글귀와도 같다.

오늘날 우리는 무협의 홍수 속에 살고 있다. 노천 책방이나 서점을 둘러보거나, 문학 웹 사이트를 검색하거나, TV 리모컨으로 수십 개에 이르는 채널을 돌려보면 무협의 범람을 느낄 수 있다. TV 매체나 전문가의 학술 강연에서도 걸핏하면 협객에 비유해 이야기한다. 신세대는 무협 소설을 읽고 자랐으며, 진융金庸, 구룽古龍 등은 중국의 셰익스피어로 떠올라 언어와 문학, 심지어 문화에까지 깊은 영향을 끼친다. 효웅梟雄 문화의 번창은 자만하는 5천 년 문명의 변화 조짐이다. 중국인은 폭력에 의존하지 않은 채 공평하고 정의로운 사회를 수립할 수 없는 것일까? 협객이 선망의 대상이 되고 있지만, 그들이 엄청난 불로소득을 올리는 비밀이 무엇인지 모두가 익히 알고 있다. 꼼수나 완력으로 재물을 빼앗는 '협객'을 본받을 수밖에 없는 것일까?

셋째, 나쁜 사람이 이득을 본다.

'착한 사람이 손해를 보고 나쁜 사람이 잘산다.' 이것은 문학적 풍자가 아니라 흔히 볼 수 있는 사회 현상이다.

최근에 유행하는 말이 있다. '남자는 돈이 생기면 나쁜 사람이 되고, 여자는 나쁜 사람이 돼야 돈이 생긴다.' 여기서 '나쁘다'는 것은 성매매를 의미한다. 거래를 암시하는 한편, 돈이 남자에게서 여자에게로 흘러들어가는 것을 암시한다. 이전에 남자가 어떻게 돈을 벌었는지, 돈을 번 후 여자가 무엇을 하는지는 언급하지 않았다. 세상 물정에 밝은 사람이라면 이 말을 곱씹으며 이렇게 말할 것이다. "남자가 어떻게 돈을 벌었을까? 역시 '나쁜 사람이 돼서' 번 것 아닐까? 남녀 모두 '나쁜 사람이 돼야' 돈을 벌 수 있다. 그는 이어서 이렇게 말할 것이다. "요즘에 쉽게 성공하려면 아부하거나, 뇌물을 주고받거나, 세금을 포탈하거나, 빚을 떼먹거나, 폭리를 취하거나, 밀수하고 마약을 판매하거나, 횡령하거나, 공공의 이익을 해치고 제 잇속만 차리거나, 나쁜 물건을 좋은 물건으로 속여 팔거나, 남의 것을 사취하거나, 거짓말하거나, 후안무치하거나, 수단을 부려 명예를 탐내거나, 남의 것을 표절하거나, 스스로를 치켜세우거나, 공갈하고 협박하거나, 재물을 갈취해야 한다." 물론 여자도 남자처럼 여러 부도덕한 방법을 선택할 수 있겠지만 여자는 이 방면에 별로 소질이 없다.

부와 명성을 쌓으려면 오랫동안 각고의 노력을 기울여야 한다. 만약 어떤 사람이 벼락부자가 되었다면 강호를 떠돌며 비합법적인 부정한 수단으로 부를 얻었을 것이 틀림없다. 벼락과도 같은 원시적 축적 과정의 배후가 깨끗할 리 없기 때문이다. 매년 대중매체에서 뜨겁게 다루는 부호 순위는 여러 의미를 내포하는데, 상위권 부호가 해마다 바뀌면서 번갈아 사람들의 관심을 끈다. 무명씨가 급부상해 '갑부'가 되지만, 이들은 분에 넘치는 인기를 누리기 무섭게 사라진다. 죄상이 드러나 외국으로 몰래 도망가버리기 때문이다.

1990년대 초반에 향진 기업(鄕鎭企業: 향진은 우리의 읍·면에 해당하는데, 향진 기업이란 중국의 개혁 개방 운동에 따라 1978년부터 각 지역 특색에 맞게 육성되기 시작한 소규모 농촌 기업을 말함—옮긴이)의 납세 상황을 조사한 후 탈세의 배후에 존재하는 규칙을 알았다. 당시 모 진의 기업 탈세 현상은 보편적인 추세였다. 처음에 세무 직원과 친분이 두터운 일부 업주가 암암리에 탈세를 하자 업계 내에 불공정한 경쟁 구도가 형성되었다. 납세한 기업은 탈세한 기업에 비해 생산 비용이 높아 기업 운영을 지속하기 어려워졌고, 연줄이 없어 세금을 납부했던 업주도 결국 세무 직원에게 뇌물을 주면서 탈세할 수밖에 없었다. 이러한 풍조가 확산되면서 마침내 탈세가 보편적인 현상으로 자리 잡은 것이다.

객관적으로 볼 때, 지방의 모 업종에서 탈세가 보편화되었다면 세무 직원이 세금을 먹는 악습이 존재한다고 추론할 수 있다. 이것은 비단 한 사람에 국한되는 문제가 아니라 체계화된 숨겨진 규칙으로, 옛날에는 이것을 '악습'이라 불렀다. 이를 잘 아는 현지 주민들 사이에서는 중대 기밀을 폭로하는 속언이 나돌았다. '집안에 세무 직원이 하나 있으면 온 가족이 부자가 된다.' 어떻게 부자가 되는지는 모두 알 것이다.

이웃 현의 한 진에서는 또 다른 광경이 펼쳐졌다. 마을 사람들이 집단으로 사기를 쳤는데, 그 수가 어찌나 많은지 아연실색할 지경이었다. 산업 기반이 취약한 농민들이 휴대전화 문자 메시지와 전자 상거래를 통해 사기를 쳤던 것이다. 이 지역은 모든 사업이 부진하고 거리가 한산한데도 유독 서양식 다층 건물들이 즐비했다. 건축업만 번성해 벽돌과 기와 등 건축자재가 도처에 쌓여 있었다. 사기를 쳐서 번 돈으로 지은 집이었다. 사기가 하나의 업종이 되었을 뿐 아니라 놀랍게도 일단의 사기꾼들을 양성했으니, 전무후무한 일이라 할 수 있겠다.

한 사람이 탈세하고 한 사람이 사기를 쳤다면, 그것은 법률과 도덕의 문제라고 말할 수 있다. 하지만 여러 사람이 탈세하고 여러 사람이 사기를 쳤다면, 도덕이나 법 집행 문제에 그치는 것이 아니라 좀 더 높은 차원에서 고려해야 한다. 절대다수가 준수하지 않는 법에 대해서 처벌하기는 힘들기 때문이다.

'절대다수를 처벌하는 것'과 법 사이에는 개념상 모순이 존재한다. 법이란 무엇인가? 프리드리히 하이에크에 따르면, 법은 뭇사람의 생활에서 형성된 관행을 나중에 정치권력이 인정한 것이다. 즉, 법은 뭇사람의 관행에서 비롯된 것이지 단순히 입법자의 의지에 의해 제정된 것이 아니라는 말이다. 법과 관례 사이에 모순이 있다면 관행이 아니라 법을 먼저 검토해야 한다. 만약 법과 대립되는 악습이 통용되고, 이것이 관례로 굳어지면 문제가 커져 사회질서에 위기를 초래할 수도 있다. 합법적인 절차가 비현실적이 되고, 현실적인 절차가 불법적인 것이 되어 제도가 유명무실해지는데, 이 상태가 지속되면 상상할 수도 없는 결과를 낳는다.

만약 지역 전체에 탈세가 만연해 있다면 공공 재정의 재원은 어디서 충당하고, 공공시설은 어떻게 확충할 것인가? 사회복지는 어떻게 보장하고, 공공 안전은 누가 책임지며, 공무원은 누가 부양할 것인가? 월급을 받지 못한 공무원들이 반항하지 않겠는가? 예컨대, 월급을 받지 못한 일부 경찰은 국민을 위해서가 아니라 돈을 위해 법을 집행하면서 부당이득을 취할 수 있는 사건만 접수하려 들 것이고, 부당이득을 얻을 수 없는 사건은 거들떠보지도 않을 것이다. 정도가 더 심한 경찰은 공공의 안전을 보장하기는커녕 고의로 범법을 눈감아줄 것이며, 심지어 범법자들과 불량배를 자기편으로 만들어 재산을 늘리려 할 것이다.

일부 지역에서 교통 부서는 하나의 이익집단이다. 만약 모든 운전자가 교통법규를 준수한다면 도로는 무사태평할 것이다. 법규를 위반하는 사람이 없으면 인정에 호소하는 사람도 없을 것이고, 그러면 그들의 부당이득도 줄어들 것이다. 누가 이것을 바라겠는가? 이에 교통경찰들 사이에서는 점차 일종의 묵계가 형성되어 한편으로는 엄격하고, 한편으로는 느슨하게 법을 집행했다. 그 목적은 물론 부당이득을 최대화하기 위해서였다. 여기서 이른바 '느슨하다'는 말은 운전자의 법규 위반을 눈감아주는 것을 뜻하고, '엄격하다'는 말은 착복을 뜻한다. 이들은 마치 풀무질하듯이 '엄격하게'와 '느슨하게'를 반복했다. 운전자는 교통경찰의 비위를 맞추며 뒷날의 평안을 보장받으려 했고, 그 결과 악순환이 계속되면서 뇌물 액수도 점차 증가했다. 예컨대, 2004년 푸젠 성 모 도시에서는 자동차 정기 검사 시 차주를 괴롭혀 사회에 해를 끼치는 교통경찰들을 조사했다. 경찰들은 공연히 트집을 잡아 가속 페달을 밟으며 배출 가스 허용 기준을 초과했으니 지정 정비 공장에 가서 수리하라고 말했다.

한편 2002년에서 2003년까지 산시 성山西省에서는 수많은 운전자가 도로 검문으로 곤란을 겪었다. 빈 차를 과다 적재로 처벌했기 때문이다. 어쩔 수 없이 각지의 운전자들은 이해득실을 따져본 후 뇌물을 주고 화를 피하기로 결론 내렸다. 그리하여 교통경찰과 친분을 맺는 것이 운전자들의 필수가 되었고, 교통경찰과 친구가 된 이들은 뇌물을 주고 화를 피할 수 있었다. 교통법규 위반을 대대적으로 단속할 때에는 공정하게 처리하는 것이 일반적이었으나 사전에 몰래 정보를 흘려주기도 했다.

경제학자 로널드 코스에 따르면, 사람들은 거래 비용을 따져본 후 제도를 선택하는데, 언제나 비용이 적게 드는 제도를 선택하기 때문에 비용이 많이 드는 제도는 도태된다. 이를 잘 알았던 일부 경찰들은 법규에 따라 일을 처리하는 비용을 높이려 애썼고, 운전자들이 인맥에 의지하거나 인정에 호소할 수밖에 없게 만들었다. 오가는 정이 있어야 그들의 부당이득이 비로소 보장되기 때문이다. 요컨대 많은 상황에서 '악행'을 단순히 도덕적 위기 탓으로만 돌릴 수는 없다. 사회질서의 위기를 반영한다고 보아야 한다. 정식 규칙이 통제를 잃으면 비공식 규칙이 발붙일 틈이 생긴다.

넷째, 중국인은 열심히 일하지 않는다.

열심히 일하지 않는 것 역시 중국의 병폐다. 열심히 일하지 않는 사람들은 어디에서나 볼 수 있고, 성실한 사람을 도리어 '바보'라 부르기도 한다. 적잖은 사람들이 내키는 대로 허풍을 치고 약속을 지키지 않을뿐더러 아예 처음부터 약속을 지킬 생각도 없으면서 농담을 남발한다. 푸젠 성 동부 방언 중에 '만설滿說'이라는 말은 함부로 말하고 사실이 아닌

말을 무책임하게 내던지는 걸 의미한다. 푸젠 성 남부 방언에 이와 비슷한 '화호란畵虎卵'이라는 말이 있다. '란卵'은 민난閩南 방언으로 수컷의 생식기를 가리킨다. 이 말이 절묘한 이유는, 그곳에는 호랑이가 없어 누구도 호랑이의 생식기는커녕 호랑이도 본 적이 없기 때문에 아무렇게나 붓을 휘둘러 그려도 사람을 쉽게 속일 수 있다는 점이다. '만설'과 '화호란'은 둘 다 사람을 속인다는 뜻이다.

많은 중국인에게 계약과 법률 규범은 뚜렷한 구속력이 없다. 서명한 계약서, 약속한 일, 심지어 법원의 판결도 집행하는 데 어려움이 따른다. 거듭 부탁하고, 거듭 재촉해도 꼭 효과가 있는 것은 아니다. 대부분의 사람들은 열심히 일하지 않다가 열심히 일하는 사람과 마주치면 마치 골동품이라도 발견한 것처럼 대단히 놀란다. "요즘 세상에 이렇게 성실한 사람이 있다니 문화재감이야!" '요즘 세상'이라는 말 자체에 깊은 뜻이 담겨 있다. 오늘날 중국인의 입버릇이 된 이 말에는 기만하다, 눈속임하다, 적당히 얼버무리다, 성실하지 못하다 등 부정적인 말이 뒤따른다.

중국은 본래 군자의 나라였고, 성실히 약속을 지키는 국가였다. 옛사람의 말 가운데 '말에는 신의가 있어야 한다', '한번 승낙한 것은 천금같이 귀중하다', '남아일언중천금' 등이 여전히 귓가에 맴돈다. 불초 자손의 신용이 이 정도로 떨어지다니, 오호통재라!

다섯째, 같은 유교 국가지만 예교禮敎 면에서 중국은 한국이나 일본에 뒤처져 있다.

한·중·일 삼국은 모두 동아시아 유교 국가다. 게다가 중국은 동아시아 문화의 발상지인데, 어째서 오늘날 한국이나 일본에 뒤처진 걸까? 이 문제에 대해 여러 차례 의문을 제기했는데, 사상적으로는 해결된 것 같기도 하고 해결되지 않은 것 같기도 하다. 5·4운동의 견해에 따르면, '사람을 잡아먹는 예교'(루쉰은 「광인일기」에서 '예교가 사람을 잡아먹는다'며 예에 함몰된 중국 사회를 비판했음—옮긴이) 때문에 중국이 서방보다 뒤처졌다는 것이다. 하지만 소위 '사람을 잡아먹는 예교'는 중국 못지않게 한국과 일본에서도 성행했다. 한국에는 '기자설'과 '퇴계 학파'가 존재할 뿐 아니라 유교의 종주국을 두고 중국과 논쟁을 벌였다. 일본에서는 메이지유신 이전에 주자학을 국학으로 떠받들었고 '주희에 의해 교화된 곳'이라고 자칭했다. 오늘날 일반인의 생활을 살펴보면, 유교의 유풍 면에서 중국은 한·일 양국에 비해 상당히 뒤처져 있으며, 중국의 신세대는 감히 중국이 '예교의 나라'라고 공언하지 못한다.

설마하니 유교의 죄가 그렇게 막중한 걸까? 유교를 포기하면 만사가 순조로울까?

유교 국가의 현대화를 종합적으로 살펴보면, 유교의 악습이 방해가 되긴 했지만 낙오의 주범이라고 말할 수는 없다. 종교와 사회 발전의 관계는 대단히 복잡해서 유교가 현대화를 꼭 저지했다고 말할 수도 없고, 유교와 현대 제도가 공존할 수 없다고 주장할 수도 없다. 단순히 판단하면 독단에 빠지게 마련이다. 일본의 기업은 충효 사상을 기업 문화에 도입해 전후 일본 경제의 도약을 촉진했다. 유교가 중국 현대화를 가로막은 원인이 되었을 수도 있지만 중국 근대의 재난을 초래한 유일한 원인은 분명 아니기 때문에 유교 탓으로만 돌리고 기타 원인을 간과해서는 안 된다.

잃어버린 실마리를 찾다

10여 년의 연구를 통해 이상의 다섯 가지 문제를 제기했다. 처음에는 자문자답할 수밖에 없었고, 답을 찾는 데 10년이 걸렸다.

1993~1998년에 업무차 사회 각계각층의 사람들과 접촉하면서 이 문제를 조사한 결과 몇 가지 중요한 개념을 도출해냈다. 연줄, 인정, 도당, 체면, 혼(混: '섞다', '혼합하다', '되는대로 살다', '그럭저럭 살다', '남을 속이다', '가장하다' 등의 뜻이 있음 – 옮긴이)이다. 이 개념들은 사회의 악습이나 감춰진 풍속들과 관계있다.

2000년에는 고대 문헌 데이터베이스를 구축했다. 공개 출판물과 인터넷에 등재된 대부분의 고대 전자책을 망라했는데, '24사史'(중국 역대 왕조의 정사正史로 인정되는 스물네 종류의 사서 – 옮긴이)와 역대 중요한 문학작품들이 주로 포함되었다. 이를 통해 두 가지 사실을 깨달았다. 첫째, 이 핵심어들이 유래한 시기가 상대적으로 비슷하다. 대체로 명대 중기에서 청대에 집중되어 있다. 둘째, 이 핵심어들의 주체는 속칭 '강호의 떠돌이'로 알려진 이주민과 유민이다. 명대는 중국 문화의 고전성이 종식되고 근대성이 드러나기 시작한 시기였다. 사회가 매우 복잡하게 변했는데, 도대체 어떤 역사적 변화가 앞에서 얘기한 감춰진 제도와 인과관계 또는 상관관계가 있는 것일까?

'강호'가 원흉이었다

명대 중기 이후, 농업 생산력의 상대적 감소로 중국 인구는 포화 상태에 다다랐다. 특히 인구 과잉으로 골머리를 심하게 앓았던 곳은 산시 성山西省, 후이저우 구徽州區, 푸젠 성세 곳이었다. 이들 지역의 과잉 인구가 고향을 등지고 타향을 떠돌면서 이민 무산계급인 유민이 출현했다. 유민은 이곳저곳 떠돌았는데, 명대 이전 5천 년 동안 유례를 찾아볼 수 없던 일대 사건이었다.

고대의 전형적인 생활 방식은 정착 농경 생활이었다. 농경과 정착은 유교의 국책이자 필연적인 조건이었다. 유교는 정착 조직에 근거한 문화로, 정착이 이 문화의 전제 조건이기 때문에 정착이 불가능하면 유교의 위상도 추락하게 마련이었다. 일단 유민이 도처에 나타나면 정부는 가족 제도 내에서 인구 유동의 위기를 극복할 방법이 없고, 기존 농경 제도에 재통합되지 못한 유민은 엄청난 파괴력을 지닌다. 상인을 제외한 유민 대부분은 안정적인 수입원을 확보할 수 없으니 생계를 잇기 힘들어 떼를 지어 남의 재물을 약탈하거나 도둑질을 할 수밖에 없었다. 유민들로 인한 위기는 명대 후기에 더욱 심해져 끝내 호전되지 않았다. 명대 말기에는 전란이 절정에 이르러 이자성李自成과 장헌충張獻忠의 농민 봉기가 일어났다.

청대 초기, 강희康熙·옹정雍正·건륭乾隆 3대의 100년을 역사에서는 태평성세라고 일컫는다. 이 기간에 민생이 안정되면서 인구는 3배로 급증했다. 그러나 인구 증가의 압력으로 강건성세(康乾盛世: 청나라의 최전성기로 제4대 황제 강희제가 삼번의 난을 평정한 1681년부터 제5대 황제 옹정제를 거쳐 제6대 황제 건륭제 치세 중반부까지를 이름―옮긴이)는 급전직하로 추락해 인구 팽창에 직접적인 제동을 걸기에 이르렀다. 국력이 쇠약해진 가경嘉慶·도광道光·함풍咸豊 3대 시기에는 인간과 땅의 갈등이 더욱 첨예화되어 재난이 끊이지 않는 상황에서 인구는 여전히 증가해 마침내 포화 상태에 이르렀다. 넘치는 인구로 중국 도처에서는 굶주린 백성들이 잇따라 고향을 떠났고, 휘황찬란했던 시대도 이로써 막을 내렸다.

그 후 200년 동안 아사자는 부지기수였다. 광서光緖 2년에는 정축년의 기이한 가뭄으로 3년 연속 흉작이 들면서 산시 성山西省의 아사자만도 수백만 명에 달해 인육을 먹는 참혹한 비극이 벌어졌다.

큰 재난 이후 소수의 생존자들은 어렵게 살아가면서 유랑 집단을 형성했는데, 이것이 바로 근대 강호의 맹아다. 작디작은 불티가 넓은 들판을 불태울 수 있듯이 이들은 '강호'라는 하나의 사회를 조직했다. 이 괴물은 19세기 이후의 중국 사회상에 지대한 영향을 끼치면서 자신의 영역을 조용히 구축해나갔다. 다시 말해 하나의 비밀 단체를, 하나의 인맥을 구축해나갔던 것이다. 20세기 초반에는 강호 세력이 정계에까지 진출했고 비밀결사와 인맥을 통해 유민들은 상계, 관계官界, 문화계 등의 주류 사회로 퍼져나갔다. 그 결과 헤아릴 수 없이 많은 간상奸商과 군벌, 정치 깡패, 어용 문인, 건달들이 출현해 중국 사회구조와 문화의 '강호화江湖化'를 초래했다. 강호화는 강호가 합법적인 체제에 침투하는 것을 의미한다. 이때 합법적인 체제는 강호의 근거지가 된다.

500년 동안의 '강호화'가 바로 앞에서 말한 다섯 가지 의혹을 푸는 열쇠다. 강호를 배제한 채 유교가 곧 식인이라는 주장만으로 근대 중국을 고찰하고 헤아려서는 안 된다. 약 500년 동안 중국의 강호화로 근대 중국 사회는 점차 부패했고, 착한 사람이 손해를 보고 나쁜 사람이 이득을 보는 등의 패러독스가 창출되었다. 근대 중국이 서양 문명에 뒤처지고, 동아시아 예교 국가 가운데 한국과 일본에 뒤처진 주된 원인 역시 강호화였다.

이 새로운 견해와 5·4운동의 견해를 종합해볼 때, 예교의 붕괴와 사회의 강호화를 중국 쇠락의 두 가지 원인으로 꼽을 수 있다. 즉, 이 두 가지가 상호 작용해 근대 중국이 쇠락했다는 말이다. 하나의 원인과 단순한 사고로는 근대 중국을 설명할 수 없을뿐더러 문제를 해결할 수도 없다. 단순하게 예교 제도가 서양 문명의 도전을 받으면서 근대 중국이 재난을 맞았다고(현재 교과서에서 서술하는 바와 같이) 본다면, 고대 제도 내부의 심층적인 문제를 간과하는 셈이다. 실제로 명대에 이미 유교 제도로 인한 생산력 감퇴로 과잉 인구가 존재했고, 중국 문화의 고전적 성격이 사라지기 시작하면서 현대성이 요구되었다. 강호화는 바로 이 현대성을 모색하는 과정에서 발견된 샛길에 불과했는데, 그 방향이 잘못되었던 것이다.

그렇다면 무엇이 강호화이고, 무엇이 강호 중국일까?

이 책에서 말하는 '강호화'는 민간 결사나 비밀 단체와 같은 협의의 강호에 국한되지 않고 강호의 규칙을 받아들이고 실천하는 일반인까지 포함한다. 즉, 강호에 동화된 전체 사회를 의미한다.

전체 사회가 강호에 전복되었다는 것은, 정식 규칙이 비공식 규칙에 전복되었다는 뜻이다. 유교 문명 후기의 특유 사건이었다.

체제 안 = 체제 밖

또는 정正 = 반反

이러한 패러독스를 이해하는 것은 일종의 사상적 도전이자 강호화에 맞서고 스스로를 반성하는 도전이 될 것이다.

2. 중국의 강호화

명대 이전의 중국 사회

강호는 수원 없는 물도 뿌리 없는 나무도 아니다. 유교 제도 내부의 모순과 기술적인 한계로 출현한 것이기 때문이다.

5천 년 동안 중국은 정착 농경 국가였다. 은례殷禮와 주례周禮, 주대의 종법제, 진·한대의 군현제, 수·당대의 균전제, 명·청대의 일조편법 등 중요한 제도들은 모두 정착 농경을 바탕으로 제정된 것이다. 농민 가족은 사회조직의 세포였고, 농업은 기초산업이었으며, 정착은 기본 생활양식이었다. 유교 문명을 중심으로 가치관, 사회조직, 제도 체계, 농업기술, 종교, 풍속, 정치조직, 행동 윤리가 싹트고 형성되었던 것이다.

명대 이전의 고대사회는 폐쇄적이면서도 단순·균등한 사회를 수립하는 데 역점을 두었으며, 그것의 특징은 자급자족과 무위 정치였다. 현실에 만족했던 농민들은 다른 곳을 다니고자 하는 마음도 없었고 바깥 세계에 흥미도 없었다. 이는 제도적인 안정을 유지하는 데 유리하게 작용했다. 이 제도의 틀 안에서는 소수만이 여행을 하고 행상을 다니고 친척을 방문할 수 있었다. 하지만 그 숫자가 '정착 생활' 방식의 기반을 뒤흔들 정도로 많지 않았다. 만일 농민들이 촌락의 거주지를 떠나 대거 이주하기 시작했다면, 특히 비가족적인 성격의 개인이 떠돌아다니기 시작했다면, 사회 세포로서의 가족이 해체되고 옛 문화 제도가 철저히 그 효력을 상실했을 것이다.

유동 인구를 이야기하려면 우선 상인에 대해 언급해야 한다. 상인의 직분은 각 분야의 노동 잉여 제품을 교환해 생활 물자를 재배치하는 것이다. 상인들은 산을 넘고 물을 건너고, 이 거리 저 골목을 누비며 각지를 돌아다녔다. 명대 이전에는 상인의 숫자가 많지 않아 상대적으로 국민경제 공헌도가 낮았다. 또한 상인들은 여러 곳을 돌아다녔기 때문에 정착 구조에 통합되기가 상당히 어려웠다.

사료에 따르면, 진·한대에서 명·청대까지 2천 년 동안, 특히 수·당대 이후 1천 년 동안 사회 양상과 농업 생산력은 거의 변하지 않았다. 화전 농업 기술, 집성촌 조직, 유·불·도를 핵심으로 하는 신앙 체계, 중앙 집권적 전제군주정치, 인두세와 토지세를 바탕으로 한 이원적 세제가 1천 년 동안 변함없이 지속되었다. 이를테면 부계 사회조직, 과거제도, 가축을 이용한 농경, 구메농사, 24절기, 간지력干支曆 등이 면면히 이어져 내려왔던 것이다.

대를 잇는 것이 고대사회의 중심 가치였다

찬란한 유교 문명이 결국 몰락한 원인 가운데 하나는 출산을 장려하면서도 농업 생산력의 한계로 늘어난 인구를 부양할 수 없었다는 점이다. 그 결과 과잉 인구는 제방을 타고 흘러넘친 홍수처럼 유교 통치 체제를 휩쓸어버렸다. 유교는 스스로 제 무덤을 판 격이었다. 이 과잉 인구가 바로 근대 강호의 선구였기 때문이다.

예로부터 지금까지 인구 증가는 중국의 가장 역동적인 문화 요인이었다. 역대 중국에서는 천재와 인재가 자주 발생해 24사에는 해마다 적잖게 발생한 자연재해가 기록되어 있다. 천재와 인재가 발생하고 전란으로 세상이 어수선해질 때마다 일반 백성들이 대거 도륙되거나 기아로 죽어갔다. 기이한 점은 태평한 시기에는 인구가 빠른 속도로 증가해 원래 상태로 회복되었을 뿐 아니라, 심지어 재해가 있기 전보다 훨씬 많아졌다는 것이다. 그러므로 유민의 기원을 추적해보면 천재와 인재는 겉모습일 뿐 인구 증가야말로 드러나지 않은 원인이라는 것을 알 수 있다.

중국의 인구 증가를 부추긴 두 가지 요소는 자연 번식과 유교 제도의 출산 장려였다. 유교 제도 내에는 출산을 장려하는 두 가지 요인이 있었는데, 출산에 대한 가치관과 가족 조직 세포가 그것이다. 자식이 많은 사람이 복이 많고, 향화가 끊이지 않고, 자손이 번성하고, 자식의 봉양을 받았다. '세 가지 불효 중에 후사 없는 것이 가장 큰 불효다'라는 말에는 출산에 대한 가치관이 담겨 있다. 가족 조직 세포는 사회조직을 가족화했다. 모든 것은 가족을 기초로 했다. 예를 들면, 토지 소유 제도, 종법 제도, 이갑제里甲制, 조세제도, 징병제도는 가정이나 가족을 세포 단위로 삼았다. 이는 가족이 혈연 조직에 그치는 것이 아니라 경제·사회 협력 조직이라는 것을 의미했다. 경제 협력이 혈연보다 중요했다. 가족의 수가 많으면 자연히 세력이 커져 생존에 유리했다. 이런 가족 조직이 커질 수 있는 유일한 방법은 바로 다산이었다.

인구 억제 요인

미미하지만 고대사회에도 인구 증가를 억제하는 요인은 있었다. 실제로 인구 증가에 부정적인 영향을 끼친 주된 요인은 세 가지다. 첫째, 의료 기술의 한계로 영아 사망률이 높았다. 둘째, 조세 부담이 컸다. 특히 인두세는 사람 수대로 징수했기 때문에 식구가 늘면 인두세도 늘어났다. 이런 이유로 여아 익사 사건이 자주 발생했다. 셋째, 인구밀도가 높아 농경지가 부족했다.

조세로 인구 증가를 억제하는 메커니즘은 고대의 독특한 조세 형식에서 비롯되었다. 고대 중국 정부는 사람을 과세 대상으로 삼아 '정丁'이라고 부르며 인두세를 징수했다. '정'은 사람 수를 가리키는 것이 아니라 특정한 성별 연령 조건에 부합되는 납세 단위를 말한다. 인두세가 생기면서 부양가족이 많을수록 조세 부담도 늘었기 때문에 인두세는 인구 증가를 억제하는 요인이 되었다. 다산의 대가를 치를 수 없는 집에서는 적게 낳거나, 낳더라도 부양할 능력이 없어 굶겨 죽이거나 병에 걸려 죽게 하는 수밖에 없었다. 과거에는 영아 사망률이 높았다. 한 쌍의 부부가 십수 명을 낳는 게 보통이었지만 살아남은 자식은 몇몇에 불과했다. 조정에서는 출산을 장려하는 한편 인두세로 출산을 제한했기 때문에 객관적으로 균형을 이룬 셈이었다.

그렇다면 인두세가 인구 증가를 억제하는 데 어느 정도 효과가 있었을까? 역사에 명백한 증거가 있다. 청대 초기에 조정은 이족異族을 안무하기 위해 일련의 감세 정책을 시행했다. 강희제는 1713년에 '1711년의 정수丁數를 기준으로 하고 그 후 증가한 인구에 대해서는 정세丁稅를 부과하지 않기로 한다'는 양민 정책을 선포했고, 옹정제는 지정은제(地丁銀制: 인정세와 지세를 합쳐서 토지에 부과해 은으로 징수하던 세제—옮긴이)를 전국적으로 시행했다. 양자는 인두세를 점차 폐지하면서 정세를 지세地稅에 합친 것에 해당한다. 그런데 미처 예상하지 못했던 점은 인두세가 감소하자 100년 만에 전국의 인구가 1억에서 3억 명으로 급증했다는 것이다. 이 밖에 한정된 토지 역시 인구 증가를 억제했다.

3천 년 동안의 인구 동향

이상을 종합해보면, 명대 이전에는 인구 증가의 긍·부정 요인들이 서로 상쇄해 인구는 완만한 증가세를 보였고, 1천 년마다 인구 변동 폭은 불과 천만 명 안팎이었다. 명대 이전에는 넓은 국토에 비해 인구가 적어 경작지가 넉넉한 편이었고 불모지도 상당히 많았다.

각 성의 1인당 평균 경지면적은 다소 차이가 있지만, 적게는 4묘(畝: 논밭 넓이의 단위. 30평으로 약 99.174제곱미터—옮긴이) 이상에서 많게는 수십 묘였다. 당시의 생산력을 고려해볼 때, 가족의 의식주 문제를 해결하고 조세와 요역의 의무를 질 만한 수준이었다. 각 성을 비교해보면, 푸젠 성의 경지면적이 상대적으로 가장 부족했는데, 구릉과 경사진 밭, 염전이 많고 관개하기 쉬운 평원의 양전良田이 적었기 때문이다. 푸젠 성 사람들은 이렇게 말하곤 했다. "80퍼센트가 산이고 10퍼센트가 물이고 나머지 10퍼센트가 밭이다." 즉, 경작지가 전체 토지 면적의 10퍼센트를 차지할 따름이었다. 그럼에도 명대 초기 홍무洪武 연간의 인구 조사 자료에 따르면, 푸젠 성의 1인당 평균 경지면적은 여전히 4묘 안팎이었다. 자급자족하기에는 약간 빠듯해 일부 사람들은 살길을 찾아 타이완, 난양南洋, 일본 등지로 떠났다.

진·한대에서 명·청대 인구 동향을 종합해보면, 인구는 유교 가치관의 영향으로 자연히 증가하는 한편 조세 부담, 의료 기술의 한계, 전란, 기근 등의 제약을 받아 일시적인 감소 추세를 보였다. 요컨대 인구는 나선형으로 증가해 세 발짝 나아가고 두 발짝 물러서면서 부양 인구가 늘어나기도 하고 줄어들기도 했다. 이 모든 것은 아직 정부 제도의 통제 아래 있었기 때문에 기존 문화 제도를 동요시킬 정도는 아니었다. 그러나 통제는 상대적인지만 증가는 절대적이다. 인구 변동 폭이 어느 정도건 대체로 인구는 증가하는 추세였다. 이런 상태가 지속된다면 조만간 인구는 유한한 경작지와 심하게 갈등하며 화를 초래할 것이었다.

고대 사회제도의 틀에는 타협할 수 없었던 내재적 모순이 있었다.

첫째, '자식이 많아야 다복하다', '자식이 많아야 집안이 번성한다'와 같은 고대 문화적 가치관의 영향으로 인구는 줄곧 증가세를 보였지만 정부는 인구를 통제할 수 없었고, 가족계획을 실행할 방법도 없었다.

둘째, 유교 문화의 영향으로 농업기술과 농업 생산력은 전반적으로 정체되었으며, 전통 제도의 틀 안에서는 농업 생산력을 발전시켜(품종개량, 화학 비료, 기계 경작 등) 늘어난 인구를 부양할 수 없었다.

셋째, 전국의 경지는 일정하고 유한했다. 동남쪽으로는 황해, 동해, 남해를 경계로 하고, 서북쪽으로는 연 강수량 380밀리미터 선을 경계(대체로 만리장성 연선沿線과 일치)로 한두 곳 사이의 지역이 농경에 적합했다. 만리장성 이북 유목 문화 지역의 초원 기후는 농경에 적합하지 않았다.

1500~1800년, 인간과 땅의 갈등이 폭발하다

일부 지역의 인구 문제는 대략 1500년 전후, 명대 중기에 시작되었다. 당시 푸젠 성과 안후이 성安徽省 남부 등지의 1인당 평균 경지면적은 4묘 이하로 감소했다. 과잉 인구는 외지로 빠져나가 가족과 종법 제도의 통제에서 벗어나기 시작했고, 이러한 추세로 고대 정치제도는 치명타를 입었다. 인구가 지속적으로 증가하자 과잉 인구와 유민도 점차 늘어났다.

유교 정치는 그러고도 약 300년 동안 간신히 명맥을 유지하다가 1800년에 마침내 청산되었다. 이때 전국의 1인당 평균 경지면적은 4묘라는 하한선에도 미치지 못하는 수준이었다.* 1인당 4묘라는 하한선은 고대 농업이 뛰어넘을 수 없는 기술의 한계였다. 하한선을 밑돌자 많은 백성이 굶어 죽었고, 이에 따라 정치제도는 합법성을 잃었다.** 이 지경에 이르면 이론상 전통 사회의 경제 체계로는 자급자족이 불가능해지고, 농경 경제의 토대 위에 수립된 고대 문명 질서도 유지되지 못하고 붕괴된다. 붕괴는 아편전쟁기부터 시작되어 국공내전 시기까지 지속되었다. 그러므로 근대사의 일부는 바로 유교 붕괴사라고도 볼 수 있다.

중국인들은 제국주의가 '포와 함대'라는 무력으로 서양의 문화와 풍속을 동양에 침투시켰다고 말하지만, 이는 문제의 일면에 지나지 않는다. 서구 열강의 침입은 중국의 수난을 가중시켰지만, 외적인 요인일 뿐이었

---

* 허빙디何柄棣, 『명대 초기 이후 인구 및 그와 관련된 문제明初以降人口及其相關問題(1368~1953)』, 싼롄서점三聯書店, 2000, p.117, 329.
** 거지옌葛劍雄 등, 『인구와 중국의 현대화人口與中國的現代化』, 쉐린출판사學林出版社, 1999. p.92.

다. 서구 문명이 도래하지 않았더라도 유교 정치는 저절로 붕괴했을 것이다. 그 이유는 사람과 땅의 위기가 줄곧 존재해왔을 뿐 아니라 점점 심화되었기 때문이다. 체제 밖의 '태평천국'과 범람하는 민간 결사, 종교 결사가 모두 허점투성이였으니, 서양인의 도래는 그저 눈 위에 덮인 서리에 지나지 않았던 것이다.

인구 증가 추세에 따르면, 19세기 이후 중국의 대지는 불어난 인구로 몸살을 앓고 있었다. 청대 학자 왕사탁汪士鐸은 1855년『을병일기乙丙日記』에 비통한 마음을 담아 다음과 같이 기록했다.

> 사람이 많아 해로움이 많다. 산꼭대기에서는 기장이 자라고, 강 가운데 모래톱에는 밭을 일구고, 하천 한가운데에는 원시림을 만들었지만 여전히 경지가 부족하다. 하늘과 땅의 힘이 다했다.

왕사탁은 '균열'에 대해 말하고 있다. 도처에 농작물을 심었지만 백성들을 배불리 먹이기에는 부족해 아사자들이 곳곳에 널려 있었다. 과잉 인구에 관한 역사적 내용은 청대 홍량길洪亮吉의『홍량길집洪亮吉集』에도 서술되어 있다.

인구가 재앙이 될 정도로 증가하자 경지가 부족해져 하층 민중은 고향에 안거하지 못하고 어쩔 수 없이 멀리 떠나 살길을 모색해야 했다. 그 결과 정착 생활을 떠받치고 있던 사회 체계인 부계 혈족, 종법, 삼강오륜, 예의와 풍속이 무너지기 시작하면서 유교 제도는 점차 버림받았다.

사실 1800년에야 중국인들이 정착 생활에서 탈피하기 시작한 것은 아니다. 1500년 푸젠 성과 안후이 성 등지의 사람들은 이미 천하를 떠돌기 시작하면서 장사를 하고, 노동일을 하고, 해적질을 했다. 좀 더 거슬러 올

　　　　　　　　　　　　　　　　　　　　　　　　　　강호 중국

라가면 상·주商周 시대 이래로 중국에는 먼 거리를 오가며 장사하는 상인들이 있었다. 상인 외에도 훨씬 많은 수의 협객, 여행가, 방사, 의사, 극단 등이 이곳저곳을 떠돌아다녔고, 전란으로 세상이 어수선할 때는 산적, 마적, 비적, 강도, 비밀결사 등이 나타났다. 이들은 모두 이후 강호 사회의 형성과 발전에 이바지했다. 하지만 1500년 이전의 유동 인구가 전체 인구에서 차지하는 비율은 지극히 낮았기 때문에 유교 문화 제도를 동요시킬 수 없었을 뿐 아니라 통치자에게 수시로 탄압을 받았다.

1500년 이후 경작지가 포화 상태에 이르자 일부 지역의 과잉 인구로 유동 인구가 늘어나기 시작했다. 1800년에는 전국의 인구가 포화 상태에 이르러 유민이 홍수처럼 사방으로 퍼져나갔다. 이들의 수는 전체 인구의 절반 이상을 차지해 유교 정치 질서와 이데올로기를 심하게 동요시켰다. 1800년 이후 19세기 전반에 걸쳐 유교 제도는 점차 몰락의 길을 걸었다. 그 후 정착 농경 문명이라는 옛길로 되돌아갈 수 없었던 중국은 절박한 인구 문제를 해결하고, 사회조직 체계를 재편성하며, 생산력을 향상시킬 새로운 체계를 찾아야 했다. 고대적 특성은 이미 사라졌지만 현대성은 나타나지 않았다.

강호는 시대적 요구에 의해 탄생했다

민중의 이주와 자유로운 이동은 5천 년 정착 문명의 난제였다. 중국은 해양 국가도 아니고, 대규모 상업 무역의 전통도 없으며, 인구가 유동적이지도 않았기 때문에 이주자가 적은 편이었다. 인구가 각지로 흩어지는 어수선한 시국에 전통 유교의 정착 농경 제도로는 국가 운영이 불가능해지자 전체 사회의 권력은 사대부들에게 경멸받았던 '부정직한 사람들', 즉 유랑민, 상인, 거간꾼, 군벌, 민간 결사, 도적 등에게 넘어갈 수밖에 없었다. 규칙을 건의하고 제안할 수 있는 권리도 자연히 그들에게 넘어가 수천 년간 내려온 전통적인 제도가 전복되었다. 이에 1800년 이후, 완전히 새로운 시대에 변질된 새로운 관행 체계, 즉 합법적인 제도에 의존하지 않는 강호의 시대가 도래했다.

강호는 어떤 사회인가? 농업 중심의 부계 사회는 물론 현대 법치 사회도 아니다. 이 사회는 고대와 현대 사이의 과도기적 산물로, 고대사회의 인구가 상대적으로 팽창한 후에 제도의 전복을 초래했다.

고대 중국의 3대 특징

(1) 핵심 가치관─종족 번식(가문의 대 잇기)

(2) 부계 가족 조직 형태

(3) 예교 제도

서양 선진국을 위시한 현대 사회의 3대 특징

(1) 개인주의 가치관

(2) 단체 조직 방식

(3) 계약과 법률제도

강호 사회조직의 3대 요소

(1) 혼세(混世: 세상을 어지럽히고 사람들에게 해를 끼친다는 뜻. 온종일 먹고 마시고 놀며 소란 피우는 것을 의미하기도 함─옮긴이) 와 깡패의 가치관

(2) 패거리나 인맥 조직

(3) 강호의 법칙으로 구성된 제도 규범

	주요 가치	주요 조직 구조	핵심 규범	제도 형성 방향
고대 중국	종족 번식	부계 가족	예고	상명하달
현대 국가	개인주의	단체	계약과 법률	하의상달
강호 사회	혼세	패거리와 사적인 관계망	굴종, 접대, 인정, 안면	하의상달

3. '강호'로 중국을 해독하다

강호는 앞에서 이야기한 다섯 가지 풀기 어려운 문제를 해독하는 지침이 된다. 강호를 말하지 않고는 중국 사회를 이해하기 어렵다. 강호를 통해 모든 의혹을 풀 수는 없더라도 단초를 마련할 수는 있기 때문이다.

사회에서 필요한 것을 책에서 배울 수 없나?

이런 모순이 유교에서 비롯된 것은 아니다. 우선 어떤 내용이 책에 감히 실려서도 안 되고 실릴 수도 없는지 살펴보아야 한다. 유학은 서당에서 배웠고 생활 속에서도 쓸모가 있었다. 삼강오륜, 팔덕(八德: 여덟 가지의 덕으로 인仁, 의義, 예禮, 지智, 충忠, 신信, 효孝, 제悌를 이름 – 옮긴이), 장유유서, 경로효친 등은 모두 구시대의 전장이자 강령이었다. 효에 대해서는 『효경』에, 처신은 『중용』에, 행실은 『예기』에, 치국은 『맹자』에, 수신은 『대학』에 실려 있다. 유가에서는 '지행합일'을 중시했기 때문에 책에서 배우지 못하는 것이나, 행할 수 있지만 말로 할 수 없는 것은 분명 유가적인 것과 거리가 멀다.

그렇다면 사회에 첫발을 내딛는 젊은이들이 반드시 알아야 하지만 책을 통해서는 배울 수 없는 것이 도대체 무엇일까? 답은 매우 간단하다. 대인 관계를 원만히 하고 사회적 기반을 닦는 것이다. 그 핵심은 상사, 우두머리, 보스와의 관계를 잘 맺는 것이다. 좀 더 노골적으로 말하면 실력 있는 인물의 수하로 들어가 그에게 순종하고, 아부하고, 시중을 들어 신임을 얻은 뒤 훗날 출세를 도모하는 것이다. 교과서에서 이렇게 가르칠 수 있을까? 교과서에서 감히 말할 수 없기 때문에 '사회에서 필요한 것을 책에서는 배울 수 없게' 된 것이다. 책에서 배울 수 없는 것은 무엇인가? 바로 강호의 비기다.

왜 정직한 사람이 손해 보고 나쁜 사람이 출세할까?

청대 이전의 강호는 대부분 반半종교적 비밀결사에 속해 있었다. 강호의 민간 결사는 청대 말기에서 중화민국 시기의 100년 동안 준비 과정을 거쳐 중국 사회의 각계각층에 침투했고, 일부 지방에서는 최고 통치권을 장악하기까지 했다. 동시에 강호의 가치관과 조직 체계, 풍속과 규범 역시 대중사회에 광범위하게 전파되었다. 일시에 세태가 바뀌어 대중이 악한 일을 따라 하자 사회생활 전반에 걸쳐 강호의 낙인이 찍혔고, 그 결과 밝은 세계의 사람들도 흑색에 물들어 회색으로 변하고 말았다.

예를 들어, 당시 상하이에서는 건달, 무뢰한, 불량배, 백수, 양아치, 뜨내기 등이 거리와 골목에서 빈둥거리며 약자를 괴롭혔다. 남자는 도적질을 했고, 여자는 매춘을 했으며, 상인은 시장을 독점하는 등 비도덕적인 방법으로 장사를 했다. 지하 체제가 실제로 상하이의 민간을 지배하고 있었기 때문에 화계(華界: 중국인 거주 지역 — 옮긴이)와 조계 모두 강호에 도움을 청해야 했다. 이리하여 상하이에서 강호가 최고 권력을 쥐었다.

하나의 역사적 사실이 이를 증명해준다. 중화민국의 지도자 대부분은 홍문(洪門: 중국 명나라 말기에서 청나라 초기에 일어난 비밀결사로, 모든 산당山堂과 반청 조직을 통틀어 일컬음 – 옮긴이) 천지회(天地會: 홍문이라는 명칭이 점차 천지회로 개칭되었음 – 옮긴이)나 청홍방에 속해 있었다. 장제스蔣介石는 청방의 거물인 황진룽의 제자가 되었다가 쑨원孫文에게 중용되었다. 쑨원이 세상을 떠나자 권력을 장악한 장제스는 여러 군사기밀이나 중요한 임무를 비밀결사의 도움을 받아 완수했다. 장제스는 당과 정부의 최고 지도자로서 의형제와 처가 등 강호의 수단에 의지해 나라를 다스렸고, 직계 군대와 특무기관을 양성했을 뿐 아니라 군벌인 펑위샹馮玉祥, 장쉐량張學良과 의형제를 맺어 정치 동맹을 결성해 정권의 안정을 기했다.

세계의 민주 공화국 원수 가운데 강호의 의형제와 직계 군대에 의지해 정권을 유지한 사람은 아무도 없었다. 유일하게 중화민국만이 비밀결사와 사적인 관계망의 토대 위에 수립되었다. 따라서 중화민국의 법률은 아무런 효력이 없는 문서 조각이나 마찬가지였다. 중화민국은 진정한 법치국가도, 유교 국가도 아니었다. 차라리 강호 국가에 가까웠다. 강호에 의한 치국은 당연히 장제스 개인의 기호가 아니라 국가 현실과 사회구조의 게임 결과였고, 최적의 전략이었다. 이와 반대로 이상주의적 치국의 방안, 즉 삼민주의와 『건국방략建國方略』은 열등한 전략이었다. 국민에 따라 정치도 달라져야 하기 때문이다. 강호 문화에서는 강호 국가가 출현할 수밖에 없었다.

어느덧 5세기 동안에 걸친 떠돌이 습성이 민간 사회에 침투하고 중국인들의 마음에 스며들어 조직의 관행과 가치관에 강렬한 영향을 끼쳤다. 그것은 국가 법률질서와 정면으로 맞서지 않고 은밀히 영향을 끼치면서 보이지 않는 관행 제도를 형성했다. 그뿐 아니라 깜깜한 밤이나 막후에서 영향력을 행사하면서 500년 동안 세련된 방식으로 법률과 정책의 방어선을 무너뜨렸다. 그러므로 이런 환경에서 무탈하게 살아가려면 법제를 알아야 할 뿐 아니라 강호에 적응해야 했다. 빌붙고, 사리사욕을 꾀하고, 선심을 쓰고, 속임수를 쓰는 등 강호의 규칙에 따를 수밖에 없었던 것이다. 바로 이런 이유로 정직한 사람이 손해를 보고, 나쁜 사람이 빨리 출세하는 것이다.

왜 열심히 일하지 않는 것이 국민성이 되었나?

이는 강호화된 사회 환경의 기본 가치, 즉 인생관과 관련 있는데 간단하게 '혼'이라는 말로 대변할 수 있다.

혼이라는 말을 모르는 중국인은 없을 것이다. 혼은 강호 사회의 중심 가치다. 중국인은 만나서 안부를 물을 때 "안녕하세요?"라고 말하지 않고 "요즘 사는 게 어때?"라고 묻는다. 그러면 대개는 "그럭저럭 살아"라고 대답한다.

강호가 있으면 혼이 있게 마련이고, 혼이 있으면 강호가 있게 마련이다. 강호의 사람이나 강호에 길든 일반인이 밥벌이를 하려면 합법적인 밝은 세계뿐 아니라 암흑세계에서도 살길을 찾아야 한다. 무슨 일을 하든, 어떤 방식으로 하든, 잘하든 못하든 중요하지 않다. 중요한 것은 가족을 먹여 살리는 것이다. 과정보다는 결과가 중요하고, 수단보다는 목적이 중요하다. 그리하여 생계를 도모하기 위해 수단과 방법을 가리지 않는다. 열심히 일해야 먹고살 수 있다면 열심히 일하겠지만, 열심히 일해도 먹고살 수 없다면 열심히 일하지 않을 것이다. 강호는 비생산적인 유형의 제도다. 정식 제도에 종속된 기생 체제로 공평하다거나 정의롭다고는 말할 수 없다. 강호에는 노동 생산이라는 게 존재하지 않기 때문에 부자가 되려면 남의 것을 빼앗거나 사기를 쳐야 한다. 열심히 남에게 해를 끼치고, 열심히 아첨하고, 열심히 빌붙어 이익을 취하는 것 외에 강호에서 열심히 할 만한 일이 없다. '열심히'와 강호의 핵심 가치인 혼은 서로 저촉되기 때문이다.

좀 더 깊이 파고들면, 혼은 기생을 의미한다. 다 죽어갈 만큼 억척스럽게 일해봤자 소용없다. 아부하는 사람이 더 많은 것을 얻어갈 것이기 때문이다. 정직하게 장사해봤자 소용없다. 모조품을 만들어 파는 사람이 더 빨리 돈을 벌어들여도 속수무책이기 때문이다. 탐관오리는 모조품을 만들어 파는 사람보다 훨씬 빨리 돈을 벌어들일 것이고, 마지막까지 돈을 벌지 못하고 궁지에 몰린 사람은 다급한 마음에 패거리를 지어 은행을 털고 암흑가의 범죄 집단에 소속될 것이다. 누구보다 빨리 돈을 벌 수 있을 테지만 두렵고 불안한 마음에 하루도 속 편할 날이 없을 것이다. 그리하여 사회 전반에 걸쳐 효웅, 수하, 건달이라는 먹이사슬, 즉 강호의 강권에 기생하는 약육강식의 생태계가 형성된다.

수많은 사람이 적당히 타락해서 살아가고, 열심히 일해봤자 그 보답이 없다면 누가 열심히 일하려 들겠는가? 이것이 바로 열심히 일하지 않는 주된 이유다.

같은 유교 국가인데 중국이 한국이나 일본에 뒤처진 이유는?

강호의 요인을 배제하고 유교 탓으로만 돌린다면 중국이 현대화 과정에서 겪은 수많은 고난과 시행착오의 원인을 합리적으로 설명하기 어려울 것이다.

실제로 일본은 중국보다 훨씬 이른 시기에 인구 증가에 따른 위기를 경험했다. 500년 전에 일본에서는 강호와 유사한 유민의 싹이 움트고 있었는데, 이 싹은 파산한 무사 계급인 일본 낭인(浪人: 일본 막부 시대 때 떠돌이 무사를 가리키는 말—옮긴이)이었다. 사료에 따르면, 명대에 중국 연해에서 소동을 피웠던 '왜구'는 일본의 파산한 지주와 낭인으로 구성된 유민이었다. 이들은 중국의 유민과 파산한 농민들로 조직된 해적들을 협박해 끌어들여 그 규모가 보통 수만 명에 달했다. 근대에 일본이 군국주의적 침략 국가로 탈바꿈한 것은 과잉 인구가 활로를 모색한 것과 관련 있다. 일본은 섬나라로 사면이 바다로 둘러싸여 있고, 문화적으로는 중국 유교의 영향을 받았다. 특히 유교 가운데에서도 상대적으로 보수적인 주자학의 영향을 받아 중국과 마찬가지로 출산을 장려했다. 인구가 넘쳐나자 이들은 새로운 땅과 광산 자원을 찾아 식민지 팽창을 모색했다.

그 후 일본은 자본주의 국가로 발전했다. 일본이 혼란스럽고 무질서한 강호 국가가 아니라 자본주의 국가로 발전할 수 있었던 것은 18~19세기 일본의 사회구조와 그 후의 자본주의화 과정과 관련이 깊다. 일본은 자본주의 전야인 봉건 막부 시대에 중앙집권적 정치의 속박에서 벗어났다. 근대 중·일 양국이 상이한 길을 걸은 것은 바로 중앙집권과 봉건적 분권의 차이 때문이라고 주장하는 학자도 있다.

시황제 이후로 중국에서는 봉건 제도가 출현하지 않았다. 근대 역사의 토양에서, 봉건 할거와 상호 견제로 생긴 권력의 진공상태는 서구와 유사한 상업적 교환과 자본주의 중간 체제가 쉽게 구축될 수 있도록 했다. 그리하여 봉건 정치와 자본주의 상업이 잠정적으로 통합되었던 것이다. 일본이 한층 발전할 수 있었던 이유는 상업적인 방식으로 정부 재정을 관리하고 국력을 증강하고, 정치체제 개혁을 통해 메이지유신을 추진했기 때문이다. 일본이 메이지유신을 통해 융통성 없이 자본주의를 받아들인 건 아니었다. 일본 사회에는 이미 유럽과 비슷한 역사적 조건이 형성되어 있었기 때문에 권력층은 그저 정세를 파악해 유리한 방향으로 이끌어 일을 성사시키기만 하면 되었다. 이후 일본은 탈아입구脫亞入歐 국책을 신봉하며 서양을 모방해 봉건 전제를 입헌군주와 법치로 바꾸고, 수출 제조업과 대외 무역 경제로 나라를 건설하고, 군국주의를 방패로 경제를 보장하고, 법제로 일본 국내의 유민 문제를 처리하고, 인구와 자원을 적절히 배치해 생산력을 향상시키는 방법으로 과잉 인구 문제를 해결해 중국식 강호화로 사회가 와해되는 걸 막았다.

유교의 발상지라고 자칭하는 한국 역시 유교적 교화 면에서 중국에 결코 뒤지지 않는다. 이른바 '사람을 잡아먹는 예교'가 한국 현대화에 아무런 영향도 미치지 않았다고 말할 수는 없다. 그러나 한국은 시작은 늦었지만 중국보다 일찍 현대화되었다. 심지어 여전히 유교적 전통이 남아있어 예의지국이라고 자처하는 중국인들을 무색하게 한다. 몇몇 국제적 대도시의 공공장소에서 중국인과 한국인의 앉음새나 서 있는 자세, 예의범절과 존댓말, 자제력, 정신 상태 등을 비교해보면 한국인이 훨씬 유가의 후예답다.

정말이지 유가 문화를 깨끗이 청산하지 않으면 안 되었을까? 5·4운동과 문화대혁명 등 일련의 사건에서 '국가를 멸망의 위기로부터 구하고 생존을 도모한다'는 압박감에 눌려 과민 반응하고 극단적으로 행동한 것이 아닐까? 유구한 역사를 자랑하는 유교가 현대화 과정에서 미친 영향은 대단히 복잡해 부정적이었다고 말할 수도, 긍정적이었다고 말할 수도 없다. 제도 전환과 관계없는 요소도 있었기 때문에 다짜고짜 유교를 몰아붙일 수만은 없다. '사람 잡아먹는'이라고 묘사된 '예교' 때문에 한국이나 일본에 뒤처진 것은 아니다. 한·중·일 3국 가운데 유독 중국에서만 강호 문화가 팽배해 있는데, 그것은 이미 중국 근대 문화의 특징이 되었다. 세계 문화적 측면에서 중국의 문화와 영화를 살펴볼 때 강호 무협을 제외하고 독창적이라고 말할 만한 것이 있는가?

강호는 근대 중국의 수난과 밀접하게 관련되어 있다. 근대 중국의 위기를 유교 탓으로 돌려야 할까, 강호 탓으로 돌려야 할까? 한국 현대화를 통해 얻은 결론은 유교가 부정적인 역할을 하기는 했지만 현대화에 맞서지는 않았다는 점이다. 유교와 동아시아 현대화의 관계는 아직 진일보한 고찰이 필요하다.

그러나 강호와 근대 중국의 수난이 무관하다고 말할 수는 없다. 사실 강호 문화도 중국 현대화를 가로막은 중요한 원인 가운데 하나이기 때문이다. 고집스럽게 봉건에 맞서느니 강호를 재검토하는 편이 낫다. 봉건에 맞서려면 강호에도 맞서야 한다.

4. 체제 안에서 체제 밖으로 대이동

넘쳐나는 유민, 쏟아진 물

강호는 일부 특수한 사람들을 가리키거나 그들이 몸담고 있는 일종의 사회 유형을 말한다. 이들은 유교의 정착 농경 제도에서 벗어나 고향을 떠나 외지를 떠돌며 많은 사람을 규합해 생계를 도모했다.

사회학적 의미에서 강호가 발흥한 것은 명·청 시대다. 유교의 내부적인 모순으로 인간과 땅의 위기가 발발하자 제도는 점차 효력을 상실했고, 촌락에서는 과잉 인구를 감당해낼 방법이 없었다. 사람들은 살길을 찾아 고향을 등지고 유교 질서의 사회적 통제에서 벗어나 제도 밖의 자유로운 공간에서 떠돌이 생활을 할 수밖에 없었다. 이러한 변화는 점진

적으로 진행되었는데, 1500년 전후가 그 전환점이었다. 그 표지가 된 것은 나교의 탄생이었다. 당시 서양의 법률제도가 아직 유입되지 않아 인구 이동 추세에 걸맞은 현대적 제도는 공백 상태에 있었다. 옛것이 서서히 쇠퇴해가고 있었지만 이를 대신할 만한 새것이 나타나지 않았던 것이다. 만일 중국과 서양이 예로부터 빈번히 교류했다면 그 결과는 달라져 제도적인 단절을 피할 수 있었을 것이다. 유럽의 현대 문명은 인구 이동을 장려하고 이주 노동력을 적절히 잘 배치해 많은 수의 이주자를 소화해냈다. 인구 이동을 비관적으로 바라보지도 않고 도리어 경제 자원으로 여겨 자원을 능률적으로 배분하면서 이른바 '파레토 최적'(자원 배분의 가장 효율적인 상태—옮긴이)과 '파레토 개선'(하나의 자원 배분 상태에서 다른 사람에게 손해가 가지 않으면서 최소한 한 사람 이상에게 이득을 가져다주는 것을 말함—옮긴이)을 모색했던 것이다. 이것이 상공업 문명과 농업 문명의 근본적인 차이점이라 할 수 있다.

근본적인 측면에서 볼 때, 강호와 현대 문화는 모두 이주민 문화로, 이주민의 생활을 관리하는 문화 제도다. 강호가 후後농업 시대의 이주민 문화라면 현대 문명은 상공업 시대의 이주민 문화다. 양자는 공통점이 있다. 하지만 명·청 시대인 1500~1800년에 중국인들은 유럽의 근대 제도에 금시초문이었다. 이 때문에 갑작스럽게 중국에 이주민이 대거 출현하자 자연스럽게 싹튼 관례가 그간의 유교 제도를 대신하면서 강호의 법칙이 유행하기 시작했다. 이것은 작은 발명인 동시에 수동적인 일시 대책이었다.

상세히 분석해보면, 강호는 개인이 아니라 유사한 집단이다. 강호라는 말에는 다의성이 내포되어 있다.

첫째, 비밀 단체다. 가장 좁은 의미의 강호는 초기의 불교나 도교 교단의 비밀결사다. 그 연원은 후한後漢 말기의 '오두미도五斗米道'와 '태평도太平道', 남조의 '대승교大乘教', 원대의 '백련교'로 거슬러 올라간다. 그러나 대규모 비밀결사 조직이 부상하기 시작한 것은 명대 중기에서 청대 중기까지의 300년 동안이다. 대표적인 예로 나교, 황천교黃天教, 문향교聞香教, 홍양교弘陽教, 원돈교圓頓教, 천지회, 가로회 등을 들 수 있다. 오늘날 무협 소설의 주요 소재가 되고 있다.

둘째, 범죄 조직이다. 19세기, 아편전쟁과 태평천국운동 등의 전란으로 유민의 숫자가 급증해 전체 인구의 절반을 넘어섰다. 굶주린 유민들은 민간 비밀결사로 몰려들었고, 그 결과 민간 비밀결사는 조직의 통제력을 상실하고 지나치게 팽창해 화적질을 일삼는 범죄 집단으로 변모했다. 그 대표적인 예는 장쑤 성江蘇省과 저장 성浙江省의 청방과 쓰촨 성四川省의 가로회다. 요즘 사람들이 말하는 민간 결사는 거의 범죄 조직을 가리킨다.

셋째, 사적인 관계망의 통제를 받는 소규모 민간단체다. 중화민국 시기 이후 전통 제도는 무너졌지만 이를 대신할 만한 현대적 제도가 부재해 권력의 진공상태에 빠졌다. 강호의 민간 결사와 사적인 조직은 이 틈에 향토 사회의 지배권을 장악했다. 군벌이 정부를 주도하고 범죄 조직이 경제를 독점하면서 강호의 큰형님은 민중의 우상이 되었고, 이들의 잘못된 행위를 대중이 모방하면서 민중의 풍속은 점차 강호화되었다. 중국 사회 전체가 강호의 규범을 신봉하면서 국가가 강호화되었고, 범죄 조직과 사적인 관계가 지배하는 사회가 되었다.

정리하면 다음 다섯 가지 전통 사회집단을 강호라고 볼 수 있다.

(1) 범죄 조직

(2) 관계官界, 상업계, 군벌 집단

(3) 상업적 유동 인구

(4) 관계망

(5) 관계망을 중심으로 하는 대중사회

세계적 시각에서 바라본 중국의 강호

정도의 차이는 있겠지만 세계 각국의 역사에서 강호적인 요소를 발견할 수 있다. 이를테면 협객이나 범죄 집단, 사교邪敎 등은 중국에만 존재하는 것이 아니다. 비밀결사와 개인적인 친분은 인류의 공통된 특징이다. 다만 이 공통된 특징이 시간과 공간, 문화에 따라 다를 뿐이다. 전 세계적으로 중국의 강호만이 20세기 중화민국 시기에 최고 권력을 장악해 사회 전체를 뒤엎은 적이 있을 뿐 아니라 지금까지도 지대한 영향을 미치고 있다. 유일하게 중국과 화교 사회만이 전체적으로 강호화되어 강호의 관행이 정식 제도를 압도하면서 사회생활에 영향을 끼쳤다.

중국 강호는 특수한 조직과 제도를 창출해냈다. 요컨대 강호는 일종의 네트워크 조직인 사적인 관계망, 즉 인맥 사회를 형성했다. 인맥 사회는 현대의 단체나 전통적인 가족 조직과는 차이가 있다. 현대 단체, 그러니까 법인 단체는 사회적 역할(직무)에 기초해 법률과 법규를 관리한다. 가족이나 범가족 조직(예컨대, 의형제 집단)은 서열과 명분에 기초해 예교 규칙을 관리한다. 이와 정반대로 강호의 사적인 관계망은 역할이나 명분과는 관계없고, 전적으로 대인 관계에 기초하며 심지어 특정 시기의 개인적 친분에 의지한다.

이 밖에 강호는 민간 비밀결사 조직을 만들어냈다. 민간 비밀결사는 구조적으로는 현대 단체와 유사하지만 지위나 명칭 면에서는 가족 조

직과 비슷해 조직 내에서 사부師父, 사모師母, 사형師兄, 사제師弟라는 호칭
이 쓰인다. 그러므로 민간 비밀결사는 현대 단체와 가족이 혼합된 형태
라고 볼 수 있다. 강호는 또한 각 지역의 실정에 맞는 각양각색의 풍속과
관행, 즉 강호의 규칙을 창조해냈다. 이 규칙은 민간 결사에 따라 달랐으
며, 심지어 지부에 따라서도 차이가 있었다. 유교의 종법 제도를 규칙으
로 취한 단체가 있는가 하면 도교나 불교 경전을 취한 단체도 있었고, 전
통 사회의 소전통小傳統, 예를 들면 개인적인 정이나 안면을 규칙으로 취
한 단체도 있었다.

지난 수백 년 동안, 중국 사회 상층 구조의 변화나 봉건 왕조의 교체와
상관없이 강호는 줄곧 사회 하층민을 응집하는 중요한 요인이었다. 계층
이동을 통해 상류사회에 몸담은 하층민은 상층의 군사·정치·경제 활동
에 서서히 영향을 끼쳐 관계官界와 재계에서는 접대가 끊이지 않았다. 집
단에서 으레 회의를 열고 관청에서 공문을 서로 떠넘기는 것과 마찬가지
로, 강호에서는 접대가 필요했던 것이다. 근대 이래 중국 부패의 주된 원
인이 강호의 관행 탓이기도 하지만 청말 이래 유교가 붕괴한 뒤 중국의
와해를 막은 것도 강호였다는 점은 부정할 수 없다. 500년 동안 정착 농
경 가족 체계는 철저히 붕괴되었다. 이러한 상황에서 이주민을 관리할
일정한 규율이 필요했는데 강호가 잠시 그 역할을 대신했던 것이다.

여기서 말하는 강호는 중국 본토에만 국한되는 게 아니라 화교 사회까
지도 아우른다. 각국에 흩어져 사는 화교의 성향도 대체로 비슷한데, 공
통의 언어와 유가 문화유산이 그 주된 원인이라고 볼 수 있다. 국내외 중
국인의 특징은 정실에 얽매이고, 안면을 중시하고, 체면을 중시한다는
것이다.

5. 왜 유독 중국인들만 무협에 중독되었을까?

중국인의 무협 숭배는 세계적으로 유명하다. 무협 관련 서적이 중국 국내외에서 사랑받을 뿐 아니라 무협을 배경으로 한 무술 영화도 할리우드에 진출했다. 중국인이 무협을 애호하고 모두 '형님'이 되고자 하는 이유를 알려면 강호부터 이야기해야 한다. 강호화되지 않았다면 무협을 숭배하는 일도 없었을 것이기 때문이다.

간명하게 무협이 중국의 영웅이라고 해석하기도 하지만 실은 그렇지 않다. 무협은 영웅이 아니라 효웅이다. 영웅이란 손무孫武, 오기吳起, 곽거병霍去病, 위청衛靑, 악비, 척계광, 문천상, 임칙서 등처럼 녹봉을 받은 이들이다. 이 점은 상당히 중요하다. 녹봉을 받았다는 말은 합법적인 정통 체제 안에 몸담으면서 정식 규칙을 옹호했다는 것을 입증하기 때문이다. 이것이 강호와 비非강호의 차이점이다.

그렇다면 효웅은 누구를 말하는가? 송강宋江, 조개晁盖, 위소보, 악불군岳不群, 황진룽, 두웨성, 허대마봉, 좌산조 등이다. 이들은 녹봉을 받지도 않았고, 이들에게 녹봉을 주는 조정도 없었기 때문에 때리고, 파괴하고, 약탈에 의지해 생활했다. 약탈에 의지했다는 말은 사회 불공정을 조장하고 노동에 의지하지 않았다는 이야기다. '승자는 왕이 되고, 패자는 역적이 된다'는 말에 비추어보면 영웅과 효웅의 경계가 모호할 것 같지만 실제로는 그렇지 않다. 이 말은 효웅과 영웅이 바뀔 수 있고 절대적인 경계가 없다는 점을 설명할 뿐이다. 효웅이 화적질을 그만두고 합법적 정통성에 의지하거나 정식 규칙을 만들어 왕이 된다면 영웅이라고 자칭할 수 있다. 정통성을 획득해 조세를 징수할 수 있다면 누가 화적질을 하겠는가? 유방劉邦과 주원장朱元璋 등이 그 대표적인 인물이다.

중국인의 무협 숭배를 폭력의 숭배라고 해석하기도 한다. 이 말은 사실에 가깝기는 하지만 사실은 아니다. 폭력 혁명에 대해 언급하자면, 시황제와 이세민李世民, 칭기즈칸은 모두 지도자였지만 무협과 전혀 관계없었고, 지금까지 그 어떤 호사가도 이들을 무협에 포함시킨 적이 없었다. 이들은 영웅이고 정치제도를 만든 정치가였지 효웅이나 체제 밖의 강호 협객이 아니었다.

무협의 문화적 모체는 강호다. 무협에서는 '협俠'이 우선이고 '무武'는 그다음이다. 이 두 가지가 하나가 되어 무공을 지닌 협객이 된다. 협은 체제에서 유리된 실력자다. 무협은 강호 영웅이자 강호 문화에서 숭배하는 우상인데, 이들은 대중 속에 골고루 퍼져 있다. 여기서 대중이란 좁은 의미로는 노상강도이고, 넓은 의미로는 강호화된 무산계급이다.

유교 정통의 우상은 충성스럽고 의리 있는 영웅이지만 강호의 우상은 무협이다. 진·한대 이후의 강호는 부패한 유교이고, 특히 명대 이후 강호는 완전히 타락한 유교였다. '삼강오륜'과 '팔덕'이 점차 변질되어 '무武'와 '의義' 두 글자만 남은 것인데, 무술과 의리는 강호에 발붙일 수 있는 두 가지 보배였다.

일반적으로 강호는 여러 부류로 나뉘었다. 가장 낮은 부류는 굶주림에 시달리고 한데서 잠을 자는 부랑자였고, 가장 높은 부류는 그럴듯하게 지내면서 한가롭고 자유로운 협객이었다. 이들은 오로지 의협심을 발휘해 의로운 일을 한다는 명분하에 화적질을 했다. 무협 숭배는 강호의 모든 사람이 협객을 숭배하는 것을 의미하는 동시에 가장 낮은 부류가 가장 높은 부류를 선망하는 것도 의미한다. 이것이 무협 숭배의 유래다.

어째서 중국인만 무협에 중독되었을까? 무협 이야기는 강호에 심취해 있는 사람들에게 백일몽을 선사해 자기 해탈과 승화를 경험하게 해준다.

꿈의 세계와 현실의 강호는 상호 보완적이며 같은 정신 체계에 속한다. 강호화가 진전될수록 무협을 숭배하고 무협 이야기도 유행한다. 무협 문화는 사회의 강호화와 밀접하게 관련되어 명대보다는 청대에, 청대보다는 중화민국 시기에, 문화대혁명 이전보다는 이후에 더 성행했다. 전자와 후자를 비교해보면 체제의 공백 상태와 무협 문화의 성행이 맞아떨어진다는 것을 알 수 있다. 정식 규칙이 해이해지면 비공식 규칙이 성행하고, 비공식 규칙이 성행하면 무협 이야기가 유행했다.

물론 무협 소설가들이 한결같이 쓰레기를 양산하는 것만은 아니다. 개중에는 고명한 작가도 있고 사상가의 경지에 이른 사람도 있다. 화뤄겅華羅庚은 무협 소설을 어른들을 위한 동화라고 말했는데, 그 이면에는 심오한 뜻이 담겨 있다. 예를 들면, 중국 근대사에서 강호가 유교 제도를 전복시킨 실상을 폭로하고 2천 년 만에 찾아온 제도적 위기를 가장 잘 부각시킨 작품은 단연 진융의 『녹정기』다. 『녹정기』에 담긴 사상은 루쉰의 「광인일기」만큼이나 심오하다. 근대 국난을 반성하는 글은 많지만 진융의 소설이야말로 근대 중국의 '고대성'의 종결과 '강호성'의 발단, 그리고 현대성의 부재로 중국이 강호 국가로 전락한 점을 앞장서서 지적했다.

『녹정기』의 탁월한 점은 주인공 위소보와 같은 건달이 벼락출세하는 과정을 통해 근대 중국 사회의 불공정성과 강호화의 실상을 드러냈다는 점이다. 강호가 정통 체제를 전복하면서 사회 전체는 황당하게 변했다. 위소보는 양저우의 건달로 기생의 사생아였다. 정식 교육도 받지 못했고, 인의도 아랑곳하지 않았으며, 갖은 수단을 동원해 자신의 이익을 꾀하는 데 능했고, 마음이 모질고 악랄했다. 황궁에 들어가 가짜 태감이 되어 점점 강희제의 총애를 받고, 천지회에 가입해 청목당靑木堂의 향주香主가 되면서 밝은 세계와 어두운 세계에서 동시에 높은 지위를 차지했다.

위소보 이야기는 행복하게 결말이 난다. 만년에 그는 일곱 명의 처첩과 윈난雲南으로 몸을 피해 평안하게 생활한다.

위소보라는 인물의 설정은 문학적 기교 면에서 근대 중화 문명에 대한 은유와 풍자라고 볼 수 있다. 의리를 중시하고, 수단과 방법을 가리지 않는 인물이지만 도리어 벼락출세를 하고, 구름처럼 많은 미녀를 거느리고, 흠모의 대상이 된다. 이것은 고도로 강호화된 사회윤리와 가치 구조를 반영한 것으로, 보통 사람들이 의식하지 못하고 있을 뿐 집단 무의식에 스며들어 있다. 위소보의 이야기는 근대 질서가 강호화되고 강호 질서가 유교 체계를 전복해 일련의 윤리적 가치관을 뒤흔들어 '정직한 사람이 손해를 보고 나쁜 사람이 이득을 보는' 제도적 패러독스가 창출되었음을 보여준다.

2

허물 벗은 유교

이 장에서는 편년체 형식으로 3천 년 강호의 맥락을 훑어보려고 한다. 역사학에서는 하·상·주夏商周에서 위진남북조시대까지를 상고, 수·당隋唐에서 송·원宋元까지를 중고, 명·청 이후를 근대라 부른다. 이 익숙한 구분법은 정치체제의 재정 구조와 밀접하게 관련되어 있다. 시기마다 체제는 제각기 다른데, 이에 따라 강호의 모습도 달라졌다. 강호는 조정(정부)의 적수였기 때문에 조정이 바뀌면 강호도 바뀌었다.

근대 강호와 상·중고의 강호는 같지 않다. 상·중고의 강호는 상·중고의 체제 밖 사회지만 명·청대의 강호는 명·청대의 체제 밖 사회이기 때문이다. 모두 체제 밖 사회지만 체제나 조정이 달랐기에 강호 역시 차이가 날 수밖에 없다. 상고시대의 강호는 학자나 등짐장수, 협객 등 조정에서 이탈한 유민에 불과했지만 근대의 강호는 유민뿐 아니라 체제 안으로 섞여 들어가 풍파를 일으켰던 효웅도 포함되었다. 상고시대의 강호협객은 정치권력에 뜻이 없었지만 근대의 강호는 정치권력에 뜻이 있었다. 상고시대의 강호, 특히 진·한 시대 이후의 강호는 유교와 대립했지만 근대의 강호는 유교를 계승한, 변질된 유교였다. 한마디로 말해서 상고 시대의 강호는 조정과 대립했지만 명대 이후의 강호는 조정과 하나가 되었다. 이른바 어둠의 세계와 밝은 세계가 '한통속'이 되어 명성을 얻었던 것이다.

중국 민족의 역사를 고찰해보면, 강호가 싹튼 것은 유교가 출현하기 이전이지만 강호가 성숙한 것은 유교가 붕괴되고 나서였다. 강호는 2천여 년이라는 유구한 역사를 가지고 있다. 오랜 세월 동안 강호는 체제 밖에 몸담고 있었는데, 때마침 고대 정치가 무위 정치를 신봉하는 바람에 사회통제가 느슨해져 체제 밖 자유로운 공간이 많았고, 그 덕에 강호는 오랫동안 번성할 수 있었다.

강호의 맹아에 관한 단서는 많지만 공통된 모체는 찾을 수 없었다. 3천 년 전 상·주 시대에는 상인과 협객이 유명했다. 상인과 협객은 모두 체제 밖 사람들로 강호의 첫 번째와 두 번째 시조로 꼽을 수 있다. 이때는 유교가 아직 탄생하지 않았고, 그 전신인 상례商禮가 존재했을 뿐이다. 상례는 주례와 비슷한데, 주례는 유교의 모체가 된다. 이를 통해 강호의 원류와 유교의 원류가 거의 같다는 것을 알 수 있다. 아득하게 오래된 조정이 있으면 아득하게 오래된 강호가 있었다. 조정과 강호는 상대적으로 존재했기 때문이다.

한대漢代까지 민간 사회는 노장사상의 영향을 받았고, 노장사상은 도교로 발전했다. 또한 정통 종파의 바깥에서 후한의 오두미도나 태평도와 같은 이교가 탄생했다. 종교이자 조직이었으며 정권이었던 오두미도는 산시 성陝西省의 한중漢中 땅을 30여 년 동안이나 차지하면서 정교일치의 통치를 행했다. 비록 후한 정권의 적이었지만 오두미도는 백성들의 폭넓은 지지를 받았고, 태평도는 정권으로 발전하지는 못했지만 줄곧 권력 쟁취를 꿈꾸어 황건군黃巾軍을 조직했다. 태평도의 신도는 수십만 명에 이르렀고 그 위세가 대단했다. 이것이 강호의 세 번째 원류인 도교 이단에 관한 설명이다.

한대 이후 불교는 비단길을 통해 중국에 전래되었다. 불교의 영향을 받아 남조에서는 불교의 이단인 미륵교彌勒敎가 출현했는데, 이 역시 비밀 종교 결사의 일종이었다. 자신의 본분을 지키지 않고 늘 소란을 피웠던 이들이 강호의 네 번째 원류인 셈이다.

이단이 출현할 시기인 진대秦代 말기에 유민들이 반란을 일으켰다. 진승·오광의 난이 그것이다. 반란을 일으키려면 체제 밖에 몸을 두고 용감하게 무력을 사용해 조정을 전복시켜야 했다. 강호의 다섯 번째 원류는 이들 유민 조직이다.

이상이 강호의 다섯 가지 맹아다. 근대와 오늘날의 강호에서도 이에 상응하는 자취를 발견할 수 있다.

체제의 안팎, 정통과 이단, 주류와 비주류는 분리할 수 없는 정치 문화다. 그러므로 유교와 강호의 대응 관계는 생득적이어서, 조정에서 유가만을 중시하면 강호와 유가는 대립할 수밖에 없다. 이를 이해하면 강호와 유교의 연원을 자연히 알 수 있다.

명대 이전에 비밀결사와 인맥 집단을 포함한 강호의 맹아는 자발적으로 발생해 사적인 성격을 띠었으며, 정부 주도의 정통 유교와는 대치 상태였다. 명대 이후 인간과 땅의 갈등이 증폭되고, 청대 중기에 상황이 더욱 악화되어 유민을 통제하지 못할 지경이 되자 강호화 과정이 더욱 촉진되었다. 강호화는 정통 유교를 전복하는 동시에 유교 가치의 일부를 흡수하면서 체제 밖 질서를 구축했다. 그 결과 비정통 유교가 형성되면서 유교의 괴물이 태어났고, 거기에 도교와 불교 문화의 일부까지 흡수하면서 후後고전 시대의 잡탕이 탄생했다.

500년 역사의 강호화에 대해 이야기하려면 두 가지를 강조해야 한다. 하나는 3천 년 역사의 '재야 전통'이고, 하나는 명대 중기 이후 유교 제도 안에서 폭발한 인간과 땅의 갈등이다. 이 두 가지가 정자와 난자처럼 서로 만나 순식간에 새로운 생명이 탄생한 것이다.

1. 양한 시대에서 송·원대까지: 강호의 맹아기

강호의 기원은 3천 년 전 상·주시대로 거슬러 올라간다. 상 왕조의 상인은 역사적으로 유명하다. '상인商人', '상업商業', '상무商務' 등의 단어는 모두 상 왕조의 '상'에서 유래한 것이다. 이는 상업이 상대와 떼려야 뗄 수 없는 관계임을 증명한다. 상대의 상인들은 싸게 산 물건을 비싸게 팔면서 이 골목 저 골목 누비며 먼 거리를 이동해 '조정' 밖 강호의 싹을 최초로 움트게 했다.

이들을 강호의 싹이라고 부르는 이유는 상인에게 '방랑'이라는 강호의 근본적인 속성이 있었기 때문이다. 즉, 이들은 고향이나 가족에게서 멀리 벗어나 사회적인 관습과 동떨어진 생활을 했다. 그러나 이들은 강호의 사회조직과 제도를 갖추지 않았다. 그 당시 상인과 협객은 모두 유민으로 그 숫자가 적었다. 무리도 안정되지 않았고 제도라고 말할 수 있는 것도 없어서 독립적인 사회계층을 형성할 수 없었기 때문에 싹이라고 부르는 것이다. 진정으로 체제 밖에서 많은 사람을 모아 처음으로 분규를 일으킨 사건은 진승·오광의 난이었다.

진승·오광의 난: 법 밖 최초의 무리

최초로 군중을 모은 강호의 효시로 진승·오광의 난을 꼽을 수 있다.『사기』에 따르면, 기원전 209년(진秦 2세 원년) 7월에 진승과 오광 등 900여 명이 징발되어 어양漁陽(지금의 베이징)으로 향하던 중 대택향大澤鄉에서 큰 비를 만나 기한 내에 도착할 수 없었다. 진대의 법은 가혹해 기한을 어기면 예외 없이 참수를 당했다. 두 사람은 이대로 죽든 반란을 일으켜 죽든 매한가지니 차라리 반란을 일으키는 게 낫다며 모반을 선동했다. 이들은 먼저 인솔자인 장위將尉를 주살한 뒤 사람들을 이끌고 봉기했다. 여러 현을 공략하고 농민들을 규합해 진현陳縣을 공격할 무렵에는 그 규모가 엄청나게 불어나 전차는 600~700대에 달했고, 말은 1천여 필, 군사는 수만 명에 달했다. 진대의 인구는 2천만 명이 넘지 않았다. 이렇게 많은 수의 농민이 고향을 떠나 체제 밖의 비공식적인 조직에 편입된 것은 유사 이래 처음 있는 일이었다.

진승 농민군의 편제와 군사 규정에 대해서는 알 길이 없지만 사회학적인 상식으로 추측해볼 때, 조직 편제가 결코 쉽지 않았을 것이다. 당시 종족제宗族制를 실시해 종족 이외의 집단을 조직한 전례가 없었기 때문이다. 게다가 농민 출신으로서, 군사를 거느리고 싸워본 적이 없었던 진승과 오광이 실질적인 문제들을 어떻게 해결했는지도 의문이다. 『사기』에는 그들이 진나라 군대의 편제를 모방했고, 진승이 스스로 장군이 되고 오광을 도위都尉로 임명했다고 기록되어 있지만, 조직 구조나 군사 규정에 대해서는 언급되어 있지 않다. 봉기 발발이 우연적이었다는 점을 감안할 때, 시간이 촉박해 훈련할 겨를도 없었을 것이고 군대 조직도 엉성했을 것이다.

한 차례 권력투쟁을 거쳐 진승과 오광은 죽고 유방이 함양咸陽으로 진격해 진나라를 멸망시켰다. 그러나 유방은 다시 항우에게 패하고 대한大漢을 세웠다. 흔히들 '나라를 훔친 자가 왕'이라고 이야기한다. 반란군에 의해 새로운 왕조가 서면 '강호'는 '조정'으로 변했는데, 이것은 체제 밖 조직의 종말을 의미했다. 이러한 종말은 필연적이었다. 당시에는 강호를 안정시킬 조건이 성숙되지 않았기 때문이다.

유비, 관우, 장비: 의형제의 시조

옛날 청방에서 무리를 받던 곳은 대개 관제묘關帝廟였다. 관제묘는 관우를 모시는 사당이다. 이들이 관우를 선택한 이유는 도원결의 때문이다. 도원결의는 강호의 중심 가치다.

유비, 관우, 장비의 도원결의는 후한의 의형제 풍속의 정수를 집약한 것이다. 의기투합하는 친구들이 하늘과 땅에 제사를 지내며 삽혈로 의형제를 맺으면서 '한날한시에 태어나지는 못했지만 한날한시에 죽고', '복이 있으면 함께 나누고 어려움이 있으면 같이 헤쳐나가기'로 맹세했다. 이로써 새로운 형제가 탄생한 것이다. 결의結義는 가족 밖에서 형제 관계를 맺는 것으로, 가족이라는 이름으로 함께 지내면서 가족 밖의 일을 해 가정의 제한을 받지 않았다. 이것은 민간 사회가 가족이라는 울타리를 부수고 사회생활의 확장을 모색했다는 사실을 반영한다. 인구 이동이 활발할수록 가족이라는 혈연을 넘어 대인 관계를 넓힐 필요가 있었고, 바로 이러한 때에 결의는 수정된 범가족주의 방안으로 채택되었다.

타인이 형제가 됨으로써 가족제도를 바꾸지 않고 약간의 수정만으로 사회의 활력을 증진시킬 수 있었다. 경제학 용어로 말하자면 가족주의 경제는 반드시 가족 밖의 사회에서 '파레토 개선' 또는 '파레토 최적'을 추구해야 한다. 2천 년 동안 결의형제는 중국의 중요한 전통이 되었고, 이 전통에서 관제신앙關帝信仰이 배태되어 관우는 강호의 공통된 우상으로 떠올랐다. 명대 이후, 민간 사회가 점차 강호화되면서 관우 숭배는 널리 확산되었다.

'도원결의'의 출처가 원대의 소설 『삼국지연의』라고 하는데, 전혀 근거 없는 이야기는 아니다. 진수陳壽의 『삼국지』「촉서」'관장마황조전關張馬黃趙傳'에 따르면, 유비는 의를 소중히 여기고 재물을 가벼이 보았으며 협객과 교우하기를 좋아했고 관우·장비와는 '한자리에서 자고 가깝기가 형제와 같았다'고 하며, 관우와 장비도 유비를 '형처럼 섬겼다'고 한다.

결의형제 배후의 이치

자유로운 이동의 제한, 자원의 효율적인 분배 제한, 이민 관리 규범의 결여 등은 유교 정착 농경 사회의 단점이다. 결의형제가 오랫동안 유행한 것은 단점을 극복하기 위해 개선 방안을 제시했기 때문이다.

고향의 가족 체계에서 벗어난 이주자들은 가족을 모방해 의제적 가족 관계를 맺었다. 즉, 결의를 통해 의형제를 맺고, 하늘과 조상에게 제사를 지내고, 삽혈로써 맹세한 후 의제 가족 관계로 구성원을 단결시켜 가족을 뛰어넘는 사회 협력을 도모했다. 요컨대 의제 가족은 전통 유교가 새롭게 출현한 이주자들에게 적응하기 위한 방식이었다.

이 방식을 통해 유교 제도 아래에서 소규모 이주민 문제를 해결할 수 있었다. 기존 제도의 틀 안에서 소상인들이나 일부 부랑자들의 자유로운 이동을 허락함으로써 인적자원을 재배치하고 경제의 수요와 공급 관계를 부분적으로 개선할 수 있었다. 결의형제는 오랜 세월에 걸쳐 진화·발전해왔다. 그런데 그 발전 과정은 유동 인구와 관련 있다. 결의형제 문화의 수요자이자 선구자인 유동 인구는 정착 민중에게 결의 문화를 전파하는 역할을 했다. 명대 이전에는 유동 인구가 약간 늘었지만 그 숫자가 적었고, 명대 이후 크게 증가해 전체 인구 가운데 상당수를 차지했다. 명대 이전에 중국인들은 안분지족했고, 『논어』에도 '부모님 살아 계시면 멀리 떠나지 아니하며'라는 구절이 있다. 그러므로 중국에서 유민이 대거 출현한 시기는 명대 이후이고, 결의형제도 명대 이후 전 국민을 대상으로 확대된 것이다.

　결의형제의 공식적인 유래는 알 수 없다. 이데올로기를 통합시킬 필요가 있었던 후대인들이 유비, 관우, 장비를 우상으로 떠받들며 제사를 지냈고, 의리를 중시한 관우를 특별히 부각시켰을 뿐이다. 관우에게는 특별한 점이 있다. 몸은 조조의 군영에 있으면서도 마음은 한漢에 있었던 충성심과 조조를 잡았다 놓아주었다는 일화처럼 은혜를 알고 보답하려 했던 의협심이다. ‘충’과 ‘의’ 두 글자는 강호 결의형제의 핵심인데, 관우만큼 이 두 가지 기질을 두루 갖춘 사람이 또 있을까? 그리하여 근대의 강호는 유비, 관우, 장비를 시조로 떠받들었다. 겉보기에는 의리를 추앙한 것 같지만 본질적으로는 결의형제에 내포된, 가족을 뛰어넘는 기능을 중시했던 것이다. 의리는 그저 조직을 유지하기 위한 접착제였을 따름이다. 요컨대 가족을 뛰어넘는 것이 목적이고 의리는 그 수단이었다.

　후한의 결의형제 이야기가 1천여 년을 뛰어넘어 원·명대에 겉모습만 바뀐 채 재해석되어 『삼국지연의』에 실린 이유는 원말 명초의 민간 사회에 강호 관념을 수립할 필요가 있었기 때문이다. 유교 통치 아래에서 중국의 촌락 사회는 가족주의를 고수했기 때문에 한대 이래 약 1천 500년 동안 ‘다자다복多子多福’이라는 유교적 가치관의 영향을 받고 있었다. 그런데 명대 이후 인간과 땅의 갈등이 나날이 심화되면서 유동 인구는 장사를 하거나 해외 무역에 종사하거나 노동을 하거나 난양으로 이민을 가야 했다. 결의형제를 비롯한 의제 가족 관념은 때마침 유·이민 집단을 조직하는 틀이 되었다. 혈연으로 맺어진 관계는 아니었지만 의제 가족 속에서 익숙한 가족 문화의 관념에 따라 함께 지내면서 가족제도를 확장할 수 있었던 것이다. 게다가 중국에는 양자를 들이는 전통이 일찍부터 있어 생소하지도 않았다. 다시 말해서 결의형제는 의제적 부자 관계를 의제적 형제 관계로 확장한 것에 불과했다.

유교에 비해 강호의 결의는 그다지 고상한 편이 아니었다. 가족을 밖으로 이식한 것에 지나지 않았기 때문이다. 다시 말해서 혈연을 제외한 가족 조직의 유형을 거의 전부 이식해 비밀 단체, 작업장, 항방(行幫: 동업 조직―옮긴이) 등 진짜 같은 '가정'을 만들어냈던 것이다. 조사祖師·사조師祖·사부·사모·사형·사제 등과 같은 명칭도 생겨났고, 엄격한 서열과 가계家系도 존재했다. 이처럼 강호의 결의는 철저히 가족화되어 혈통을 제외한 가족의 모든 것을 포함하고 있었다.

종교적 비밀결사의 선구: 오두미도, 태평도, 미륵교, 백련교

도교와 불교의 이단 역시 강호의 원류 가운데 하나다. 이들 이단 교파가 전파되면서 비밀결사를 형성했는데, 이것이 강호 문화의 온상이 되었던 것이다.

후한 시기의 오두미도와 태평도는 역사학계에서 인정하는 최초의 종교적 비밀결사다. 후한 시대는 도교가 탄생해 미분화한 시기로, 이때 도교는 출세(出世: 속세에서 벗어남―옮긴이)와 입세(入世: 속세에 참여―옮긴이) 사이에서 정치 세력으로 발전할지 말지 고민하고 있었다. 정치 세력으로 발전할지 여부는 매우 중요했다. 체제 밖의 체제 구축 여부와 관련 있을 뿐 아니라 강호의 발전과도 긴밀하게 연관되기 때문이었다.

불교의 이단은 명대 이전에도 손색이 없었다. 남조 양 무제梁武帝 보통普通 연간에 저장 성 이우義烏 사람 부대사傅大士가 미륵교를 창설해 종교적 비밀결사를 조직했는데, 그 조직 체계가 치밀했다. 북위北魏 선무제宣武帝 연창延昌 연간에는 허베이 성河北省 지저우冀州 사람 법경法慶이 대승교를 만들어 군대를 일으켰다. 남송 시대에는 장쑤 성 우군吳郡 사람 모자원茅子元이 백련종白蓮宗을 창건했다. 백련종은 원대 말기에 백련교로 개칭했는데, 백련교는 현대의 무협 소설·영화·드라마의 배경 및 소재가 되고 있다. 이들 불교 이단의 공통점은 일반 종교와 달리 출세가 아니라 입세를 목적으로 했고 사회조직과 정치권력을 선호했다는 것이다. 불교, 도교의 주류는 출세가 목적이었기 때문에 사회조직을 만들지도 않았으며, 정부에 대항하지도 않았고, 체제 밖의 체제를 구축하지도 않았다.

종교적 비밀결사의 대거 출현은 강호 사회를 싹 틔우는 원동력이 되었다. 그러나 후한에서 송·원까지 강호의 맹아기에는 역대 왕조마다 비밀결사가 활동했지만 상대적으로 그 숫자가 적었고, 명대 이후처럼 우후죽순으로 생겨나지도 않았다. 그러므로 강호의 대두를 고찰하려면 명대부터 살펴봐야 한다.

결의형제와 종교 결사는 쌍둥이 형제

원론적으로 볼 때, 비밀 단체의 결의형제와 종교 결사는 차이가 있다. 결의형제는 가족을 모방해 인척 관계를 맺는 것이고, 종교 결사는 신에 의지해 단체를 결성하는 것이다. 그러나 명·청대 이후 양자는 점차 비슷해지고 경계가 모호해지면서 상호 침투하기 시작했다. 결의형제란 가족 제도를 참작해 정식 맹약을 통해 혈연적으로 관계없는 사람들이 의제 가족 관계를 맺는 것이다. 종교 결사는 신앙과 교규敎規로 신도들을 규합해 조직을 만든 것이다. 오두미도를 예로 들면 신분이 세습되는 교주를 제외한 기타 신도들은 가족 관계를 단절해야 했다.

종교 결사와 유럽의 교회 조직은 비슷한 점이 있다. 일종의 비가족적 성격의 조직으로, 교리로 신도들을 통제하면서 신의 힘으로 교리를 공고히 했다는 점이다. 주지하는 바와 같이 기독교가 중국의 불교나 도교와 다른 점은, 정식 조직인 교회, 정식 규칙인 교리와 교규, 교회 재산과 교회 권력을 소유하고 있었다는 점이다. 전형적인 도교와 불교는 정식 조직도 갖추지 않았고, 신도들은 자유롭게 사원에 가서 기도하면서 조직의 지배를 받지 않아도 되었다.

량수밍梁漱溟의 견지에 따르면, 서양인들이 가장 먼저 현대화된 사회를 구축할 수 있었던 것은 단체 생활의 전통 때문이라고 한다.[*] 그런데 단체 생활의 전통은 기독교 교회에서 비롯되었다. 그 후 중세의 상인 길드가 이를 계승했으며, 이것이 점차 오늘날 법인 단체로 발전한 것이다.

중세 이전 유럽인들도 봉건 영주의 가족제 아래에서 생활했다. 그런데 어떻게 가족제에서 집단제로 이행했을까? 량수밍은 기독교 교회의 힘이 결정적인 역할을 했다고 답한다. 중세 말기 봉건 영주와 로마교황청이 대립하자 상업과 수공업이 집중된 도시 지역에 권력의 공백이 생겼다. 농촌 인구의 상당수는 가족의 구속에서 벗어나 도시 동업조합이 관할하는 상공업 조직에 가입해 자유로운 세상을 맛보았다. 가족 세력은 이러한 추세를 온 힘을 다해 막았지만 개인이 가족에서 이탈할 수 있도록 교회가 도움을 주어 결국 근대 조직, 즉 계약 집단이 출현했다. 기독교 교회가 유럽 사회의 발전에 미친 영향을 통해 볼 때,[**] 오두미도와 백련종 같은 종교가 중국 사회에 백해무익했다고는 할 수 없다. 이들로 인해 비혈연 단체의 싹이 움트기 시작했기 때문이다.

형제끼리 싸우다

종교 결사의 강호와 결의형제의 강호는 그 기원이 서로 다를 뿐 아니라 역사적으로도 반목이 심했다.

---

[*] 량수밍梁漱溟, 『중국문화요의中國文化要義』, 쉐린출판사, 1987. p.64.
[**] 량수밍, 위의 책, p.60.

장각의 태평도는 초기 종교에 해당한다. 유럽의 기독교 교회와 다른 점은 그가 거느린 36방方이 편제상 민간 사회조직이 아니라 군대와 유사했다는 것이다. 36방의 방대한 편제가 반란을 일으키도록 그를 유혹한 것인지, 아니면 반란을 일으키기 위해 그가 36방을 편성한 것인지는 알 길이 없다. 어쨌든 184년에 장각은 신도들을 이끌고 봉기하면서 자신의 군대를 '황건군'이라고 불렀다. 이들은 뒷날 한 헌제漢獻帝의 군대에 잔혹하게 진압됐다.

역사적 우연인지 강호의 양대 시조, 즉 도원결의의 시조인 유비, 관우, 장비 삼형제와 종교 결사의 시조인 장각이 이때 대판 싸움을 벌였다. 원대의 작가 나관중의 머릿속은 이미 강호의 문화로 가득 차 있었다. 그는 『삼국지연의』의 첫머리 '세 호걸 도원에서 잔치하며 의형제 맺고 황건적을 무찔러 처음으로 공을 세우다'에서 상징적으로 유비, 관우, 장비가 의형제를 맺고 종교 결사의 시조인 장각과 대전을 벌이는 내용을 실었던 것이다. 이로써 삼국시대 100년의 연의 소설이 시작되었다. 나관중은 삼국시대가 바로 강호 역사의 시작이라 인식하고 있었던 것 같다. 물론 나관중이 고의로 사실을 왜곡한 게 아니라 원·명대 독자의 입맛에 맞추기 위해 의도적으로 꾸며낸 거라고 볼 수 있다. 이를 통해 우리는 원·명대 사회가 이미 강호화되어 강호 문화의 관점에서 새롭게 역사를 해석하기 시작했다는 점을 알 수 있다. 작가나 문인이 이러했을 뿐 아니라 평화·잡극·소설의 독자들도 이것을 좋아했다.

강호 역사는 뜻밖에도 시조가 시조를 공격한 사건에서 비롯되었다. 형제가 처음으로 만나 잔인하게 서로 죽였으니, 이후 강호 후손들은 내분을 피할 수 없었다. 내분은 강호의 본성이었고, 흔히 '은인과 원수의 이야기' 형식으로 서술되었다.

원 · 명대 『수호전』의 유행은 강호 문화 계몽의 상징

『수호전』의 양산박 호걸은 결의형제 발전의 중요한 이정표가 된다. 그러나 『수호전』에 명시된 연대는 매우 모호하다. 이야기의 시대적 배경은 북송 시대지만 역사가들의 고증에 따르면 근거가 부족하다. 이야기는 종상鍾相과 양요楊幺의 동정호洞庭湖 농민 봉기를 배경으로 한 게 분명하다. 또한 이야기는 저자 시내암施耐庵의 고향인 산둥 성 동평호東平湖 일대로 옮겨가 예술적인 각색을 거쳐 완성된다. 시내암은 원대에 태어났다. 그런데 『수호전』은 시내암의 독창적인 작품이 아니라 원대에 항저우 일대에서 유행하던 수호평화水滸評話를 한데 모아 편집한 것이라고 한다. 그러니까 『수호전』의 의형제 기원은 상한이 북송 시대이고, 하한이 원대로 대략 200년 차이가 나는 셈이다. 이 200년은 이론적으로 무슨 의미가 있을까? 결의형제가 일종의 민풍이었으며, 일종의 혁신 과정이었다는 것을 의미한다. 200년은 그저 명확한 변화를 감지할 수 있는 시간일 뿐인데, 이 모호한 시기가 작가에 의해 하나의 이야기로 확고하게 굳어진 것이다.

진 · 한대부터 송 · 원대까지는 강호의 맹아기다. 그 기간에 종교적 비밀 결사가 끊임없이 말썽을 부렸고, 유민이 늘어났고, 인구 이동이 있었고, 동란이 일어났고, 농민이 봉기했지만 안정적이면서도 지속적인 강호 사회가 형성되지는 못했다. 시간이 지나 분규가 해결되면 일시적으로 형성된 유민 집단은 저절로 해체되어 각기 고향으로 돌아가곤 했는데, 정통 유교 체제가 나서서 사태를 수습해 천하를 진정시켰기 때문이다. 『수호전』 속의 송강이 조정에 귀순한 점은 이러한 숙명을 상징적으로 보여준다. 그리고 송강이 조정을 대신해 방납方臘의 난을 진압한 점은 난리가 나도록 내버려두었다가 결국 유교가 나서서 수습한다는 집단 무의식 심리

상태를 반영한 것이다. 이 시기에 유교는 자신만만했다. 제도로서 유교의 거래 비용이 가장 낮았기 때문에 가장 안정적이었던 것이다.

2. 명·청대: 강호의 성숙기

상방의 맹아, 유교 가부장제를 뒤흔들다

명대에 농업과 수공업의 분업 및 노동 교환이 요구되면서 대규모 상업 활동이 시작되었다. 명대에 출현한 상방(商幫: 상인 집단 ― 옮긴이)은 시장 거래뿐 아니라 변경의 군대에 군수물자를 조달하기도 했고, 기회를 틈타 국경에서 밀수를 통해 후금(만청滿淸)과 무역을 하기도 했다(대개 산시 성山西省 상인 진상晉商이 그러했다). 상방의 부상은 농업의 발전과 관련 있다. 소농 경제에서 파레토 개선을 달성하기 위해서는 전문화된 분업과 대규모 생산이 필요했는데, 훗날 이 두 가지가 상업 교환으로 통합되었다. 상인이 사회 분업을 지속시키는 연결 고리라면 상업적 매매는 사회 분업의 기초라고 할 수 있기 때문이다. 이 밖에 상방의 발전은 경지 부족과 관련 있다. 경작할 땅이 없는 농민들은 어쩔 수 없이 고향을 떠나 장사를 할 수밖에 없었는데, 이들이 상업 발전을 촉진했다.

근대 대규모 상방 조직은 대개 인구가 조밀한 지역에서 출현했다. 상방의 이름으로 출현 지역을 알 수 있다. 예를 들면, 산산방山陝幫, 후이저우방徽州幫, 푸젠방福建幫 등이다. 즉, 산시 성山西省, 산시 성陝西省, 안후이 성, 푸젠 성 등은 모두 인구가 지나치게 밀집된 곳이었다. 인구 포화 상태는 엄청난 위기로, 상업 발전과 유민 증가의 원인이었다. 상업 활동은 노동의 분업을 촉진하고 생산성을 향상시켜 인구 증가에 따른 압력을 어느 정도 완화할 수 있었고 일부 유민을 흡수할 수도 있었다. 이런 이유로 명대 상업의 발전은 '강요'의 색채를 띠었다고 볼 수 있다. 경제 발전의 논리에 의해 자연적으로 상업이 발전하기도 했지만 인구 압력에 의해 어쩔 수 없이 상업을 발전시킬 수밖에 없었던 것이다.

　명대에는 비록 상인을 눈엣가시로 여겼지만 조정에서는 이들에 대한 규제를 완화하는 정책을 시행할 수밖에 없었다. 어쨌거나 상인보다 유민들이 훨씬 위험해 차라리 상인을 허용할망정 유민을 허용할 수는 없었던 것이다. 실제로 상인, 유민이나 강도, 비밀결사, 종교 결사를 막론하고 사회제도의 변천이라는 시각에서 볼 때 머지않아 도래할 사회 재조정, 즉 인구 이동과 생산 요소 재배치는 대세의 흐름이었다. 유교 제도의 틀 안에서는 인구와 생산 능력의 모순을 해결할 방법이 없었기 때문이다. 이러한 모순은 '다자다복'과 농업 생산력 정체에서 두드러지게 나타난다. 생산력 정체는 유교 문화의 보수적인 통제가 주원인이었다.

세계사적 시각에서 본 명대의 제도 위기

　봉건 말기에 정착 생활에서 이주로 이행하는 것은 인류 역사의 공통된 추세였다. 자원을 능률적으로 배치하고, 새로운 생산력을 획득하고, 더 많은 부를 창조하고, 인구 증가로 인한 압력을 줄이기 위해서는 인구 이동이 유리했기 때문이다. 그러므로 명대의 인구 대이동(유민의 범람 포함)은 정상적인 근대 중화 문명의 현상이라고 볼 수 있다. 다만 여기서 보충 설명해야 할 것은 가족주의 제도에서 이탈한 개인이 비가족적인 신제도를 어떻게 만들어냈느냐 하는 점이다. 이 점에 대해서는 유럽의 이민 사회와 이에 상응하는 현대 제도를 참고할 필요가 있다.

현대 제도는 고대 그리스 문명과 기독교 문명에서 기원했다. 자유주의
는 고대 그리스 문명에서 유래했으며, 현대 법률은 기독교 문명에서 유
래했다. 이 현대 제도의 장점은 이주를 격려하면서 규칙으로 이주자를
관리하는 데 능하다는 것이다. 다시 말해, 인력과 자원의 끊임없는 재배
치를 통해 사회자원을 합리적으로 분배하고 문화와 경제 발전을 촉진한
다는 점이 현대 제도의 장점이다. 근대 서양 국가가 강대해진 것은 자유
와 법치 덕분이지 5·4운동이 동경하던 민주주의와 과학 덕이 아니었다.
민주주의와 과학은 단지 파생된 문화일 뿐 원류는 아니다.

앞에서 이야기한 바와 같이 명대 사회는 중고에서 근대로 이행하면서
이민 문제에 부딪혔다. 전통 자원의 차이로 중국 사회는 유럽 사회와 다
른 대책을 강구할 수밖에 없었다. 유럽에는 중세에서 근대로 이행하는
데 원동력이 되어준 두 가지 전통 자원이 있었다. 첫째, 유럽인이 유목
민족에서 기원했기 때문에 문화 제도가 이주와 유동 인구에 대해 상당
히 포용적이었다. 둘째, 1천 년 동안 유럽을 지배한 기독교가 정식 단체
제도를 훈련시켰다. 중세에 들어와 기독교는 봉건 가족제도 밖에서 교회
조직 체계를 구축해 가족 조직과 대치하면서 사회의 이원적 조직 체계
(고대 중국에서는 가족주의라는 일원적 조직을 채택했음)를 수립했다. 유럽이
중세에서 근대로 이행하는 결정적 시기에 교회는 상업 도시를 거점으로
새로운 계약 집단을 만들어 봉건 가족 조직을 대신했는데, 바로 이것이
현대 대중사회의 전신이다.

유럽과 대조적으로 명·청대 중국 사회는 탈가족화 과정에서 계승할
만한 유목 전통이 없었고 교회도 없었기 때문에 유민에 적응하기 위해
강호 조직을 만들고 근대 종교 결사와 민간 결사를 결성할 수밖에 없었
다. 명대 이전에 유교는 종교 결사나 민간 결사와 거의 관계가 없었다.

그러나 명대 나몽홍羅夢鴻이 '나교'를 창시하면서 사정은 달라졌다. 나몽홍은 유교 교리를 창조적으로 도입하고 유·불·도 삼교를 통합해 나교를 창시했는데, 훗날 비밀 종교 결사는 거의 모두 나교를 근간으로 삼았다. 양한(兩漢: 전한과 후한을 통틀어 이르는 말—옮긴이) 시대에서 당·송대까지 강호에서 한때 유행하던 도교와 불교의 가르침은 도리어 뒷전으로 밀려나 사실상 변질된 유교가 대세를 이루었다. 요컨대 공맹지도孔孟之道가 사대부의 유교라면 강호는 유민과 하층민의 유교라고 할 수 있겠다.

유럽과 비교해볼 때, 중국 역사에는 지나치게 많은 우연이 존재한다. 만약 중국이 가족 조직 밖에서 충분히 규모가 큰 비가족적인 종교 결사 조직을 발전시킬 수 있었다면 사회 체계가 탈유교화·탈가족화되었을 것이다. 그러나 체제 밖의 세력이 지나치게 미약해 유럽과는 다른 길을 걸을 수밖에 없었다. 역사 속에서 후대의 강호는 거의 일방적으로 종법 제도를 모방·보완하고 유교를 계승해 강호의 규칙을 만들었다. 그래서 '허물 벗은 유교'라는 이름을 붙일 수 있는 것이다.

대조·분석해보면, 양한 시대에서 당·송대까지의 강호는 출세를 지향하고 협객과 의인이 주체가 되었다. 이들은 정통과 한패가 될 가치가 없다고 여겼기 때문에 도교와 불교를 믿는 사람이 다수를 차지했다. 그러나 명대 이후의 강호는 입세를 지향했고, 그 주체가 은자에서 떠돌이 유민으로 바뀌면서 성격도 은둔에서 생계 도모로 변해 협력 조직을 만들 수밖에 없었다. 오직 유교만이 단체 조직에 입세하는 방법을 제시할 수 있었던 것이다.

명대 유교의 쇠락으로 체제 밖의 강호는 새롭게 변화했는데, 이것은 주목할 만한 사건이다. 이 지경에 이르자 유교 체제 안팎의 경계가 모호해지면서 상호 침투하기 시작했다. 유교 문화가 체제 밖으로 흘러들어가 범가족적인 종교 결사, 비밀 단체, 상방이 형성되도록 도왔으며, 체제 밖의 강호는 관계官界에 진출해 당파와 파벌을 만드는 데 일익을 담당했다. 강호가 유교화되자 조정은 강호화되었다. 내외가 한통속이 되면서 체제 안 사회가 강호화되었던 것이다.

상방과 항방의 기원

상방은 중국 상인 조직을 가리킨다. 상방은 상회商會의 선구이자 강호 사회의 주된 요소였다. 춘추전국시대의 범여范蠡나 여불위呂不韋가 이미 거부巨富였던 점에서 알 수 있듯이, 상인은 상 왕조 이래 줄곧 활약해왔다. 하지만 고대 상업은 그저 개인의 상행위에 지나지 않았기 때문에 관련 조직이나 제도가 없었다.

2천 년 후 명대에 후이저우방, 산산방, 광둥방, 장시방江西幇, 둥팅방洞庭幇 등 상방이 출현하면서 상업계의 비공식 조직이 발전했다. 상인들이 무리를 지어 협력하면서 상인 계층이 확대되는 동시에 인구구조가 변하고 가족 질서가 불안정해져 사실상 소농 경제사회에 충격을 주었다. 명대 초기, 장쑤 성 저우좡周莊의 심만삼沈萬三이라는 거상은 막대한 재산가였다. 난징南京과 지척에 살면서 불행하게도 그는 명 태조 주원장의 눈엣가시였다. 주원장은 심만삼에게서 거금을 갈취해 난징 성의 성벽을 축조하고도 마음이 놓이지 않았던지 아예 그를 윈난으로 귀양 보내고 말았다. 상방의 전신인 상업 조합은 당대唐代에 이미 나타났다. 그러나 당대 상업 조합은 조정에서 운영하는 감독 기관이었다.

명대 이후 상업과 수공업 종사자가 빠른 속도로 증가하면서 민간에서는 지연에 근거한 상방이 자연적으로 생겨났다. 이런 추세가 확산되어 점차 제도로 굳어지면서 근대 중국 문화에 중대한 영향을 끼쳤다. 현대 강호의 일부 풍속과 특성 가운데 적잖은 것이 상방에서 기원했다. 이를 테면 '눈에서 멀어지면 마음에서도 멀어진다', '세상인심이 야박하다', 그리고 소위 '모리배 기질'이나 '속물적 기질'은 모두 상방과 관련 있다.

송대에 비해 명대에는 수공업이 현저하게 발전했다. 생산량이 증가했을 뿐 아니라 기술적인 진보도 두드러져 광업, 방직업, 도자기업, 조선업, 제지업 등의 분야에서 이미 규모 있는 경제를 이루었다.* 수공업 발전에 부응하기 위해 상업도 신속하게 발전했다. 인구 증가로 경지가 부족해지자 전국 각지의 적잖은 사람들이 농업에서 상공업으로 옮겨갔다.

상인과 수공업자가 대거 출현하면서 유교 정착 제도에 도전하기 시작했다. 고향을 떠나는 사람들이 늘어나자 정착 체계에 맞게 설계된 유교 제도는 날로 효력을 상실했다. 유동 인구를 어떻게 통제해야 피해를 입지 않을까? 이 문제는 조정에 도전이 되었을 뿐 아니라 상방과 수공업 자체에도 도전이 되었다.

전례가 없어 명대 상인들은 스스로 상방 조직을 만들 수밖에 없었다. 이 가운데 저명한 상방은 후이저우방, 산산방, 광둥방, 푸젠방, 장시방, 둥팅방 등이다. 지연을 토대로 결성된 상방은 동향 회관을 거점으로 서로 연락을 취하고, 도와주고, 협력했으며 독과점을 꾀하며 위엄 있는 체제 밖 상업 조직을 형성했다.

여기서 특별히 유의할 점은 회관의 거점이 원적지가 아니라는 것이다. 예컨대, 후광湖廣 회관은 후베이 성이나 후난 성에 소재한 회관이 아니라 두 성의 상인들이 타향에 세운 회관이다. 상방은 동향 회관의 땅을 빌려 상인들을 관리했는데, 그 성격은 이미 지연적 향촌 조직을 뛰어넘어 동

---

* 바이서우이白壽彛 편저, 『중국통사中國通史』 제9권(상), 상하이런민출판사上海人民出版社, 1999. p.341.

향 상인들 간에 서로 도우며 각기 상업적 이익을 꾀하기 위한 조직이었다. 조직의 협력을 통해 이윤을 늘리고, 상업적 위험을 줄이고, 개인 소상인이 얻을 수 없는 추가 이익을 얻을 수 있었다. 상방이 형성되는 과정에서 인맥이 발전했다. 지인들, 소개로 알게 된 관계, 인정의 규칙이나 안면의 규칙이 훗날 인맥 사회의 기풍이 되었다.

상방의 발전과 동시에 수공업 항방도 싹트기 시작해 요즘 사람들이 자주 말하는 삼십육항(三十六行: 옛날, 각종 직업의 통칭—옮긴이)이 점차 형성되었다. 삼십육항에는 각기 항방이 있었고, 가족제의 사제 관계에 따라 전승되었다. 희반(戲班: 전통극 극단—옮긴이), 마희단(馬戲團: 곡마단—옮긴이), 체두작방(剃頭作坊: 이발사—옮긴이) 등이다.

거시경제학적 관점에서 볼 때, 상방의 탄생이 농업 생산력을 향상시킨 것은 아니다. 인구와 식량 공급의 관계에도 아무런 영향을 끼치지 못했다. 하지만 상방이 식량을 운반하거나 식량을 지원하는 일을 담당했기 때문에 식량 위기를 완화시키는 역할은 할 수 있었다.

관료 사회, 붕당의 성숙

붕당은 관료 사회의 자연스러운 현상으로, 예로부터 존재해왔다. 그러나 명대 이후, 붕당 구성원에 변화가 생기고 독립된 조직과 제도를 갖추기 시작하면서 체제 밖 조직의 특징을 드러냈다. 그 대표적인 예는 환관 무리로 구성된 엄당閹黨이다. 상방과 마찬가지로 명대의 붕당 역시 근대 강호의 원류가 된다. 붕당은 본래 관리들이 모여서 만든 당파를 가리키는 말이지만, 명대 이후 유민의 요소와 제도가 더해지면서 후대의 관료 사회나 암흑가에 지대한 영향을 끼쳤다.

명대 이전의 관료 사회에서는 사적으로 파당이 결성되었다. 전한 시대에 여씨呂氏 일족이 정권을 탈취한 바 있고, 당 목종穆宗과 선종宣宗 연간에 걸쳐 우이당쟁牛李黨爭이 40년간 지속되었다. 하지만 이는 유교 정치제도 하의 작은 에피소드에 불과할 뿐 당시의 파당은 독립된 정식 조직과 구별되었으며 자체 규정이나 제도도 없었다. 명대에 들어와 파당의 이러한 한계는 극복되었다. 자금성안의 붕당 세력은 조정의 권력과 대적할 정도가 되어 '조정 밖의 조정'이나 그림자 정부, 즉 관료 사회의 강호로 거듭났다. '강호'라는 두 글자의 요점은 바로 '체제 밖'이라는 말인데, 이것은 '합법'이라는 말과 대치된다.

명대 이전, 협객 중심의 강호는 체제 밖의 오합지졸에 지나지 않았지만, 명대 이후 상인과 유민 중심의 강호가 기운차게 단결하기 시작했다. 명대에 유민이 급증하면서 강호는 크게 발전했고, 관료 사회에까지 촉각을 뻗쳐 정치권력을 무기력하게 만들었다. 상인은 돈으로 관직을 샀고, 시정잡배와 시골 부랑자는 거세되어 입궁하거나 돈을 빌려 벼슬을 사는 방식으로 조정에 대거 침투해 이익을 나눠 가지면서 재산을 늘렸다. 요컨대 본래 엄숙하던 관료 사회에 상방, 길거리 부랑자, 시골의 건달, 비밀 결사 단체, 협객 등 체제 밖의 하층 유민이 유입되면서 1천 년 동안의 사대부 귀족 정치가 무뢰한들의 정치로 타락한 것이다.

파벌이 강호로 변한 것은 위충현魏忠賢의 '엄당'이 계기가 되었다. 엄당은 환관들의 무리로, 정치 강령이나 정치적 견해가 없었다. 사리사욕을 꾀하거나 심지어 마음속 응어리를 풀기 위해 사회에 복수하는 것을 재주로 아는 오합지졸에 불과했다. 명나라가 건국된 후 호유용胡惟庸 사건으로 재상 제도가 폐지되었다. 문관제에 회의를 품은 주원장은 환관을 중용하기 시작했고, 자손들도 주원장을 모방해 환관을 중용했다. 실권을 쥔 환관들은 서로 긴밀하게 결탁하여 파당을 만들고 국정을 통제하며 부당 이익을 취했는데, 위충현에 이르러 절정에 달했다. 엄당이라고 불린 붕당은 그 후 수백 년 동안 각종 정치 파벌의 본보기가 되었다.

엄당의 괴수인 대태감大太監 위충현은 동창(東廠: 관료와 백성의 동정을 몰래 살피는 황제 직속의 비밀 정보기관―옮긴이)의 우두머리인 제독提督을 지내면서 문무 관리를 감독하고 체포하는 일을 책임졌다. 사람들은 그를 만날 때마다 '구천세九千歲'를 외쳤는데, 당시 위충현의 권력은 온 조정을 압도할 정도였고, 추종하는 환관들과 신하들도 부지기수였다. 그에게 빌붙으려는 주변 패거리가 피라미드 구조를 형성하면서 가장 권세 있는 붕당이 탄생했다. 권신들 가운데 핵심 패거리는 70여 명이나 되었으며, 당시에는 이들을 오호五虎, 오표五彪, 십구十狗, 십해아十孩兒, 사십손四十孫이라고 불렀다.* 문신들인 '오호'는 위충현의 모사 역할을 했고, 무신들인 '오표'는 살육을 책임졌으며, '구', '해', '손'은 각자의 위치에서 위충현의 앞잡이가 되어 온갖 나쁜 짓을 저질렀다. 이들 70여 명의 패거리가 수하 관리들과 결탁해 조정과 유리된 권력 체계를 형성해 조정 가운데 조정, 조정 가운데 도당으로서 막후 기구를 두었다. 조직의 구성은 층층이 복종하는 가족제를 본으로 삼았다.

가족 유대의 메커니즘은 의제적 부자 관계다. 부자 관계를 맺는 방법은 하관이 상관에게 의탁하는 것이다. 층층으로 의탁해 손제자는 제자를, 제자는 사부를, 사부는 사조를 공경해 하나의 의제적 가족 관계를 형성하면서 호, 표, 구, 해, 손의 서열이 생겼다. 의탁해 가족 관계를 맺으면 손아랫사람은 손윗사람에게 아첨하고, 손윗사람은 손아랫사람을 보살핀다. 여기서 아첨은 손아랫사람이 손윗사람에게 효도와 충성을 다하는 것

* 『명사明史』 「엄당閹黨」

을 말하고, 보살핌은 손윗사람이 손아랫사람에게 부친의 사랑을 베푸는 것을 의미한다.

통속적으로 남에게 의탁한다는 말은 남의 양자가 되는 것을 뜻한다. 연령에 상관없이 지위가 높은 사람이 양부가 되고, 지위가 낮은 사람이 양자가 된다. 층층이 양부를 모시면서 '손'은 '해'와 '구'의 문하에 들어가고, '해'와 '구'는 '호'와 '표'의 문하에 들어가고, '호'와 '표'는 조상인 위충현의 문하에 들어간다. 엄당의 핵심인 70여 명의 관계를 그림으로 그려보면 가계도와 똑같이 나무 형상이다. 완고한 보수적 집단, 조정 가운데 조정은 이렇게 탄생했다.

명대 이후 관료 사회의 붕당을 종합적으로 고찰해보면, 모두 엄당의 방식을 답습했다는 사실을 알 수 있다. 그 뒤로 관료 사회의 당파는 한결같이 조직적이고, 규칙을 갖추고, 규모가 크고, 유민화되는 등 강호의 특징을 띠었다. 더 이상 단순히 정견이 다른 정쟁이 아니었다. 그러므로 엄당은 근현대 관료 사회 강호의 조상이라 할 수 있다.

비밀 종교 결사의 은밀한 부상

상방과 관계官界에 관한 이야기를 마쳤으니, 비밀결사에 대해 언급하려 한다. 강호의 주된 원류 가운데 하나인 비밀결사는 현대 강호의 풍속에 가장 큰 영향을 끼쳤다. 오늘날 소위 말하는 강호는 좁은 의미로는 비밀 단체를 가리키고, 넓은 의미로는 강호화된 민간 사회를 가리킨다. 강호화 개념에는 이중적 의미가 있다. 첫 번째는 비밀결사가 대중사회로 확산되는 것을 의미하고, 두 번째는 사적인 관계망이 모든 것을 주재하는 것을 의미한다. 이 두 가지는 갈마들며 융합해 하나가 되었다.

비밀결사는 후한 시대 이후 싹트기 시작해 역대 왕조에서 간간이 모습을 보이다가 명대에 돌연 증가했다. 명대 이후 수와 규모 면에서 급속히 팽창한 비밀결사는 청대에는 폭발할 지경에 이르러 전통 사회질서에 엄청난 타격을 주었다.

명대 중기에는 상계의 항방과 관계官界의 붕당이 탄생했을 뿐 아니라 최초의 근대적 비밀 종교 결사인 나교(청방의 전신)가 출현했다. 나교 이후 비밀 종교 결사가 우후죽순으로 생겨났다. 명대 후기에 부상한 비밀 종교 결사는 이전(후한 시대에서 송·원 시대까지)의 1천여 년 동안 드문드문 출현했던 종교 결사에 비하면 폭발적인 기세로 증가했다고 볼 수 있다. 이 가운데 유명했던 종교 결사는 황천교, 홍양교, 서대승교西大乘教, 동대승교東大乘教, 재교齋教, 장생교長生教, 원돈교, 문향교 등이다. 하지만 이보다 더 큰 문제는 명대 중기에서 청대 중기까지 인구 급증으로 유민의 수가 더욱 늘어났다는 점이다.

초기의 종교 결사와 비밀 단체는 현대적 의미의 범죄 조직이 아니었다. 생존을 위해 모여든 유민 조직으로, 이들은 신앙생활을 하면서 상부상조했다. 나교를 예로 들면, 나교의 교의는 불교와 유교를 융합한 것이었으며, 종교적인 관심에서 각지를 떠도는 교도들에게 물질적인 지원과 정신적인 위안을 아끼지 않았다. 민간 결사가 범죄 조직으로 변한 것은 대체로 아편전쟁과 태평천국운동 이후다. 겉으로 보기에는 전란이 원인인 것 같지만 심각한 인구 증가가 근본적이 원인이었다. 유민의 수가 전례 없이 증가하자 도움을 구하는 유민들이 잇따라 비밀결사로 몰려드는 바람에 민간 결사와 종교 결사의 정식 조직이 전복되었고, 그 결과 비밀 결사는 통제력을 잃고 범죄 집단으로 전락했던 것이다.

청대 비밀결사의 범람

청대 초기의 사회는 상대적으로 안정적이었다. 한족을 비롯한 여러 민족을 위무하기 위한 양민 정책이 실시되었기 때문이다. 강희제는 '1711년의 정수를 기준으로 하고, 이후 증가한 인구에 대해서는 정세를 부과하지 않겠다'고 선포했다. 이러한 민본民本 세정稅政은 맹자가 민본 정치를 주장한 이래 최초였다. 강희제의 뒤를 이은 옹정제는 지세 1냥당 약간의 정세를 부과하는 식의 탄정입무攤丁入畝 방법을 시행해 처음으로 정세를 폐지하고 지세에 통합시켰다. 이 두 정책은 출산 장려 정책과 같은 효과를 거두어 인구가 급증했다.

명대 인구는 불과 1억 명 안팎이었지만 명대 말기에 전란을 겪으면서 7천만 명으로 감소했다. 그러던 것이 순치제順治帝, 강희제, 옹정제의 약 100년 동안의 태평성세를 거치면서 청대 건륭 말기에는 인구가 3억여 명으로 급증했던 것이다. 100년 동안 인구가 3배 이상이나 증가한 셈이다.* 인구의 폭발적인 증가는 소농 경제 체계에 압박을 가해 기존 생산관계의 한계를 드러냈다.

위기는 여기서 그치지 않았다. 경지 부족은 하나의 원인에 불과했을 뿐 훨씬 심각한 문제는 수시로 반복되는 인재와 천재였다. 건륭 말기 이후 천재와 인재가 거의 매년 되풀이되었고, 토지 겸병, 빈부 격차, 양극화, 지방관의 가렴주구, 홍수, 가뭄, 해충, 역병, 전란 등으로 상황이 악화되었다. 결국 이 모든 갈등은 식량 부족으로 귀결되어 유민의 숫자가 급증하는 바람에 사태는 극도로 악화되었다. 수많은 사람들이 기근으로 사망했고, 살아남은 자들은 화적질로 근근이 살아갔다. 유민이 각지로 퍼

* 허빙디, 앞의 책, p.329.

지자 비밀결사가 우후죽순처럼 생겨나 조정과 대치했는데, 이 시기 가장 유명한 비밀결사는 쓰촨 성에서 기원한 가로회와 건륭 연간에 푸젠 성 남부에서 탄생한 천지회였다.

청대 초기에 천지회와 가로회가 탄생한 후 유민을 중심으로 한 비밀결사 단체는 급속도로 발전했다. 그 결과 유교 질서 아래 통제 범위는 한층 더 축소된 반면 비밀결사, 상방, 항방, 유민, 사적인 연고 관계 등의 강호 세력은 더욱 막강해졌다. 건륭제가 가경제에게 양위한 1800년 전후 사회질서에 커다란 변화가 찾아왔다. 종교 결사, 비밀 단체, 유민, 항방, 사적인 연고 관계 등을 대표로 하는 강호 세력이 정통 유교의 가족 체계와 맞섰던 것이다.

명대 사적인 관계망의 싹: 비공식 조직인 강호

강호는 비밀결사와 인맥 집단으로 구분된다. 그러나 비밀결사와 달리 인맥 집단의 기원을 탐구하는 데에는 어느 정도 어려움이 따른다. 인맥 집단이 정식 조직이 아니기 때문이다. 삽혈위맹歃血爲盟과 같은 의식도 없고, 전해 내려오는 규정도 없으며, 구체적인 사건도 없을뿐더러 뚜렷한 역사적 기록도 찾아볼 수 없기 때문에 기원이라 부르는 것 자체가 어불성설일 수 있다. 하지만 인맥 집단은 결코 하늘에서 뚝 떨어진 게 아니다. 고대 상·주 시대에서 당·송 시대까지의 역사책에는 인맥 집단에 관한 내용이 실려 있지 않다. 사적인 관계나 외척들의 정치 간섭에 관한 기록은 찾아볼 수 있지만 조직적인 인맥 집단에 관한 기록은 없다. 그러므로 인맥 집단의 기원을 탐구하려면 인정을 준칙으로 삼아야 한다.

상대에게 먼저 은혜를 베푼다거나, 깨끗이 신세 갚는 것을 금한다거나, 받은 것보다 더 많이 돌려주는 등 체계적이고 무르익은 인정의 법칙은 명대 상업 사회에서 점차 형성되었다. 따라서 인정에 의지하는 인맥 집단도 명대 이후 차차 형성되었을 것이다. 여러 현상을 종합해볼 때, 인맥 집단이 기원한 시기는 송대에서 청대까지로 이 1천 년 동안이 인맥 집단, 그러니까 사적인 인맥 네트워크의 맹아기인 셈이다.

명대에서 다시 200년 전으로 거슬러 올라가 『수호전』의 북송 조개를 예로 들어보겠다. '채경에게 보내는 생일 선물을 계략으로 빼앗기' 전에 조개, 오용吳用, 공손승公孫勝, 완씨阮氏 삼형제, 유당劉唐 등 7인은 비밀결사 조직이 아니라 서로 흠모하는 친구들로 순전히 사적인 관계였다. 정식 단체도 아니었기에 규칙도 없었고, 친밀한 관계였지만 서로에게 예속되지 않고 각기 생계를 도모했다. 7인 가운데에는 조개와 같은 대지주도 있었지만 완씨 삼형제와 같은 가난뱅이도 있었는데, 이들 7인의 개인적인 친분을 토대로 관계가 확대되면서 소규모 인맥 집단이 형성되었다. 제도 경제학의 시각에서 말하면, 당시의 유교 가족주의 정치와 자연주의 경제 체계의 거래 비용이 지불할 수 없을 만큼 높았기 때문에 많은 사람이 벌 떼처럼 인맥 네트워크에 몰려들어 이익을 모색하면서 하나의 새로운 체제를 수립했던 것이다.

원말 명초에 강호의 교제는 인정이 아니라 주로 의리에 의지했다. 소설 속의 인물 조개도 의로운 일을 위해 자신의 재물을 내놓고 한 푼도 소유하지 않는 협객의 면모를 보였다. 의리를 비록 인정의 전부라고 말할 수는 없지만 의리가 인정 법칙의 원동력이 된다고 볼 수는 있다. 그런데 사회 교환 측면에서 보면, 의리는 인정을 베푸는 것과 관련되어 있을 뿐 보답이나 공평성과는 관계가 없다. 보답이 없는 교제는 오래갈 수 없는데, 이것이 사회학에서 말하는 '사회 교환 이론'이다. 인정이나 인맥 집단이 성숙하기 위해서는 대등한 교환 문제, 특히 보답의 문제가 해결되어야 한다. 요컨대 의리가 있고 보답이 있어야 비로소 인정의 법칙이 성립되고, 인정의 법칙이 있어야 인맥 집단도 생긴다.

청대 말기: 인맥이 중국을 통제하기 시작하다

청대 말기에서 중화민국 시기까지를 인맥 집단의 성숙기라고 본다. 그 증거는 매우 많지만 몇 가지만 언급하겠다.

첫째, 수많은 문헌을 조사한 결과, '관계'라는 말이 처음 등장한 것은 청대 말기였다. 『관장현형기官場現形記』에서는 과반過班에 대해 '관계關係를 통해 벼슬이 오르는 것'이라는 주석을 붙였는데, 이것이 최초의 실례다. 더 이전 시기의 문헌에서는 관계라는 말을 발견할 수 없었고, 인맥에 의지해 뒷거래하는 의미의 단어도 찾아볼 수 없었다.

둘째, 인맥 집단의 토양은 청대 말기에 형성되었다. 인맥 집단과 비밀결사는 모두 체제 밖의 강호 집단이지만 그 기능이 같은 것은 아니었다. 비밀결사는 주로 경작할 땅이 없거나 반란을 꾀한 유민을 상대로 했고, 종교(종교 결사)와 정치(반청복명)에 호소하다가 나중에는 범죄 조직으로 변했다. 반면 인맥 집단은 이주민 가운데에서도 일자리가 있는 무리와 연관되어 있었다. 막노동자, 소상인, 건축 청부업자, 노점상 등 육체노동에 종사하는 이주민들이 인맥 집단의 기원이 되었다.

인맥 집단의 출현은 19세기 사회 변화에 따른 것이었다. 가족 농경 제도가 해체되고 서구 문명이 유입되어 근대 상공업이 발전하면서 농업 잉여 노동력은 도시로 옮겨가 상공업에 종사했다. 가족과 떨어져 장사를 하고 노동을 하면서 이들은 생활의 안정과 경제적 안정을 보장받기 위해 의지할 친구가 필요했다. 이런 이유로 이주자들은 현지의 모든 인맥을 동원해 인맥 네트워크를 형성했는데, 그 대표적인 예가 동향회다. 동향인들은 현지에서 각자 보유하고 있는 인맥을 바탕으로 관계를 확대시켜 자연스럽게 하나의 네트워크를 형성했는데, 이것이 바로 인맥 집단의 본디 모습이다. 겉으로는 고향 사람들끼리의 인정을 내세웠지만 이들의 목적은 실리였다. 그러니까 이들은 정을 구실로 실리를 위해 상부상조했던 것이다. 동향인들은 외지에서 한 가족처럼 친하게 지내면서 의리를 지키다 각기 고향으로 돌아간 후에는 서서히 소원해졌다.

중화민국 시기 이후 관계라는 말이 점점 자주 등장했다. 각종 문헌에도 간간이 보이고 예상치 못했던 흥미 있는 견해도 생겼다. 관계라는 말은 사물을 바라보는 일종의 시각을 나타냈다. 다시 말해 관계의 객체가 아니라 전형적인 중국 문화의 시각을 나타냈다. 왜냐하면 객관적인 관계, 즉 먼 친척, 친구, 지인 등은 관계라는 말이 생기기 전에도 존재했는데 새로운 조어가 생기자 사람들은 자신에게 유리하게 이용할 수 있는 상대를 관계라 부르고, 이용할 수 없는 상대는 예전 그대로 불렀다.

3. 청대 말기에서 중화민국 초기: 강호 전성기

청대 말기에서 중화민국 초기의 강호에는 주목할 만한 세 가지 특징이 있었다. 첫째, 사회 권력을 빼앗는 데 성공해 권력의 최고 정점에 섰다. 민간 결사의 우두머리, 두목들이 군대와 정계, 상계로 몰려들어 생살여탈권을 틀어쥐면서 일약 위협적인 거물이나 도독都督, 군벌이 되었다. 이와 동시에 끄나풀과 불량배가 길거리나 농촌 시장에서 득세하자 일반 백성들은 이들의 악행을 모방하기 시작했다.

둘째, 강호의 분파가 하나로 통합되기 시작했다. 강호의 기원인 관계 파벌이나 상계 항방, 비밀결사는 중화민국 시기에 이미 하나로 통합되었다. 민간 결사의 우두머리는 정객인 동시에 군벌이었고 상인이었다. 유민과 이주민의 인맥 네트워크도 충분히 성숙해 인맥 집단과 강호의 민간 결사는 훨씬 높은 차원에서 융합되었다.

셋째, 일반 백성들 사이에서 강호화된 사회 풍속이 널리 승인되었다. 홍문 천지회, 청방, 홍방을 위시한 민간 결사가 사회 권력에 개입하면서 강호 민간 결사의 풍속과 가치관이 민간 사회에 영향을 끼쳤다. 일반 백성들 사이에서는 강호의 두령을 모방하는 풍조가 유행했고, 헤아릴 수 없을 정도로 많은 깡패와 건달, 뜨내기, 양아치들이 생겨났다.

비밀결사가 청대 말기와 중화민국 초기에 갑자기 왕성해지면서 중국을 지배한 것은 역사적 필연이었다. 첫째, 권력의 진공상태와 사회통제력 상실이 그 원인이다. 청의 멸망과 함께 종법 제도가 사회통제력을 잃고 민주 공화가 제대로 뿌리를 내리지 못해 합법적인 정치 규범이 결여된 상황에서, 비밀결사 세력이 급부상해 비합법적이지만 가장 실력 있는 사회 세력이 되었다.

둘째, 청조를 전복시킨 신해혁명 과정에서, 비밀 단체는 혁명당을 대대적으로 지지해 혁명의 성공에 지대한 공헌을 했다. 비밀 단체는 신해혁명이 성공을 거둔 뒤 한 자리를 차지했는데, 비밀결사가 합법적인 지위를 획득한 것은 처음이었다. 신해혁명 이후 각 성에 수립된 군정부軍政府 가운데 상당수는 비밀결사 단체의 손아귀에 있었다. 쓰촨 성 군정부의 집권당은 가로회였고, 광둥 성 군정부는 천지회 천하였으며, 상하이 도독 천치메이陳其美는 청방의 두령이었다. 민간 결사가 득세하자 비밀결사의 강호 문화가 신속하게 사회로 퍼지면서 점차 주류 문화가 되었다. 중화민국 시기 이후 이들을 비밀결사라고 보는 사람은 상당히 드물었다. 이미 공개된 사회조직이었던 까닭이다.

민간 결사는 중국 사회에 어느 정도 침투했을까? 황젠위안黃建遠의 『청靑 · 홍紅 · 흑黑』의 기록에 따르면 위로는 총통, 총리에서 아래로는 마부, 노점상에 이르기까지 민간 결사가 침투하지 않은 영역이 없었다.

먼저 정부에 대해 살펴보면, 신해혁명을 위해 모은 자금 대부분은 홍문의 분파인 치공당致公堂이 조달했다. 쑨원도 하와이 호놀룰루 치공당의 당주堂主였고, 홍문에서 그의 명망은 창립자인 완티시萬提喜에 버금갔다. 쑨원이 초기에 일으킨 십수 차례의 봉기도 모두 홍문 조직의 지원을 받은 것이었다. 홍문 천지회는 '반청복명'을 내걸어 자연스럽게 신해혁명의 맹우盟友가 될 수 있었고, 서로 상대 조직에 침투했다. 일단 반청 혁명이 성공하자 이들은 실력에 따라 정치권력에 개입했다.

장제스를 비롯해 중화민국의 수많은 군벌과 거물은 모두 청방의 회원이었다. 우페이푸吳佩孚, 장쭝창張宗昌, 양위팅楊宇霆, 리징린李景林, 위안커원袁克文 등도 청방의 회원이었다. 심지어 펑톈奉天 특무 기관장이었던 재중국 일본인 도이하라 겐지도 청방에 가입해 청방의 조직을 이용해 정보를 수집하고 암살을 자행했다. 중화민국 총통을 비롯한 정계 요인에서부터 일본 침략군 고위 관리에 이르기까지 모두 청방을 신임했으니, 세력이 얼마나 컸을지 짐작할 만하다.

쓰촨 성은 가로회 천하였다. 신해혁명 이후 가로회의 두목 인창헝尹昌衡, 뤄룬羅綸은 각기 쓰촨 성 군정부의 정·부 도독을 지냈다. 기록에 따르면, 당시 쓰촨 성 각급 군정부의 관아에는 동시에 두 개의 간판이 내걸렸다. 하나는 정부의 간판(시市, 현縣 정부)이고, 하나는 가로회 당구(堂口: 산당山堂)의 간판이었다. 현대적 의미의 집권당에 지나지 않았던 가로회가 정당과 정부의 간판을 나란히 내건 것이다. 가로회 회원을 '포가袍哥'라고 불렀는데, 중화민국 초기에 쓰촨 성 성인 남자 가운데 3분의 2 이상이 포가였다.

상계를 살펴보면, 1920년대의 화동(華東: 중국 동부 양쯔 강 하류의 삼각주를 중심으로 한 지구의 총칭-옮긴이) 지역인 상하이, 난징, 지난濟南, 우후無湖, 전장鎭江 등지의 상공업계와 금융계의 거두는 대부분 청방이나 홍방에 가입했다. 환심을 사기 위해 가입한 것이든, 휩쓸려 가입한 것이든 스스로를 보호하기 위한 방편이었다. 비밀결사 세력이 강화되면서 두목과 부하들은 상인이나 대부호에게서 재물을 갈취했다. 정부가 상인을 보호할 수 없을 뿐 아니라 심지어 민간 결사의 우두머리와 한패라는 걸 안 상인들은 다급한 마음에 아예 비밀결사에 가입해 뇌물을 주고 화를 피하고자 했다. 이것이 바로 '보호비' 명목으로 금품을 갈취한 시초다. 실력자와 대부호들이 민간 결사에 대거 가입한 결과, '가난뱅이들이 한곳에 모여 살 궁리를 하던' 단체가 대부호 동우회로 바뀌는 기현상이 벌어졌다.

부자가 민간 결사에 가입한 것은 강호 역사에서 획기적인 사건이다. 이렇게 해서 민간 결사는 약자들의 비밀 집단에서 강자들의 공개된 집단으로 변모했다. 가난뱅이들의 단체가 거물들의 클럽으로 변한 것은 강호 문화와 풍속을 홍보하는 역할을 했다. 형님의 우상화, 스승과 제자의 관계, 강호의 풍속과 규율이 사회로 확산되면서 일반 백성들 사이에서는 강호 이야기와 강호 문화에 대한 열풍이 불기 시작했고, 강호의 형님은 백성들 마음속의 영웅으로 자리 잡았다. 중화민국 시기, 연예계 스타와 배우 역시 대부분 민간 결사에 가입했다. 그렇게 하지 않으면 생계를 잇기 힘들었던 까닭이다.

마지막으로 중산 계급과 노동자 계급을 보면, 기자, 변호사, 교사, 매

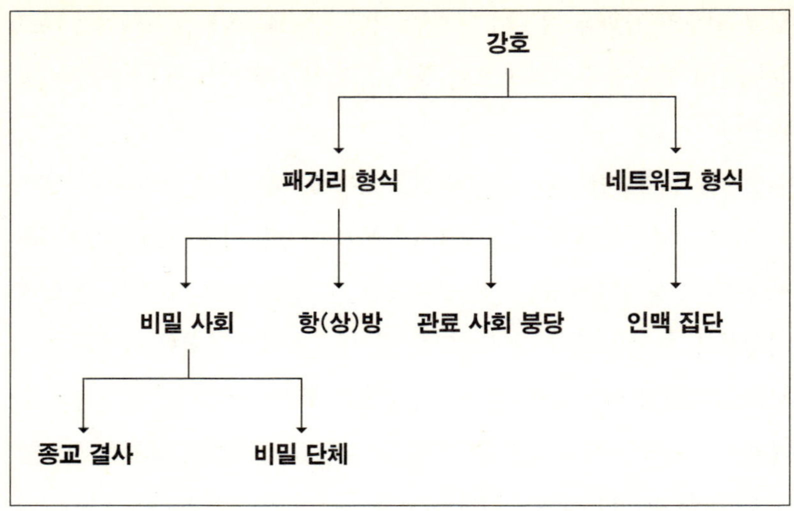

판(買辦: 1770년 무렵부터 중국에 있었던 외국 상관과 영사관 등에서 중국 상인과의 거래 중개를 맡기기 위해 고용한 중국 사람 - 옮긴이), 의사 등 중산층의 민간 결사 가입은 흔한 일이었다. 이들의 지위는 군인이나 정치가, 상인보다 낮았지만 주체 세력으로서 그 수가 대단히 많았다. 기층 노동자들도 잇따라 민간 결사에 가입했다. 1920년대와 1930년대에 상하이의 인력거꾼 가운데 90퍼센트가 청·홍방에 가입했고, 상하이 푸싱福興 제분소의 노동자 대부분이 홍방에 가입했으며, 장시 성江西省 안위안安源 탄광의 광부 1만여 명도 홍방에 가입했다.*

이처럼 민간 결사는 각계각층에 침투해 전통 유교 질서를 대신하면서 주류 질서로 자리매김했다. 그 결과 패거리 성격을 띠던 관계官界의 파벌, 상계의 항방, 비밀결사가 하나가 되어 통일된 강호 사회를 형성했다. 이

---

* 황젠위안黃建遠, 『청靑·홍紅·흑黑』, 장쑤런민출판사江蘇人民出版社, 1998. p.213.

 강호 중국

들의 출신 성분은 다양했지만 서로 연결되어 있었다. 또한 이 당시에는 인맥 집단이 사회 권력의 진공상태와 무질서에 대처하면서 조직의 체계와 운영 규칙을 정비해나갔다. 이 시기에 강호는 성숙기에 접어들어 중국 사회를 지배할 수 있는 역량을 갖추었다. 이 과정을 우리는 중국 사회의 강호화라고 부른다. 요컨대 강호화는 체제 밖의 규칙이 체제 안으로 유입된 것을 말한다.

4. 오늘날: 운명을 알 수 없는 분화

1950년대: 민간 결사의 괴멸

1949년 신중국(新中國: 1949년 10월 1일에 창립된 중화인민공화국을 가리킴 − 옮긴이)이 수립되면서 난세에 판을 쳤던 강호 민간 결사는 쿵 소리와 함께 무너져버렸다. 중국공산당 전체주의 조직의 위력을 보여준 사건이었다. 암흑가 단체를 효과적으로 억제한 적이 없었던 명·청대 이래 강호의 민간 결사를, 그것도 몇 년이라는 짧은 기간에 철저히 붕괴시킨다는 것은 상상도 할 수 없는 일이었다.

신중국이 수립된 뒤 강호 민간 결사는 '반혁명' 세력으로 규정되어 3년 내에 신속하게 진압·제거되었다. 민간 결사 두목들은 대부분 체포되어 사형에 처해졌고, 조직은 철저히 붕괴되었다. 스파이를 숙청하고, 악질 지주에 맞서고, 아편을 금지하고, 매춘을 금하고, 토지 개혁을 단행하고, 반反혁명파를 진압하고, 반혁명 분자를 숙청하는 등의 대중운동을 통해 강호 민간 결사의 기반은 무너져내렸다. 유민 출신의 기층 민중은 일자리를 얻었으며, 전답은 분배되었다.

강호 민간 결사는 결코 신선이 아니었다. 그럼에도 역대 왕조가 민간 결사 조직을 소탕하지 못한 것은 취업, 의식주, 매춘, 도박, 마약 복용 및 거래, 비적의 생계 등 중대한 문제를 해결하지 못했기 때문이다. 민간 결사는 본래 매우 취약하고 느슨한 조직이었기 때문에 급소를 찔리자 쉽게 괴멸하고 말았다. 400여 년 동안 봉건 정부가 하지 못한 일을 공산당은 3년 만에 끝냈으니, 공산당의 전투력과 조직의 역량이 증명된 셈이었다. 중국 내지의 비밀결사 세력은 거의 와해되어 사제, 형제, 서열에 의지하던 조직의 체계가 단절되었다. 그 결과 민간 결사 조직은 어쩔 수 없이 외국으로 도망가 홍콩의 '삼합회三合會', '수방水房', '신의안新義安', '14K', '화승회和勝和'와 마카오의 '대권방大圈幫'과 타이완의 '죽련방竹聯幫', 북아메리카의 '홍문洪門' 등으로 다시 태어났다.

1950년은 중국 강호 역사상 이정표가 되는 해였다. 중화인민공화국이 수립되고 나서 3년 동안 중국 내지의 비밀결사가 철저히 와해되었던 것이다. 500년 역사를 자랑하는, 중국 본토의 비밀결사가 대단원의 막을 내리려 했다. 괴멸이 아니라 대단원의 막이라고 말하는 이유는 국외의 분파가 그 뒤를 이었으며, '암흑가 조직'이 다시 일어났기 때문이다. 국외의 민간 결사는 비밀결사의 정통 직계지만 주요 세력이 국외에 국한되어 있으며, 비록 최근 몇 년 동안 선전深圳, 주하이珠海 등 국경 지대에서 널리 퍼졌지만 그다지 효과를 거두지 못했다. '암흑가 조직'은 비밀결사가 기 사회생한 것이지만 전통적 비밀결사를 직접적으로 계승한 것은 아니다. 명칭은 같지만 아무런 관계도 없는, 새로운 유민 구조의 산물이다.

중화민국 초기, 하루아침에 권력을 얻은 강호 민간 결사는 너무 기쁜 나머지 '비밀'이라는 보호복을 벗어던지고 공개 단체로 변신했다. 공개하지 않으면 정치적 권리와 경제적 이익을 향유할 수 없었기 때문이다. 하지만 일단 공개하자 장점이 단점으로 변했다. 전형적인 '죄수의 딜레마'에 해당했던 것이다. 비밀결사 단체가 역대 왕조에 섬멸되지 않은 것은 뛰어난 전투력 때문이 아니라 행방이 드러나지 않고, 명단이 비밀에 부쳐져 있어 토벌하기가 쉽지 않았기 때문이다. 중화민국 시기에 비밀결사가 공개되었고, 신중국이 수립된 후 홍문, 청방, 홍방, 일관도一貫道, 동선사同善社 등은 일타삼반(一打三反: 반혁명 분자들을 타도하고 관료주의, 탐욕, 낭비를 반대한다는 뜻임—옮긴이), 반혁명 분자 진압 운동으로 치명적인 타격을 입었다.

문화대혁명: 인맥 집단의 재기

강호의 또 다른 갈래인 인맥 집단에 대해 이야기해보자. 비공식 조직의 사적인 관계망, 즉 인맥 집단은 그 형태가 보이지 않을뿐더러 갈피도 잡을 수 없었기 때문에 파멸 운명에서 벗어날 수 있었다. 사적인 관계는 은밀한 성격을 띠고 있었고, 청대 이래 인정에 의지한 사적인 관계망은 본래 모호한 집단이었다. 소위 관계라는 것은 경계를 확실히 할 수도 없고, 대상을 숨길 수도 있으며, 교제 규칙도 애매하고, 있는 듯 없는 듯하기 때문에 군사적 폭력이나 정치적 공세, 대중운동을 두려워할 필요가 없었다. 하늘의 새는 아무리 작아도 엽총을 두려워하지만 하늘의 구름은 일정한 모양이 없기 때문에 두려움을 모르는 것과 같다.

인맥 집단은 유가를 계승하고 도가의 현묘한 이치를 수용했다. 사라져버리고, 형체가 없고, 없는 듯싶지만 있는 것 같은 도가 문화의 특징을 강하게 내포하고 있었던 것이다. 어떠한 강압적인 힘도 사적인 관계를 소멸시킬 수는 없어 그저 말썽이 일어나지 않도록 억제할 따름이었다.

신중국이 수립된 후 문화대혁명이 발발한 1966년까지 17년 동안, 강호는 억압받고 납작 엎드린 상황이었다. 관계망이든 도당의 활동이든 모두 중지되었다. 그러나 침체기에 빠졌을망정 암류暗流는 흐르고 있었다. 사적인 관계망의 사회 활동 참여가 억제되었지만 정권 내부에서 강호 법칙에 입각한 붕당 활동은 지속되었던 것이다. 특히 '파벌 의식'은 고대 관료 사회의 붕당이 현대에도 잔존하고 있음을 구체적으로 증명하는 말이다. 중앙정부를 제외한 지방의 파벌은 그 구실이 훨씬 많았는데, 대개 지연 중심이었다. 광둥 성의 '메이현방梅縣幇', '산터우방汕頭幇'과 푸젠 성의 '민시방閩西幇' 등이 대표적인 예다. 이론상으로는 당내 강호, 당파나 파벌, 사적인 거래는 모두 공산당의 적이자 분리주의의 일환이다. 그러므로 마오쩌둥은 사상 비판과 조직 타파, 정치 운동을 통해 강호의 세력과 사적인 관계망을 최대한 억제했다. 마오쩌둥이 파벌을 반대했다는 것이 관리들이 파벌을 만들지 않았다는 걸 의미하는 말은 아니다. 린뱌오林彪와 캉성康生은 파벌과 친분을 중시했을 뿐 아니라 파벌을 만드는 데도 능했다.

문화대혁명은 강호가 재기할 수 있는 계기를 마련해주었다. 1970년대 이전에 정부는 국민 전체를 단체나 인민공사에 소속시켰다. 여행을 하고, 친척을 방문하고, 공무를 보고, 이사를 하려면 조직의 증명서와 소개장을 작성해야 했다. 인구 이동을 엄격하게 통제하고 부랑자 집단의 출현을 막아 사회질서의 안정을 꾀하기 위한 것이었다. 그러므로 정치적 파벌 의식이 약하게나마 존재했고, 파벌이 암암리에 활동했으며, 서로 돕는 사적인 관계가 미미하게 형성되었지만 모든 것은 통제하에 있었다. 체제 밖의 강호 체제가 우환거리가 될 수 없었던 이유다.

그러나 화무십일홍花無十日紅이라고 했던가. 문화대혁명은 국가기관을 장장 10년에 걸쳐 파괴했다. 대자보, 폭력 투쟁, 파괴, 약탈 등을 통해 다수의 관리를 비판하고 국가기관을 박살내고 나라 질서를 전복시켰는데, 이것이 강호에게는 기사회생할 수 있는 계기가 되었다.

문화대혁명 후기인 1970년대 중반쯤 전국에 걸쳐 '뒷거래'가 특징인 인맥 집단이 나타나기 시작했다. 우한 시武漢市의 한 중학생이 국어 숙제로 '사람을 알아야 뒷거래를 할 수 있다'는 작문을 지어 학교로부터 엄한 처벌을 받았고, 현지 신문이 이를 대서특필하면서 성 전체를 떠들썩하게 만든 일도 있었다. 뒷거래는 사적인 관계를 통해서 사회자원과 특권을 획득하려는 것으로, 애초의 목적은 그저 재화가 부족한 생활을 개선해보려는 것이었다. 뒷거래가 성행하면서 인맥 집단의 조직망이 신속하게 발달했고, 사적인 유대가 강화되었다. 그런데 '뒷문'이 성행했다는 말은 정문이 막히고 합법적인 질서가 무너져 민생 문제를 해결할 방법이 없었다는 것을 의미한다. 이 모든 것이 문화대혁명 탓이었다. 로널드 코스의 신제도주의 경제학 이론을 빌려 설명하자면, 문화대혁명으로 헌정 체제의 거래 비용이 상승해 국민은 어쩔 수 없이 거래 비용이 훨씬 낮은 인맥 체제에 도움을 청할 수밖에 없었고, 그 결과 인맥 체제가 발전했던 것이다.

전환기 제도 공백의 틈을 노리다

기사회생한 강호, 특히 사적인 관계로 구성된 인맥 집단은 문화대혁명 이후 개혁 개방이라는 전환기에 또다시 기회를 얻었다. 1978년 이후 중국은 개혁 개방 정책을 실시해 계획경제 체제가 시장경제 체제로 전환되었고, 경제 규제를 풀기 위해 사회통제를 완화했다. 사회 분위기도 상대적으로 자유로워졌으며, 강호 의식도 되살아났다.

도급업자 현상이 그 대표적인 예로, 인맥 집단이 어떻게 다시 싹트고 가지를 뻗었는지 설명해준다. 1980년대 초반에 도급업자는 정식 공사 청부업자가 아니라 재능 있는 일부 농민을 가리키는 말이었다. 대개는 미장이 출신으로 도시에 와서 토목공사를 담당하는 사람들이었다. 회사도, 작업반원도 없었던 이들은 전적으로 친척이나 친구들이 소속된 건설 회사에 의지했다. 도시 공무원 친척과의 인맥을 이용해 일을 맡은 후 다른 사람에게 하청을 주고 비용을 받거나, 고향으로 돌아가 고향 사람들과 함께 직접 건축 공사를 책임졌다. 도급업자가 도시에서 일을 맡으려면 보통 도시의 영향력 있는 친척을 찾아갔다. 예를 들면, 건설위원회 관리나 단체 대표를 통해 처음에는 낡은 건물을 보수하고 개조하는 일부터 시작했다가 서서히 대형 프로젝트를 맡으면서 부자가 되었다. 도급업자들은 일거리가 없는 고향의 친척을 자신의 동료나 관료 사회의 패거리에게 소개시켜주었는데, 대개 그 과정에서 술자리를 마련하거나 귀한 선물을 준비했다.

특권 정치의 시각에서 보면, 이 역시 권력의 지대추구행위(경제 주체들이 사적 이익을 위해 비생산적인 활동에 경쟁적으로 자원을 낭비하는 현상—옮긴이) 과정이라 볼 수 있다. 대부분의 경우, 소개하고 선물을 주는 과정에서 여러 손을 거쳐야만 거래가 성사된다. 여러 차례 오가면서 모두 한 배를 타는 하나의 집단을 형성한다. 하나의 인맥을 만들어 함께 생계를 도모하는 것이다.

강호의 재기에 이바지한 배후 세력은 신유민과 신이주자였다. 1980년대 경제체제가 전환되고 인구가 증가하면서 신유민 붐이 일었는데, 이들을 맹류(盲流: '맹목적으로 이주한 사람'이라는 뜻으로 주로 농촌에서 도시로 이주하는 것을 가리킴—옮긴이)라고 불렀다. 농촌의 잉여 인구는 대거 연해 지역으로 몰려들어 생계를 도모하면서 민공조(民工潮: 주로 봄에 가난한 농민들이 일자리를 찾아 무작정 대도시로 이동하는 거대한 흐름을 일컬음-옮긴이) 현상이 나타났다. 사회 규제 완화, 권력의 공백 상태, 신이주자와 신유민의 출현 등 여러 원인이 복합적으로 작용해 강호는 다시 부상했고, 인맥 집단 세력은 강성해졌다. 암흑가 패거리는 소규모로 시작했지만 점차 활동 범위를 넓히면서 체제 밖의 세력으로 발전했다. 중화민국 시기의 강호와 달리 1980년대 강호 중흥에 이바지한 주인공은 인맥 집단이었다. '암흑가 패거리'는 그저 조연에 불과했다. 인맥 네트워크의 발전, 인정의 만연, '혼세' 유행, 친분 중시, 연면히 이어지는 파벌로 인맥 집단은 전성기를 맞았다. 요컨대 인맥 집단이 재기하고 시장경제 체제가 도입되면서 중국만의 독특한 '강호 경제' 체계가 형성되었는데, 그 대표적인 특징은 인맥 경제다. 1980년대의 시장경제 체제는 상인과 관리, '사업에 뛰어든' 간부 간의 사적인 관계망 경제였다. '연줄이 곧 생산력이다'라는 당시 유명했던 구호는 인맥 경제의 특징을 전형적으로 반영한다. 연줄은 초기 시장경제 체제에서 자원을 교환하고 재분배하는 관례·제도였던 것이다. 21세기가 도래하면서 사회 개혁이 심화되고 법제와 시장 법칙이 수립·확립되면서 인맥 경제가 다소 약화되었다.

인맥 집단의 재기와 함께 민간 결사도 다시 싹트기 시작했다. 1990년대 이후 중국 본토에서는 암흑가 범죄 조직이 잇따라 출현했다. 당시 중국은 비밀 집단을 배태할 수 있는 요건을 갖추고 있었다. 인구가 조밀해 상대적으로 포화 상태에 이르렀고, 안정적으로 식량을 공급할 수 없었고, 삼농三農 문제(농업·농촌·농민 문제-옮긴이)는 시종일관 국가의 근심거리였으며, 19세기와 마찬가지로 유민이 창궐했다. 신유민은 무질서한 유동 인구로서, 실업 농민과 도시의 실직자가 포함되었다. 일자리를 잃은 유동 인구가 취업하지 못하면 훨씬 강력한 비밀결사를 형성했다.

3

관계망

2001년 섣달 그믐날, 오토바이 두 대가 충돌하는 사고가 발생했다. 두 당사자는 일어나더니 말다툼도 사과도 하지 않고 태연하게 각자 휴대전화를 꺼내 도로에 서서 통화를 하기 시작했다. 지나가던 경찰 두 명이 다가갔지만 사고를 낸 사람은 말대꾸도 하지 않은 채 통화만 계속할 뿐이었다. 두 번을 물어도 대답이 없자 경찰은 혼잣말을 했다. "됐어, 잘 아는 사람들이 있는 것 같은데 우리는 가자고!" 나중에 이 일은 막후에서 개인적으로 해결되었다. 이것이 중국의 '관행'이자 최근 들어 유행하는 불문의 '규정'이다.

이런 현상이 숨겨진 게임의 규칙이 된 것 같다. 교통법규를 대신해 교통사고를 처리하고, 특히 교통사고의 경제적 배상 문제를 해결한다. 공정성은 오늘날과 같이 급변하는 사회에서는 결코 중요하지 않은 것 같다. 대부분의 경우 공정성보다는 능률이 훨씬 중요한데, 공정성이 아니라 일의 수습이 관건이기 때문이다. 절대적으로 공평한 법규란 없다. 중요한 것은 대중의 동의와 수락이다.

대다수의 시민이 자발적으로 이 게임에 참여한다면 게임의 규칙도 실제 규칙이 될 것이다. 20년이라는 짧은 세월 동안 이 규칙은 비공식적인 직업을 창출해냈다. 푸젠 성 동부 지역 사람들은 이 직업에 종사하는 사람들을 '둘째 형' 또는 '끄나풀'이라고 부른다. 좀 더 공식적인 명칭은 '개인 법규 위반 중개인' 정도가 될 것이다. 이 이야기는 빙산의 일각에 지나지 않지만, 현대 생활에서 '관계'의 중요성을 반영한다. 생활 속에서 관계의 가치는 한 사회의 기본 조직 체계와 맞먹을 정도다.

1. 관계는 생존을 위한 비타민

상하이에 사는 한 젊은 교수가 이런 말을 한 적이 있었다. "상하이로 오세요. 여기는 우리 지도 교수 '구역'이니까요." 사정을 모르는 사람은 그가 상하이의 무뢰한이라고 오해했을 것이다. 하지만 그는 상하이의 한 명문 대학교 교수이고, 그가 말하는 '구역'이 보호비 명목으로 돈을 뜯어 내는 범죄 조직이 아니라 상하이의 학술 동아리라는 걸 알고 있다. 그 동아리는 지도 교수 사적 관계의 세력 범위였고, 그래서 그는 청방의 말투로 학술 동아리를 묘사했던 것이다.

관계망은 은폐된 '조직'

관계 또는 관계망은 미시적 체제와 거시적 기능이라는 두 가지 측면에서 '조직'이라는 개념과 유사하다. 사회학에서 말하는 조직이란 수많은 개인의 결합으로 형성된, 명시할 수 있으면서도 기능이 있는 하나의 통일체를 의미한다. 이 정의만 놓고 보면 관계나 관계망은 집단이나 단체와 유사한 일종의 조직이다. 관계망과 단체는 겉으로 보기에는 다른 것 같지만 관찰 가능하면서도 호칭할 수 있는 하나의 조직을 형성했다는 점에서는 유사하다.

예를 들면, 산간 지역 모 현의 산림을 주관하는 사람들의 무리를 '모

현의 목재협회'(단체)라고 부를 수 있지만 '임업국장의 심복들'(관계망)이라고 부를 수도 있다. 또 모 성도省都에서 역사학을 공부하는 지식인 집단을 '모 성의 역사학회'(단체)라고 부를 수 있지만 '모 권위자의 구역'(강호의 연줄)이라고 부를 수도 있다. 말하는 사람의 입장과 문화적 배경에 따라 얼마든지 달리 판단할 수 있기 때문이다.

전형적인 정식 단체에는 명문화된 규정이 있고, 구성원들의 가입 증서가 있다. 규정과 증서는 정식 단체의 중요한 특징이다. 단체를 원에 비유하면, 규정은 원의 중심인 핵심 강령에 해당하고, 증서는 원주인 단체의 경계에 해당한다.

그러나 관계 또는 관계망에는 명문화된 정식 규정도 없고, 회원과 비회원 간의 명확한 구분도 없다. 그저 애매모호한 풍속이나 말하지 않아도 서로 알고 있는 규정, 거래의 특권과 이익이 존재할 뿐이다. 관계망은 불문법, 습속을 신봉한다. 규정을 만들려고 애쓰는 사람은 없지만 배후에 보이지 않는 압력의 통제하에 '규정'이 탄생한다. '규정'의 전문용어는 제도인데, 관계는 규정에 의지한다. 두 사람이 서로 규정을 준수하면 그 관계는 성립되지만, 규정을 준수하지 않으면 관계가 성립되지 않는다. 오가는 건 자유다. 결혼보다 훨씬 자유롭다. 결혼으로 이루어진 가정은 법으로 보장된 두 사람의 정식 단체에 속한다. 반면에 관계망은 지나치게 자유롭고 임의적이기 때문에 모호한 논리로 작동된다.

갑이 을을 도와 일을 처리해주었고, 을이 갑에게 신세를 갚았다면 '관계'를 맺은 셈이다. 처음 정을 주고받은 후에 두 사람 모두 계속 왕래하기를 원한다면 그 관계는 점차 '견고해질' 것이다. 이른바 '절친한 친구'는 이렇게 탄생한다. 관계를 맺고 유지하는 것은 모두 정을 주고받는 규칙에 의존한다.

끝없이 넓은 중국 땅에서 관계와 관계망은 상당히 발달해 단체나 법률제도가 구축한 공공질서와 맞먹을 정도다. 관계가 발달한 사회는 인맥 사회에 속한다. 인맥 사회는 일종의 체제 밖의 사회이자 강호 사회의 양대 유형 가운데 하나다. 앞부분에서 강호의 종류를 언급한 적 있는데, 그물 모양의 관계망과 집단화된 민간 결사도 이에 포함된다.

같은 강호 사회지만 관계망을 민간 결사와 비교해보면, 관계망의 경계가 그다지 명확하지 않다는 것을 알 수 있다. 관계는 끊임없이 변하고, 각자의 상황과 지위도 부단히 변하기 때문에 미묘한 사적인 관계는 말로 설명할 수 없으며, 대개 당사자의 심리 상태에 기초한다. 인맥 사회에서는 굳이 말하지 않아도 상대방의 의도를 알아차려야 한다.

이를테면 어떤 사람이 간식거리를 사 들고 상대방의 집에 가서 "친구, 부탁할 일이 하나 있는데, 어때?"라고 물었을 때 그 '친구'가 곁눈질로 선물을 보면서 예의 바르게 무슨 일이냐고 물으면 승낙하는 것이다. 만약 무슨 일이냐고 묻지도 않으면서 "가지고 가지그래. 집에 간식거리가 너무 많아 곰팡이가 필 지경이거든"이라고 말한다면 그는 당신과 아무런 관계도 없는 거고, "내게 맡겨. 다음번에는 이런 거 사 오지 말고"라고 말했다면 관계가 긴밀하다는 것도 인정하는 셈이 된다.

중국의 관계와 외국 관계의 차이

관계가 중국 고유의 것만은 아니다. 미국의 전 대통령 조지 W. 부시 내각을 살펴보면, 아버지 조지 허버트 W. 부시 시절에 국방부 장관을 지낸 딕 체니는 아들 부시 시절에 부통령이 되었고, 아버지 부시 때 합동참모본부 의장이었던 콜린 파월은 아들 부시 시절에 국무부 장관을 지냈다. 결론부터 말하자면, 아들 부시의 내각은 사적인 관계망으로 구성되어 있

었다. 의심할 여지없이, 아버지 부시와 아들 부시가 앞뒤로 미국 대통령
이 될 수 있었던 것은 모종의 관계와 가족의 인맥 자원 덕이었을 것이다.

　전 세계에서 인맥 사회 아닌 곳이 있을까? 사적인 관계의 활동을 완전
히 막을 수 있는 국가는 오늘날 존재하지 않는다. 하지만 사적인 관계를
기본 규칙으로 사회 기구를 운영하는 국가는 드물다. 주로 아시아 유교
문화권인 한국, 중국, 일본과 동남아시아 국가에 집중되어 있는데, 그중
에서도 중국이 가장 심하다.

　중국의 관계와 서양의 관계는 수준이 다르다. 본래 평범하던 인간관계
가 음성적인 사회제도로 변해 광범위한 영향력을 행사하는 것이다. 법률
의 힘이 얼마나 강한지 우리는 잘 알고 있다. 그러나 관계의 힘도 법률에
맞설 정도로 강력하다. 근대 이래, 중국에서 관계는 민간 사회 운영의 초
석이었고, 일부 정계와 재계의 진입 통로였으며, 중국 사회에서 섞여 살
기 위해서는 반드시 필요한 비타민이었다. 사람들은 관계를 통해 직업을
찾고, 학교에 들어가고, 승진을 하고, 공장을 세우고, 정보를 얻고, 권리
를 쟁취한다. 소도시의 경우, 관계를 이용하지 않고 자원을 획득하거나
어떤 일을 하기는 거의 불가능하다.

관계망은 도시 생활의 맥

　베이징, 상하이, 광둥 성, 푸젠 성, 하이난 성海南省 등지 서민 생활을 다
년간 관찰하고 내린 잠정적인 결론은 도시에 따라 관계의 중요성에 차이
가 있다는 점이었다. 소도시에서 관계가 생필품이라면, 대도시에서 관계
는 호사품 정도라 할 수 있겠다. 관계의 효율성과 도시의 규모는 밀접하
게 관련되어 있다. 소도시에서는 정형적인 인맥 사회가 쉽게 형성될 수
있지만 대도시의 인맥 사회는 비교적 취약한 편이다.

　　　　　　　　　　　　　　　　　　　　　　　강호 중국

인구 50만 명을 대도시와 소도시를 구분하는 기준으로 본다. 대개 인구 50만 명 이하의 도시에서는 인맥 사회가 상당히 쉽게 형성될 수 있다. 대략 오차 범위가 ±20만이기 때문에 인구 30만~70만 명의 도시가 이에 해당한다. 인구 30만~70만 명의 도시에서 대단히 성숙한 인맥 사회가, 다시 말해 완전히 관계에 의지해 수립된 사회가 형성될 수 있다.

농촌은 인맥 사회의 변경 지대로, 기본적으로 인맥 사회가 아니다. 마을 사람들 모두가 아는 사이라 낯설다거나 낯익다거나 하는 구분이 아예 없기 때문에 특권이 발붙일 공간이 없다. 이는 농촌에서는 인맥을 이용하지 않거나 인맥의 이용 가치가 매우 낮다는 걸 의미한다. 구이저우 성貴州省 동족侗族과 묘족苗族의 촌락에 가서 조사를 하고 난 뒤 촌락의 구성원 모두가 잘 아는 사이라는 걸 알았다. 이들에게는 뒷거래나 지대추구 행위를 위한 자원이 부족했지만 굳이 연줄을 만들 필요도 없었다. 이 점을 통해 인맥이라는 것이 낯선 사람과 지인이 섞여 사는 이주민 사회에서만 유용하다는 것을 알 수 있다.

한편 인구 500만 명 이상의 도시 상황은 이와 반대다. 대도시는 중국에서 인맥의 발전이 가장 더디고 저조한 곳이다. 대도시는 모두 낯선 사람들로 구성되어 있어 아는 사람과 모르는 사람의 차이가 크지 않다. 극도로 많은 인구가 관계의 운용에 대단히 불리하게 작용한다. 뇌과학의 원리에 따르면 보통 사람이 알고 지낼 수 있는 사람의 수는 기껏해야 200~300명 정도다. 아무 일도 하지 않고 오직 사교 활동에만 전념한다 해도 기껏해야 1천 명이다. 인맥의 커다란 그물은 최초 200~300명의 지인에서 출발해 여러 사람을 거쳐 전달되면서 유지된다. 만약 전체 인구가 500만~1천만 명이라면 이처럼 거대한 관계망을 관리할 권력과 정력을 갖춘 사람은 아무도 없을 것이다.

양극단의 사이, 인구 50만~500만 명의 도시는 관계망 효용의 한계점이자 헌정 체제의 출발점으로 과도기적 상태라고 볼 수 있다. 관계망이 중요하고, 사회단체 역시 중요하긴 하지만 이런 대도시에서 시민들은 지인에 의지하지 않고도 시장과 헌정 체제와 같은 공공 체제에 의지해 생존할 수 있다. 그러나 수많은 대도시의 공공 서비스 체계가 아직은 미흡하기 때문에 높은 차원의 생활 욕구를 만족시키기란 쉽지 않다. 승진하고, 전근하고, 친척의 농촌 호적을 도시 호적으로 바꿔주고, 유아를 탁아소에 보내고, 자녀를 전학시키는 등의 문제에서 지인과의 관계는 상당히 중요하다.

중국 인구의 대부분이 관계망을 관리하기에 적합한 소도시에서 생활하고 있다. 국가통계국이 발표한 자료에 의하면 2000년 기준 중국 인구의 90퍼센트가 인구 15만 명 이하의 도시나 읍에서 살고 있었다. 90퍼센트의 기층 인구가 관계망이 발전하기 적당한 곳에서 살고 있다는 이야기다.

도시 인구가 50만 명 미만인 전형적인 인맥 집단 사회에서 만약 일반인이 연줄을 전혀 활용하지 않는다면 일상생활에 어려움을 겪게 될 것이다. 예컨대 부족한 자원을 획득하고, 수요 초과 상품이나 내부 상품 혹은 저가 상품을 구매하고, 식당에서 외상으로 밥을 먹고, 정책적 특혜를 입고, 병원에서 우선순위로 진료를 받고, 명의를 선택해 세심한 간호를 받기 위해서는 인맥이 필요하다. 소도시 생활은 지인을 기반으로 한 연후에야 복잡한 사회조직 체계로 발전할 수 있다.

2. 관계가 일 처리를 쉽게 만든다

연줄은 항상 '일 처리'와 연관되어 있다. '연줄' 하면 '일 처리'가 떠오르고, '일 처리' 하면 '연줄'이 떠오른다. 사실 모두 어느 정도는 '연줄'에 의지해 살아가고 있다. 단지 사람에 따라 연줄에 의존하는 정도가 다를 뿐이다. 연줄로 일반인이 일 처리에 도움을 받는 범위는 거의 제한이 없다. 돼지고기를 사거나 파를 사는 사소한 일부터 승진하고, 전근하고, 공연 표를 구입하고, 진귀한 상품을 구입하고(연줄을 통해 가격을 깎을 수도 있고 모조품 구입을 피할 수도 있음), 자녀를 명문 고등학교에 입학시키는 일에 이르기까지 거의 무제한이다. 이런 일들은 관계에 호소하지 않아도 성사될 수 있지만 관계에 의지하면 효율을 높이고 거래 비용을 줄이면서 훨씬 만족스러운 효과를 거둘 수 있다.

통속적인 견해에 따르면, 관계에 기대는 것 역시 뒷문거래에 속한다. 뒷문이 있으면 앞문도 있게 마련이다. 여기서 앞문은 정통 체제, 공공의 헌정 절차다. 뒷문이 통할 뿐 아니라 반드시 그곳을 통과해야 하고, 더군다나 그곳이 문전성시를 이룬다는 건 정식 제도의 거래 비용이 지나치게 높다는 의미다. 이러한 현상은 전환기나 제도가 정립되지 못했을 때 흔히 나타난다. 관계망을 포함한 강호는 제도 단절의 산물인 것이다.

3. 관계와 개인 생활 보장 체제

관계망의 발전은 개인의 사회보장과 밀접하게 관련되어 있다. 강호 시대에 사적인 관계망과 범죄 조직이라는 두 조직은 모두 사회보장 기능을 수행하고 있었다. 곤란에 처한 개인이 도움을 필요로 할 때 현대의 사회보장 체제와 유사한 기능을 발휘했던 것이다.

관계망의 사회보장 기능을 설명하기 위해 두 가지 예를 들어보고자 한다. 하나는 예증이고, 하나는 반증이다.

교통경찰이 교통사고를 처리하는 과정에서 당사자가 보험에 가입했는지 여부에 따라 보통 세 유형으로 나눌 수 있다. 양쪽 모두 보험에 가입하지 않은 경우, 양쪽 모두 보험에 가입한 경우, 한쪽만 가입한 경우다. 각 유형에 따라 사고 처리 방식도 다르다.

첫째, 양쪽 모두 보험에 가입한 경우는 일 수습이 간단하다. 교통경찰은 사고를 조사해 책임 소재를 파악한 뒤 보험사에 배상 청구 처리를 맡긴다.

둘째, 양쪽 모두 보험에 가입하지 않은 경우다. 가장 골치 아픈 상황으로, 서로 언쟁을 그치려 들지 않을뿐더러 지인에게 부탁해 연줄을 통해 사건 처리에 개입하려 한다.

셋째, 한쪽만 보험에 가입한 경우다. 보험에 가입한 사람은 개의치 않지만 보험에 가입하지 않은 사람은 소란을 피울 뿐 아니라 지인을 통해 뇌물을 주고 자신의 책임을 줄이려 한다.

특정한 조건에서 연줄을 만드는 것은 보험에 가입하는 것이나 마찬가지 효과가 있다. 보험에 가입한 사람은 인맥에 의지할 필요가 없고, 인맥에 의지하는 사람은 보험에 가입할 필요가 없다. 양자는 상호 대립하면서 보완해주는 관계다. 어쩌면 보험에 가입하면 자금을 투입해야 하는데 관계에 의존하면 그럴 필요가 없다고 생각할지도 모른다. 그러나 인맥에 의지하려 해도 투자는 필요하다. 접대 비용이 보험료보다 훨씬 적게 든다고 볼 수도 없다. 이것은 장래 헌정 체제가 강호의 관행을 극복하려면 거래 비용에서 공을 들여야 한다는 점을 시사한다. 보험에 들어가는 비용이 한 끼 식사나 뇌물로 들어가는 비용보다 훨씬 적게 든다면 연줄에 의지하는 사람은 자연히 사라질 것이다.

중소 도시, 즉 인맥 사회에서 지인은 사회보장을 의미한다. 인맥이 넓을수록 보장 효과가 뛰어나고 보장 범위도 넓어진다. 예컨대, 치료를 받아야 할 때 지인은 믿을 만한 의사를 소개해주고, 저렴한 가격에 특효약을 구입할 수 있도록 도와준다. 물건을 사려는데 돈이 부족할 때에도 상점 주인과 아는 사이라면 문제 될 게 없다. 외상으로 사고 나중에 갚으면 된다.

길을 가다 자전거나 오토바이가 고장 나도 당황할 필요가 없다. 길가에서 기다리다가 아는 사람이 차를 몰고 지나가면 알은척하면서 자전거나 오토바이를 차에 실어 보내면 된다. 이웃 간에 소유권 귀속 문제로 충돌이 생겼을 때에도 관공서의 인맥을 찾아 권력으로 상대를 압박하면 된다. 소송에 말려들면 연줄은 법관에까지 닿을 것이다.

이런 예는 두 가지를 설명한다. 첫째는 사적인 관계에 사회보장 기능이 있다는 점이고, 둘째는 사적인 관계의 보장은 법률적 보장과 상업적 보험 등 공공 보장 체제와 상호 작용한다는 점이다. 예를 들면, 상업적인 차량 보험과 관계를 통한 보장은 상충하지 않는다. 인맥에 의한 특권은 경쟁적이고 배타적이기 때문이다. 관계가 한 사람을 상대로 보장 기능을 수행할 때 나머지 사람들은 도태되고, 결국 도태된 사람들은 상업적 보장이나 사회보장 체제로 진입한다.

4. 관계란 무엇인가

관계는 일을 처리해줄 수 있는 숙인熟人을 의미하고, 일을 처리해줄 수 있는 숙인은 모두 관계에 해당한다. 이렇게 말하면 쉽게 이해할 수 있겠지만, 그 의미를 깊이 알기 위해서는 철저히 따져보아야 한다.

'설다', '익다', '익(숙하)지 않다'

공자가 "백성들은 먹을 것을 하늘로 안다"고 말한 바 있을 정도로, 중국 한족은 먹는 것을 중시하는 민족으로 유명하다. '먹는 것'이 세상 만물을 평가하는 기본이 되면서 '설다生'와 '익다熟'라는 말이 광범위하게 사용되어 인간관계 용어에까지 침투하기에 이르렀다.

대인 관계를 요리에 비유해서 말하자면, 익다는 왕래가 잦은 것, 설다는 왕래가 매우 적은 것을 가리킨다. 이른바 '숙인'은 가깝게 지내는 절친한 사이를 말하고, '생인生人'은 교제한 적이 없는 사람을 말한다. 그러나 숙인의 반대말이 생인은 아니다. 생인은 낯선 사람, 전혀 모르는 사람을 의미하지만 숙인의 반대말은 '익(숙하)지 않은不熟' 사람으로 알기는 알지만 잘 어울리지 않는 사람을 가리킨다. '설다', '익(숙하)지 않다', '익다'는 인간관계의 발전을 나타내는 세 단계의 말이다. 엄격한 의미에서 숙인은 알고 지내는 사람들 가운데 유독 친분이 두터워 종종 서로 도움을 주고받는 사이를 가리킨다.

대체로 숙인과 관계는 동의어다. 숙인이 곧 관계고, 관계가 곧 숙인이라고 말하면 대개 들어맞는다. 여기서 중요한 점은 서로 어울리면서 이익을 주고받는 것인데, 익(숙하)지 않은 사람이 숙인이 되기 위한 조건이기 때문이다. 익(숙하)지 않은 사람과 숙인 사이에는 뚜렷한 경계가 없기 때문에 얼마나 자주 이익을 주고받는지 고려해야 한다.

대면 접촉의 '제1차 집단'

숙인의 의미를 좀 더 깊이 이해하기 위해서 사회학의 '제1차 집단' 개념을 차용해보아도 무방하다. 제1차 집단은 대면적 접촉 방식으로 유지되는 집단을 가리킨다. 즉, 신체감각기관(눈, 귀, 코, 인후, 피부)의 직접적인 접촉을 통해 이루어지는 교제를 말한다. 제1차 집단은 부호, 문자, 문헌, 제도 등 추상적인 매체에 의존하는 제2차 집단과는 다르다. 예를 들면, 국가, 정부, 대규모 사회단체, 협회, 인터넷 등이 제2차 집단에 속한다.

현대 이전의 공동 사회는 대부분 제1차 집단이었다. 대면 접촉에 의해 유지되는 마을, 이웃, 관공서, 친우 집단, 민간 결사 등이 제1차 집단에 해당한다. 대면 접촉이라는 요소를 제외하면 전통 조직 체계는 분명 와해되었을 것이다. 대면 접촉은 전통 조직의 기반이었다. 대면하지 않으면 협력할 방법이 없고, 협력하지 않으면 사회집단도 없고, 어떠한 실제적인 활동도 있을 수 없는 까닭이다. 오늘날에도 '만나서 밥을 먹는 것'은 여전히 협력을 위한 유력한 방식으로, 헌정 절차와 시장경제를 보완하고 있다.

이와 반대로 현대 단체는 도리어 대면과 거리가 멀다. 현대 단체는 법률이나 규정, 문헌, 계약서, 인터넷 등 추상적인 표지에 의지해 협력한다. 이들 문헌과 법률, 헌정 절차가 하나가 되어 일단 분쟁이 발생하면 법률적 강제력이 다각적 이익 관계를 규범화해 대면하지 않고도 문제가 해결될 수 있도록 해준다. 대면이 여전히 주된 교제 방식이기는 하지만 더 이상 심리적 안정을 보장해주는 신용 체계로 간주될 수는 없다.

관계 또는 관계망은 그 성격상 제1차 집단에 속한다. 그것은 현대 이전에는 일종의 조직이었다.

숙인의 언외 뜻은 '일 처리'

일부 방언에서 '잘 아는 것'과 '아는 것'은 늘 혼용된다. 어디까지나 관계학은 통속적 사회의 산물이지 아카데미즘의 산물은 아니기 때문에 의미가 엄밀하지 않다. '기관에 숙인이 있다', '기관에 안면이 넓다', '기관에 아는 사람이 있다'는 모두 같은 의미다. 이른바 '안다'는 것은 단순히 이름을 아는 것처럼 간단한 것은 아니다. 물건을 사러 날마다 찾는 상점의 점원이나 노점상과는 아는 사이긴 해도 잘 안다고 말할 수는 없다. 양자는 서로 거래하는 관계로 인정이 아니라 시장 규율에 따라 움직이므로 숙인의 요건에 부합되지 않는다.

숙인의 요건은 인정을 주고받거나 서로 부탁하는 과정에서 네가 나의 연줄이고, 내가 너의 연줄이라는 걸 서로 인정하는 것이다. 그런 연후에 서로 교제하면서 '일' 처리를 도와줄 수 있다. 그 일이라는 것은 다 다르지만 세상이 평안할 때는 특권을 바라고, 평안하지 않을 때는 생계를 도모하는 게 인지상정이다.

친척, 동향인, 동창, 이웃이 모두 숙인이고 협력자인 것은 아니다. 서로가 이익을 주고받는 관계인지 살펴보는 게 무엇보다 중요하다. 숙인이란 혈연도 지연도 아니면서 필요할 때 서로 도와주는, 다시 말해서 서로 이익을 주고받는 관계다.

'관계'의 정수는 전달이고, 전달이야말로 '관계'의 존립 기반이다

'숙인'을 달리 해석할 수도 있기 때문에 일상적인 표현은 서서히 '관계'에 집중되고 있다. 관계라는 두 글자는 훨씬 정확하고 간명할 뿐 아니라 곧바로 일 처리라는 본론으로 들어가 인사나 하는 사이와 구분 짓는다. 아는 사이는 아는 사이고, 관계는 관계다. 솔직한 것이 대세일 뿐 아니라 거래 비용을 낮추는 데도 유리하게 작용한다.

'관계'를 외국어로 번역할 때 의미 전달상 문제에 부딪힐 수도 있다. 미국에서 영미 문학을 강의하는 화교 교수에게 관계를 릴레이션Relation이라고 쓸 수 있는지 물었더니, 릴레이션Relation은 단지 관계라는 글자의 표면상의 뜻일 뿐 훨씬 정확한 영어 표현은 커넥션Connection이라고 답했다. 공교롭게도 이것은 강호에서 말하는 관계의 정확한 의미다. 강호의 언어로 관계는 한 사람이 다른 사람에게 연결되는 것을 의미하며, 인터넷 홈페이지의 '링크'와 유사하다.

어떻게 관계를 관계라고 부르게 되었을까?

왜 '관계'라는 말을 선택해 관계라고 일컬었을까? 누가 관계라는 명칭을 선택했을까? 왜 특정한 시기에 '관계'라는 명칭을 정해 유행시켰을까? 이는 근대 사회의 이민적 성격과 사회주의 언어문화와 관계가 있다.

대중문화와 행위 규범에 침투하면서 강호의 조직 체계는 20세기에 풍부한 전통을 축적했다. 이때 진일보한 개혁과 재통합, 규범화가 요구되면서 새로운 기호와 새로운 개념이 필요했다.

관계라는 명칭의 승인과 유행은 집단주의 정신과 관계없지만 집단주의 체제의 언어 습관과는 관계가 있다. 청대 말기에 '관계'라는 명칭이 드물게 사용되긴 했지만 유행하지는 않았다. 그러던 것이 널리 번진 것은 문화대혁명 시기였다.

해방 후, 계획경제와 집단주의 조직 체제에서 노동자, 농민, 상인, 학자, 군인, 정치가, 간부는 모두 인사 기록 카드를 작성해야 했다. 이때 표준 기록 양식의 '주요 사회관계'란에는 근친과 친한 친구 이름을 적어 넣어야 했다.* 또한 한 사람이 초등학교에 입학해 취업할 때까지 기입해야 하는 서식은 100여 통이 넘었는데, 매번 주요 사회관계를 적어 넣어야 했다.

주요 사회관계에는 어떤 사람들이 포함될까? 왕래가 잦고, 서로 도움을 주고받으며, 중대한 일이 생겼을 때 믿을 만한 사람이 주요 사회관계에 속할 것이다. 수십 년 동안 모두 끊임없이 사회관계 표를 작성하는 한편, 끊임없이 사회관계에 의지해 일을 처리해왔다. 서류에 기입된 사람들은 의존적인 관계에 있는 사람들이었고, 주요 사회관계의 약칭인 '관계'는 뒷거래 대상들을 통칭하는 말이 되었다. 뒷거래를 할 수 있는 모든 사람을 관계라고 부르면서 관계라는 말은 유행어가 되었다.

숙인이 관계가 된다는 것은 화법을 바꾸는 것만큼 간단한 일이 아니었다. 그것은 인맥을 다루는 일이 경험에서 이성이라는 높은 단계로 들어선 것을 상징했다. 친척, 동향인, 숙인, 동창생, 스승, 제자, 동료 등에 똑같은 이름을 붙여 하나의 공통된 개념에 포함시켜 동등하게 취급하면서 본래 고대사회에서 친척, 동향인, 스승, 제자 등과의 관계에 내재되어 있던 친소親疏와 정, 분별, 차별이라는 여러 종류의 가치가 가볍게 일소되고 말았다.

관계라는 이 기호는 관계망이나 관행과 관련된 동시에 유교 제도 후기의 이주민 생활의 변천 결과이자 이주민과 유민 집단의 풍속이 점차 발전한 결과였다. 그 옛날, 고대 정착 농경 사회에서는 뒷거래 관계가 굳이 필요치 않았다. 자급자족 소농 경제에서는 서로 교환하고 이용할 수 있는 공간이 지극히 협소했기 때문에 친척은 친척이고, 친구는 친구고, 숙

* 근친과 친한 친구는 연줄을 만드는 주된 대상이다.

강호 중국

인은 숙인일 뿐 이용할 수 있는 도구가 아니었다.

한정된 촌락 안에서 식량과 푸성귀를 자급자족했기에 가족 이외의 사람은 이용 가치가 매우 작았다. 그러다 정착 농경 경제가 와해되기 시작하면서 대규모 이주민 구조가 형성되었지만 헌정 질서와 시장경제, 공공행정제도는 미처 수립되지 못했다. 그저 있는 것이라고는 적은 수의 친척, 친구, 숙인, 동향인뿐이었는데, 이들이 개인이 대외적으로 발전하기 위한 교량이자 출세 수단으로 변모하면서 상호 교환·협력할 수 있는 희소 자원이 되었던 것이다. 요컨대 생존을 위한 제도 질서가 와해되어 의지할 곳 없을 때 인맥이 형성되었다. 바꾸어 말하면, 인맥은 전통과 현대 제도의 단절로 인한 산물이라고 할 수 있겠다.

5. 관계의 획득: 17가지의 인맥과 3가지 요건

관계는 어떻게 시작되어 어떻게 맺는 것일까? 학술 과제처럼 들리기도 하고 처세술처럼 들리기도 한다. 관계에 관한 학문은 학교에서 배울 수 없다. 약삭빠른 일반인이 대학의 사회학 교수보다 관계에 대해 더 많이 알고 더 깊이 이해하고 있다. 그런데 하필 약삭빠른 사람은 학문을 하지 않고 노교수는 강호를 모르는 까닭에 '관계학'이 하나의 수수께끼가 되고 말았다.

관계란 도대체 무엇일까? 귀에 못이 박이도록 들어왔지만 그것의 진면목은 알 수가 없다. 사실, 관계의 근원을 이해하고 개인 관계의 동력을 이해하려면 다음의 17가지 인맥부터 살펴보아야 한다. 이것이 관계의 첫 번째 요건이다.

17가지 인맥

관계를 맺으려면 세 가지 절차를 거쳐야 한다. 첫째, 17가지 인맥 자원 가운데 최소한 한 가지는 보유하고 있어야 한다. 인맥 자원은 풍부할수록 좋다. 둘째, 만나서 의사소통하는 과정이 필요하다. 셋째, 인정의 교환이라는 프로그램을 실행시켜 서로 신세를 지고, 신세를 갚는 과정을 거쳐야 한다. 즉, 도와준 적이 있어야 한다.

세상에 연줄을 가지고 태어나는 사람은 없다. 관계는 하루아침에 이루어지는 것도 아니고, 첫술에 배부를 수 있는 것도 아니다. 살아가면서 일부러 관계를 맺고, 서서히 친분을 쌓아나가야 한다. 구체적으로 살펴볼 때, 중국 사회의 수많은 인간관계는 자연히 '관계'로 발전할 수 있다. 인간관계는 대충 친척, 친구, 동창, 동문, 이웃, 옆집, 동료, 스승, 제자, 전우, 상사, 부하, 동향인, 패거리, 양부모, 의형제, 세교世交라는 17가지로 구분할 수 있다.

관계 맺기에 능한 사람은 위에서 열거한 대부분의 자원을 자발적으로 이용할 수 있지만 보통 사람은 이 중 일부만 이용할 뿐이다. 17가지 인간관계는 크게 선천적인 인연과 후천적인 인연으로 나뉜다. 그리고 선천적인 인연, 즉 세상에 태어남과 동시에 운명적으로 맺는 인연에는 친척, 동향인, 세교가 있다. 그 밖의 것은 모두 후천적인 인연이다.

친척 — '친親'은 육친을, '척戚'은 인척을 가리키며, 이 둘을 아울러 친척이라 부른다. 친척과 인척은 모두 가족에서 파생되었다. 과거에는 친척들이 어릴 때부터 자주 왕래하면서 친하게 지내 정이 깊었다. 함께 자라지 않더라도 가족이라는 기반에 의지해 서로 왕래하면서 지냈다.

동향인 — 동향인은 겉으로는 분명해 보이지만 쉽게 정의 내릴 수 없는 모호한 개념이다. 동향인은 본적의 지리적 범위와 방언 문화에 대한 쌍방의 승인에 따라 차이가 나는데, 지역이 넓을수록 모호해진다. 동향인은 모르고 지내다가 외지에서 만나 관계를 맺은 것이기 때문에 이주민 문화의 개념이다. 범위가 모호해 지리적 범위가 방언 문화 개념으로 확대될 수 있다.

이 밖에 친근한 척 다가갈 수 있는 반¥동향인이 있다. 배우자나 외가의 동향인이 이에 해당한다. 즉, 조모·모친·아내의 동향인이 반동향인이다. 동향인의 정의는 방언, 풍속, 가족의 성씨 등 비주류 문화의 승인에 달려 있다. 천연의 자원인 동향인을 이용할 수 있는 관계로 바꾸려면 인정을 주고받아야 한다.

주위를 잘 살펴보면, 동향이 인맥의 긍정적인 요소라는 걸 알 수 있다. 각종 공식·비공식 동향 모임은 강한 생명력을 지닌다. 그런데 말로만 동향인은 객관적인 동향인과 동일하지 않을 뿐 아니라 관계학에서도 서로 다른 개념에 속한다. 말로만 동향인은 동향인 가운데에서도 서로 도울 수 있는 제2의 집단에 속한다. 도움이 되지 못하거나 도와줄 능력이 없는 동향인은 같은 고향 사람이더라도 관계에 포함되지 않는다.

세교 — 윗대부터 교분이 있던 사람을 세교라 부른다. 부모·조부모·외조부모의 벗과 그 후손이 세교에 해당한다. 세교는 태어남과 동시에 얻는 가족이 남겨준 자원이다.

세교는 윗대의 교분이 후대로 전해진 것이지만 자신의 친구와는 같지 않다. 직접 교제한 적 없이 습속에만 의지해 조상의 자원을 유지한다는 점에서 친구와 다르다. 그러므로 세교를 자신이 이용할 수 있는 관계로 전환하려면 직접 교제하면서 연줄로 만들어야 한다.

친구 — 근대 이전에 이미 친구와 관련된 문화가 풍부했다. 고대의 친구는 진정한 친구였지만 오늘날의 친구는 여러 해석이 가능해 명확하게 말할 수 없는 부분이 있다. 친구가 관계로 변한 것은 근대 이후의 일이다.

어떤 사람은 자신에게 친구가 많다고 종종 말하곤 하는데, 여기서 '친구'는 전통적 의미의 친구가 아니라 지인을 가리킨다. 실제로 "나는 인맥이 넓어 많은 일을 처리할 수 있지요"라고 말하는 것과 같지만 솔직히 말하길 원치 않아 '친구'라는 말로 '관계'를 미화하고 있는 것이다. 가짜 친구뿐 아니라 진정한 친구 역시 연줄이 될 수 있다. 우정과 실리 사이에서 이해관계가 충돌하지만 않는다면 갈등도 없을뿐더러 서로 도움을 주면서 우정을 돈독히 할 수 있다. 관계에 대해 말하면, 이익이라는 측면에서 진정한 친구와 가짜 친구 간에는 차이가 없다.

동창 — 같은 학교, 같은 반에서 공부하면서 늘 함께 지낸 사람은 훗날 관계가 될 수 있다. 한 학교에서 공부한 경험이 뒷날 관계를 맺는 데 근거가 된다. 친분이 두터웠으면 나중에 자연스럽게 관계로 활용할 수 있다. 개인적으로 친하지는 않지만 졸업 후 같은 분야에서 활동하면서 객관적으로 상부상조할 필요가 있을 때 '동창'이라고 호칭하면 정도 깊어지고 관계도 공고해진다.

동문 — 동문은 동창과 비슷하지만 같지는 않다. 동창은 본래 알고 지내던 사이로 교제할 수 있는 기반이 깔려 있는 반면에 동문은 같은 학교에 다녔지만 같은 반 또는 같은 학년이 아니었거나 같은 기간 학교에 다닌 적이 없어서 대부분은 아예 모르거나 잘 알지 못한다. 이런 이유로 동기 동창보다 관계가 깊지 못하다.

서름서름한 동문과 친해지려면 동일한 분야에서 활동하면서 서로 도울 필요성이 생겨야 한다. 이를테면 재화가 부족하거나 공공자원이 부족할 때, 인맥이 특히 중요해지면서 동문에게까지 촉수를 뻗치는 것이다. 동문은 인맥에 의해 확장 가능한 관계 자원으로 충당될 수 있는데, 바로 이 점이 동문의 숨은 가치다.

이와 반대로 정치·경제적으로 안정되고 재화가 풍부하다면 일반인들은 인맥과 같은 '2차 수단'에 관심을 두지 않는다. 모르는 동문이 잘 아는 동문으로 바뀌려면 모교가 두 사람의 공통 화제가 되어야 한다. 하지만 그보다 훨씬 중요한 것은 두 사람이 협력을 통해 얻을 수 있는 이익이다. 협력이 불가능하거나 서로 혜택을 주고받을 수 없다면 동문은 실질적으로 전혀 가치가 없다.

이웃 — 가까이 거주하는 사람을 이웃이라 부르고, 일반적으로 주소지 부근의 주민을 가리킨다. 가깝게 사는 이웃일수록 왕래할 기회가 많고 쉽게 친해질 수 있다.

좀 멀리 떨어져 살더라도 마음만 맞으면 친밀한 관계가 형성될 수 있다. 중요한 것은 왕래다. 중국인에게는 일반적으로 이웃집에 놀러 가는 습관이 있다. 이웃집에 놀러 가는 것은 정을 표시하는 것이기에 그 심리적 효과는 대단히 크다. 무사할 때 집에 놀러 가고, 일이 생겼을 때 도움을 청하는 것은 대단히 자연스러운 일이다. 평소의 친분 때문에 상대편도 쉽사리 거절하지 못한다. 그러나 일이 생겼을 때에야 찾는다면 비싼 선물을 하고 정을 주어도 연줄이 된다고 장담할 수 없다.

농촌에는 '동촌同村'이라는 개념도 있다. 흔히 동촌은 사촌이나 먼 친척인 경우가 많다. 중국의 촌락은 대부분 같은 성을 가진 사람들로 구성되어 있기 때문이다. 일부 촌락은 두 가지 성씨 또는 그 이상의 성씨로 구성되어 있지만 잡다한 성씨가 섞여 있는 경우는 매우 드물다. 적어도 개혁 개방 이전에 촌락은 부계 혈족이 모여 사는 집성촌이었다.

동료 — 과거 또는 현재의 동료 가운데 원만하게 지냈거나 지내는 사이라면 장래 사적인 일을 부탁할 수 있는 관계로 발전할 수 있다. 관계망이라는 맥락 속에서 동료는 이미 개인적으로 친분 있는 상대로, 정식 문건에 소개된 '동료'의 의미와 사뭇 다르다. 개인적으로 친분이 그다지 두텁지 않은 동료라도 사이가 나쁘지 않다면 일이 생겼을 때 도움을 요청할 수 있다. 상대의 감정을 상하게 할까 봐 섣불리 거절할 수 없기 때문이다.

일당 — 일당은 동료와 비슷하다. 동료는 동일한 기관에서 함께 일하는 사람을 가리키지만 일당은 동업의 의미를 지닌다. 보통 일당이라고 하면 사업이나 사회 활동의 동업자를 말한다. 동업을 하다 보면 정이 생기고, 정이 생기면 서로 도움을 주고받게 된다.

전우 — 전우는 군대에 있을 때의 동료라고 볼 수 있다. 관계학에서는 전역했거나 제대한 이후의 전우를 가리킨다. 병영 안의 연줄은 전역한 후의 큰 무대와 비교가 되지 않기 때문이다. 전우가 전략적 의미의 협력

강호 중국

관계로 발전하는 것은 대개 제대하고 나서다. 다른 업종에 종사해 각기 다른 자원을 보유한 상황에서 상대가 도움을 요청할 때 특혜를 베푸는 것이다.

전우 관계는 약간 애매모호하다. 일부 전우는 늘 함께 힘든 훈련을 받았던 친밀한 동기지만, 일부 전우는 그저 같은 부대 소속이었거나 같은 병영에 주둔했을 뿐 자주 만나지 못했거나, 심지어 같은 부대 소속이었을 뿐 복역 기간에는 전혀 모르고 지낸 경우도 있다. 이러한 인연에 기대어 이들은 제대하거나 전역하고 나서 서로 의지할 필요가 있을 때 술자리에서 서로 '전우'라고 부르고, 제3자도 점차 이들의 전략적 동맹 관계를 인정하게 된다. 전우와 동향인의 경우는 소속이 같다는 공통점에서 출발해 서로 친한 척하면서 점점 가까워진다는 점에서 다소 비슷하다.

사제 관계 — 일부 유명 노교수가 고령으로 강의를 할 수 없음에도 지도를 받으려는 대학원 응시자가 떼를 지어 몰려든다. 노교수 아래에 박사과정 학생이 수십 명, 석사과정 학생이 부지기수라 지도 교수와 면담할 시간이 거의 없고, 교수는 일부 학생들의 이름조차 모르고 지나간다. 이처럼 유명 노교수에게 석·박사과정 학생이 떼로 몰려드는 이유는 노교수의 두터운 인맥 때문이다. 장래에 노교수의 제자였다는 배경을 이용해 사회생활에서 득을 보기 위해서다.

관계학의 측면에서, 스승과 학생 사이는 학우 관계에 계급이 추가된 거라고 볼 수 있다. 교육 과정을 통해 스승과 학생은 얼굴을 맞대고 교유하기 때문에 사적인 정을 나눌 수 있는데, 이것은 훗날 서로 도움을 주고받는 데 밑바탕이 된다. 학우와 달리 스승과 학생 간에는 명목상, 예의상 상하의 구분이 있다. 스승과 학생 사이에도 학우 관계와 유사하게 도움을 주고받지만, 실제로는 계급적 요소가 교환 균형점에 영향을 미친다. 예를 들어, 스승이 학생에게 일 처리를 부탁한다면 학생은 압박감을 느껴 거절하기가 어려울 것이다. 그뿐 아니라 일 처리가 끝난 뒤에는 스승이 학생에게 진 신세는 사소한 것으로 변한다. 스승의 은혜가 인정의 빚을 상쇄했기 때문이다. 반면에 학생이 스승에게 일 처리를 부탁하면 일이야 쉽게 잘 풀리겠지만 지불할 대가가 상대적으로 커진다. 이 역시 스승의 은혜를 고려해야 하기 때문이다.

동당 — 같은 당파나 같은 단체를 '동당同黨'이라고 부른다. 동당은 공공의 업무를 수행할 때에는 동료에 해당하는데, 일상생활에서 사적인 관계로 쉽게 발전할 수 있다.

상·하급자 — 상·하급자는 함께 일한다는 점에서는 동료와 비슷하지만 계급이 명확하다는 점에서는 사제 관계와 흡사하다. 이들의 관계는 일반 동료와 별반 차이가 없다. 다만 관계를 유지하면서 상하와 존비에 주의하고 서로의 체면을 세워주어야 한다. 상·하급자의 관계는 일종의 특수한 관계로 관료 사회의 파벌을 형성하는 근원이다. 관료 사회의 용어로 이것을 줄, 배경, 비빌 언덕이라고 부른다. 상·하급자의 관계는 일반적인 동료 관계가 아니라 관료 사회의 권력 의존 체계로 구조가 매우 탄탄하다. 관료 사회의 수많은 승진과 전근은 이러한 선상에서 완성된다.

결의형제 — 결의형제란 의형제를 말한다. 결의는 고대사회의 오랜 풍속이다. 일반적으로 결의형제의 전통은 이주 생활과 밀접하게 관련되어 있다. 고향을 떠나 친척들과 떨어져 생활하는 외중에 결의형제가 친척들의 빈자리를 채워주었던 것이다. 요컨대 결의형제의 요점은 '가족 윤리의 고수'와 '이주'라고 볼 수 있다.

고향을 떠나온 사람들은 의형제를 맺은 뒤 이성異姓 형제가 된다. 형제 간에 신앙이나 애정을 제외하고 남는 것은 생존을 위한 상부상조로, 이것은 명백한 의무이자 유일한 목적이다. 결의형제는 책임 윤리에서 기원한다. 그러므로 형과 아우 모두 상대방에게 책임을 져야 한다. 특히 형이 아우에게 져야 할 의무가 훨씬 무겁다.

이러한 의무에 근거해 하나의 현상이 출현했다. 처음으로 외지에 나간 젊은 남자가 생계를 위해 자발적으로 현지의 세력가를 '형님'으로 모시는 현상이다. 상대방이 거절하지만 않는다면 이러한 관계는 명목상 성립된다. 그리고 일단 관계를 맺으면 무슨 일이건 형님에게 도움을 요청할 수 있는 합법적인 이유가 생기기 때문에, 형님의 보살핌 역시 사리에 맞는 행동이 된다.

수양가족 — 수양가족에는 수양아버지, 수양어머니, 수양아들, 수양딸, 의형제, 의자매 등이 포함된다. 수양아버지, 수양어머니를 남쪽 지방에서는 계부, 계모라고 부른다. 개혁 개방 이전, 수양가족 관계는 남부 도시와 농촌에서 유행하던 풍속이었다. 이것이 널리 확산되어 대다수 사람들에게 수양아버지, 수양어머니가 있었다. 푸젠 성을 예로 들면 중화인민공화국이 수립된 후에 수양가족 관계를 맺는 절차가 단순해져 특별한 의식(강호의 민간 결사처럼 삽혈로써 동맹을 맺지는 않았음)이 필요치 않았다. 간단하게 돼지 족발과 국수만 있으면 되었다.

일반적으로 수양가족 관계를 맺으려면 다음의 몇 가지 요건을 갖추고 있어야 했다. 첫째, 양가 부모가 서로 잘 아는 사이로 두 집안이 관계를 돈독히 할 필요가 있어야 한다. 둘째, 미신적인 측면에서 사주팔자가 잘 맞는 사람들끼리 수양가족 관계를 맺어야 한다. 이상을 종합해보면, 푸젠 성 해안 지방에서 수양가족을 만드는 풍속은 두 집안의 동맹 필요성과 신비주의적 신앙이 결합되어 나타난 현상이라고 볼 수 있겠다.

수양가족 관계가 확립된 후에 아이와 수양부모의 관계는 가족 안에서 친부모와 자식의 관계와 유사하다. 성장하는 십수 년 동안 쌓아온 돈독한 관계를 바탕으로 성인이 된 아이는 사회에 발을 들여놓은 후 생존이나 이익을 위해 수양가족과 도움을 주고받을 수 있다. 수양가족이 진정한 연줄로 변한 것이다.

'맞대면'이 비법

상술한 '관계'를 형성하는 선천적·후천적 자원에는 공통된 특징이 있다. 특정한 시간에, 특정한 공간에서 두 사람의 만남이 이루어져야 한다는 점이다. '맞대면해야 한다'는 점에 각별히 유의해야 한다. 만남을 통해서만 비로소 인맥으로 발전할 수 있기 때문이다. 실제로 선천적인 자원 외에 후천적인 자원은 만남 과정을 거쳐야 한다. 이것은 관계가 형성되기 위한 두 번째 요건이자 시간상으로 두 번째 단계다.

친구, 동료, 동창, 전우 등 후천적인 자원은 얼마간 친하게 지내는 과정을 거쳐야 관계로 발전할 수 있다. 접대하거나, 서로 집에 놀러 가거나, 왕래하거나, 연락하거나, 모임을 갖는 등 어떤 식으로든 만나야 한다. 17가지 인맥은 이러한 종류의 만남을 통해 관계로 발전할 수 있다. 반대로 만남에 근거해 관계가 형성되는 과정을 역으로 추론해보면, 만날 방도가 없는 일부 인간관계는 진정한 관계, 즉 연줄을 만들거나 뒷거래를 할 수 있는 관계로 발전할 수 없다.

그렇다면 어떤 사람들이 여기에 해당될까? 대면적 접촉을 하는 집단은 제1차 집단에 속하고, 대면적 접촉에 의지하지 않는 집단은 제2차 집단에 속한다. 제2차 집단은 추상적인 기호에 의지해 소통하고 관계를 유지하는 집단이다. 이를테면 현대의 단체, 다국적 기업, 인터넷 가상공간 등이다. 추상적 기호 및 정보 채널에는 법률, 공문서, 서신, 우편물, 전화, 대중매체, 계약서, 규정, 기율, 통신, 인터넷 등이 포함된다. 이것들은 현대사회 단체 내부와 단체 간의 주요 전달 매체다.

예컨대, 법관과 소송 당사자, 기자와 독자, 사장과 종업원, 시장과 시민, 상인과 소비자의 관계 등은 모두 문건, 서면 자료, 법령 등 간접적이면서도 추상적인 연계 방식의 기초 위에 수립되었다. 따라서 그들이 원래 사적으로 알고 지내는 사이가 아니라면 관계로 발전할 수 없다. 이 점이 매우 중요하다. 현대사회와 인맥 사회의 성격과 조직 체계가 근본적으로 다르다는 걸 보여주기 때문이다.

인정이라는 프로그램의 실행

인맥이 있고, 만남이 이루어지면 관계가 형성되는 걸까? 반드시 그런 것은 아니다. 여기에는 세 번째 요건인 인정이 결여되어 있기 때문이다.

인간관계는 오랜 옛날부터 존재해왔다. 그런데 어째서 근대에 들어와서야 관계에 열광하는 것일까? 어째서 인맥은 근대 이후에야 만연한 걸까? 일반적인 인간관계가 관계로 바뀌려면 근대 사회 강호가 촉매제 역할을 해야 한다. 바꾸어 말하면, 제도적인 환경이 조성되어야 인간관계가 비로소 관계로 변할 수 있는데, 이러한 제도적 환경이 바로 인정이다.

인정의 제도는 일종의 심리적인 동의다. 서로가 상대방을 정을 나눌 수 있는 대상, 일 처리를 부탁할 수 있는 대상으로 간주하는 것이다. 친척이나 친구, 스승과 제자, 동료 등의 인맥이 정을 나누는 관계에 머물지 않고 사회적 협력 관계로 발전해 이익을 주고받으며 인정의 규칙을 준수하면 강호적 의미의 관계가 형성된 것이다.

'난사람'과 '수완가'

1990년대 초반에 알고 지내던 투자자가 외지에 가서 사업을 확장하는 데 대략 1년여를 소요했다. 그것을 세 단계로 나누어보면 다음과 같다.

첫 번째 단계에서 그는 현지에 있는 지인과 그들의 사회적 위치, 그리고 어떤 지인을 통해 현지의 인맥과 닿을 수 있을지 진종일 생각한 끝에 성의 친구들과 약속한 후 현지로 향했다. 이 단계에서 그의 주 업무는 온종일 전화를 걸고 메모한 뒤 관계 맺을 전략을 세우는 것이었다.

두 번째 단계에서 그는 제1단계의 작업을 토대로 현지로 가서 상황을 파악해 그곳에 살고 있는 동향인과 친구들을 통해 사람들과 친분을 맺었다. 날마다 접대하고, 선물을 주고, 엉망으로 취하는 것이 그의 일이었다.

세 번째 단계에서는 성찬을 대접하고 귀한 선물을 주고 난 뒤 관계가 친밀해지면서 호칭도 차츰 바뀌었다. 그렇게 안 새 친구들을 통해 관련 부서의 공무원들과 친분을 맺으면서 또다시 접대를 하고 선물을 주기 시작했다. 이렇게 여러 달 동안 친하게 지내면서 마침내 현지 관료 사회의 총아이자 국장과 과장들의 강호 형제가 되었다. 술자리에서는 늘 우스갯소리를 했지만 자리를 파한 후에 상대방은 입에 묻은 기름을 닦아내면서 유쾌하게 한마디 남겼다. "일이 있으면 언제든지 나를 찾아와." 이 정도가 되면 현지에서 필요한 관계망을 대강 만들어놓은 셈이다. 서막이 끝났으니 이제 사업에 관한 이야기를 하나씩 끄집어내면 모든 일이 순조롭게 해결될 것이다.

보통 관계망을 형성하는 과정은 느리고 자연스러우면서도 뜻대로 되지 않는 경향이 있다. 대다수 일반인의 경우, 자발적인 면이 있긴 하지만 분명 한계가 있다. 친척, 친구, 동창, 동료, 동향인 등은 개인이 선택할 수 없는 대상으로 불가항력의 성격을 띠기 때문이다. 젊은이들이 장차 어떤 인맥 자원을 통제하게 될지는 대부분 팔자소관이다.

일부 극성스러운 부모는 자발적인 노력을 기울이기도 한다. 예컨대, 아이를 대신해 수양가족 관계를 맺어주거나, 아이를 귀족 학교에 보내 장래에 아이가 상류사회에서 고관이나 귀인과 인맥을 쌓기를 바라는 것이다. 그러나 이러한 요소는 전체 관계망 가운데 매우 적은 비중이다. 어떤 사람이 동창, 동료, 전우가 될지는 상당히 우연적이다.

어떤 사람들은 자신의 인맥을 세심하게 계획할 뿐 아니라 엄청난 노력을 기울여 인맥을 쌓아나간다. 근대 강호 체제가 나날이 발전해 중국의 어딜 가나 이런 '수완가'를 만날 수 있다.

'수완가'가 관계망을 만드는 첫 번째 특징은 이익을 따지는 것이다. 개인의 의지가 관계 맺을 대상을 선별하는 데 고도로 개입해 쓸모 있는 사람과는 교제하고, 도움이 안 되는 사람과는 상대하지 않는다. 두 번째 특징은 '패스트푸드화'다. 일반적으로 인맥을 형성하려면 시간이 오래 걸리고 자발적인 과정을 거쳐야 하지만 '수완가'는 그럴 필요가 없다. 그들은 접대를 하고 선물을 주는 등 돈으로 전초 작업을 하고 나서 관계 형성에 필요한 기나긴 과정을 가능한 한 짧게 줄인다. 마치 포도즙과 식용 알코올을 혼합해 적포도주를 만드는 것과 같다. 원래 오랜 시간을 들여 양조하고 저장해야 적포도주를 만들 수 있지만 과즙에 알코올을 섞기만 하면 단 몇 분 안에 포도주가 완성된다.

1980년대 개혁 개방 이후, 사회가 급변하면서 법제와 규범이 이를 따라잡지 못해 제도의 공백이 생겼고, 사회질서가 문란해졌다. 이 틈에 강호 체제가 범죄 조직 외에 민간의 인맥에도 비집고 들어왔다. 이처럼 특수한 생태 환경에서 수완가가 두각을 나타냈고, 이들이 눈덩이처럼 불어나자 일반인들이 이들을 선망하고 모방하면서 연줄을 만드는 것이 대단히 유행했다. 관계망 속에서 수완가는 직접 남에게 부탁하거나 실제로 일을 처리하지 않고 대개는 그저 중간자 노릇을 했다. 이들을 통해 인맥의 중요한 두 가지 특징을 알 수 있는데, 그것은 다름 아닌 전달과 기교다.

6. 관계 기술의 불완전한 안내서

명·청대 이후 이주민과 유민을 중심으로 인맥이 형성된 뒤 이에 상응하는 인맥의 활용 방법과 기술이 생겨났다. 이 방법과 기교들을 사람들은 관계학이나 처세술이라고 부른다.

'관계학'이라는 과제를 탐구하기 위해 10년 동안 관찰하고 연구하면서 관계를 맺는 14가지 기본 수법을 알아냈다. 이 14가지 수법은 사람들이 접대할 때 쓰는 입말에서 유래했기 때문에 초보적인 수준이라고 할 수 있다.

강호 사회의 관계에 관한 용어를 살펴보면 상당히 재미있다. 끌어들이다, 부탁하다, 더위잡다, 가까이하다, 알아서 하다, 아첨하다, 치켜세우다, 모시다, 삼다, 추종하다, 키우다, 연결하다, 응하다, 세습하다. 이 14가지 수법은 각기 전략과 전술을 중시하는 게 있는가 하면, 기법을 중시하는 게 있고, 근원을 명시한 것도 있다. 구어에서 가장 빈번하게 쓰이는 단어는 '관계를 맺다'의 '맺다'인데, 정확히 말하자면 '맺다'는 계책이 아니라 이 14가지 계책을 종합한 것이다.

끌어들이다 — '끌어들이다'는 잡아당긴다, 힘껏 끌어당긴다는 뜻이다. 끌어들이다에 담긴 의미는 매우 복잡하지만 주로 두 가지 뜻을 내포하고 있다. '끌어들이기 시작하다'와 '가깝게 끌어당기다'이다. 즉 새로운 관계를 맺으면서 옛 사람과 우의를 증진시킨다는 의미다.

샤먼廈門 시의 위안화遠華 그룹 사건의 주범인 라이창싱賴昌星은 이렇게 말한 적이 있다. "간부가 원칙을 중시하는 것은 두렵지 않다. 오직 두려운 것은 그에게 취미가 없다는 것이다." 이것은 상대를 어떻게 끌어들여야 할지는 물론 일의 형편에 따라 문제를 어떻게 해결해야 하는지도 나타낸다.

그러나 아무리 복잡하고 형식상의 변화가 많더라도 본질은 변하지 않는 법, 가장 기본적인 방법은 역시 접대하고 선물을 주는 것이다. 상대를 확실히 처리하려면 그가 신세를 지도록 유도해야 하는데, 일단 신세를 지면 그다음은 처리하기 쉽다.

부탁하다 — 어떤 일을 하려는데 그 방면에 아는 사람이 없다면 남에게 부탁하는 수밖에 없다. 기관의 사무실에서, 동료에게 또는 전화기에 대고 "어떠어떠한 일을 처리하려는데 모 부서에 아는 사람 없어요?"라고 물어보는 광경을 종종 목격한다. 일을 처리하려는데 아는 사람이 없으면 조급해지기 마련이다. 서둘러 부탁할 만한 사람을 찾으려 돈을 들이는 것도 마다하지 않는다. 처음에는 남의 이목을 살피지만 나중에는 공개되어도 개의치 않는다.

'부탁하다'의 본뜻은 의뢰하거나, 부탁받은 일을 남에게 다시 부탁하는 걸 의미한다. '인맥에 부탁하다'라는 말은 연고자를 통해 여러 사람을 거치면서 요구를 만족시킬 만한 자원을 찾는 것을 뜻한다. 필요한 정보를 전달하고 수입과 지출을 교환하는 능력이다. 누군가에게 부탁하는 현상이나 부탁할 수 있는 기술은 인맥을 넓히고 막강하게 할 수 있는 근본적인 방법이다.

더위잡다 — 많은 사람이 지위가 비교적 높은 사람들과 함께 지낼 때 자신을 상대방의 '친구', '원친', '동향인', '일가'라고 부르기를 좋아한다. 또 그들과 관계 맺기를 바라는데, 이것이 전형적인 더위잡기다. 더위잡기란 자신보다 지위가 높은 사람과 관계 맺는 것을 뜻한다.

'더위잡다'라는 말이 특별한 이유는 계급의 의미를 내포하기 때문이다. 더위잡기는 계급의 질서 안에서 상하(수직 방향) 관계를 맺는 것을 말한다. 관계 맺다에 계급의 법칙이 가미되면서 더위잡다라는 말은 저자세, 굽실거리기, 알랑거리기, 감언이설 등 존비의 색채를 띠게 되었다.

함의가 복잡해 대등한 관계에서 더위잡기라는 말을 사용했다면 겸손을 나타내는 것이다. '더위잡아 당신과 친구가 되었다', '더위잡아 높은 사람과 친분 관계를 맺었다'에서 '더위잡다'는 아첨과 존경을 나타내 상대방을 치켜세우고자 하는 의도로 쓰인 것이다.

가까이하다 — 중국 문화의 특징은 지연을 우선시한다는 점이다. 인사를 나누자마자 "고향이 어디세요?"라고 묻는 게 습관이다. 만약 지린 성 사람이라고 대답하면 십중팔구는 "하! 우리는 한 고향 사람이나 마찬가지네요. 나는 랴오닝 성 사람입니다"라는 말을 듣게 될 것이다. 만약 "저는 산둥 성 사람입니다"라고 말하면 "우리는 한 고향 사람이나 마찬가지군요. 저희 어머니가 산둥 성 사람이에요"라는 말을 듣게 될 것이다. 당신이 어디 사람이건 결국 듣는 말은 '한 고향 사람이나 다름없다'는 것이다. 만약 성이 '이 씨李氏'라고 말한다면 500년 전에는 일가로 훨씬 가까운 사이였다는 말을 듣게 될 것이다.

'가까이하다'는 '거리를 좁히다'라는 말로 '허물없이 친근하게 군다'는 뜻이다. 가까이하다는 모호한 개념이다. 그 말뜻을 대충 이해할 수는 있지만 말로 표현하기는 쉽지 않다.

대체로 가까이하다는 관계를 맺으면서 '친한 체하는' 것과 유사하다. 차이점은 '관계를 맺다'의 '맺다'가 동작의 성향을 강하게 띠고 있으며 자못 실천적이어서 행동을 진술하고 동작을 설명하는 데 주로 쓰이는 반면에 가까이하다는 말재주에 속하고, 입으로 먹고사는 사람들의 일이며, 두 사람의 관계가 말로 수립된다는 점이다. 이른바 '친근하게 구는 것'은 말로 상대방과 형식상 관계를 맺고 선물과 돈을 주고받는 것을 뜻한다.

관계는 말만 하고 연습하지 않으면 아무런 소용이 없다. 관계의 본질은 거래이기 때문에 '가까이하는 것'은 종종 관계를 맺기 위한 전주곡이다.

알아서 하다 — '알아서 하다'는 1980년대 광둥 지방에서 유행하던 말로, 많은 장소에서 유용하게 쓰였다. 상사가 자신을 모범 사원으로 평가하자 저녁에 재빨리 간식거리를 들고 찾아갔다면 '알아서 한 것'이다. 기분을 상하게 했다는 이유로 모모를 손보러 찾아간 건달은 자리를 뜨기 전에 이런 말을 남길 것이다. "다음번에는 알아서 해." 이 말은 곧 고분고분하게 똑바로 처신하라는 뜻이다. 업계에서 어떤 사람이 처세를 잘한다면 주위 사람들은 그를 칭찬하며 이렇게 말할 것이다. "그는 알아서 하는 사람이야!"

요컨대 알아서 한다는 말은 규칙과 관계가 있다. 강호의 규칙에 부합되는 의미로, 잠재적인 강호의 요소를 함축하고 있다. 여기서 말하는 규칙은 모두 강호의 규칙이므로 공개된 규정은 아니다.

아첨하다 — 아첨은 상관의 환심을 사기 위한 일련의 행동이다. 상관의 환심을 사서 상관과 자신의 관계를 돈독히 하기 위한 것으로, 아랫사람이 윗사람을 대하는 처세술이다. 사장이나 상사의 사무실은 아첨을 해서 살길을 찾으려는 측근, 문객들로 북적거리곤 한다. 일이 있으면 대신 일을 처리해주고, 할 일이 없으면 같이 차를 마시면서 듣기 좋은 말로 상관에게 알랑거린다. 아첨은 전제정치와 계급제도의 산물이다.

치켜세우다 — '치켜세우다'와 '아첨하다'에 내포된 뜻이 서로 비슷해 혼동해서 사용하는 사람도 있다. 하지만 둘은 차이가 있다. 아첨하다의 주된 의미는 상사의 환심을 사는 것이고 하의상달이다. 그러나 치켜세우다는 아랫사람이 윗사람의 환심을 사는 것에 국한되지 않고 윗사람이 아랫사람을 양성하는 것도 포함된다. 성원하고, 추어올리고, 치켜세우는 것 등이다. 여기서 치켜세우다는 '육성', '양성', '지위와 명성을 높인다'는 의미다.

아랫사람이 윗사람에게든, 윗사람이 아랫사람에게든, 또는 평등한 관계에서든 치켜세우는 것은 모두에게 적용될 수 있다. 그 의미는 명성, 체면, 사회적 지위 등 서로 다른 분야에서 상대방의 등급을 높이는 것을 말한다. 이 가운데 체면은 공허한 것이지만 명성과 사회적 지위는 실재적인 것이다.

하급자가 상급자를 치켜세울 때는 공허한 것에 힘써 듣기 좋은 말을 하고, 체면을 세워주고, 허영심을 만족시켜주고, 상사의 환심을 사려 한다. 반면 상급자가 하급자를 치켜세울 때는 실재적인 것에 힘써 자리를 주고, 명성을 안겨주고, 하급자를 발탁하고, 하급자가 실익을 얻을 수 있게 해준다.

모시다 ― '모시다'의 원뜻은 '제사를 모시다'이다. 결의는 초기 강호의 일종의 종교적 의식으로 향을 피우고, 삽혈로써 동맹을 맺고, 천지신명·조상·관운장에게 제사를 지내고, 같은 날 태어나지는 못했어도 같은 날 죽겠노라는 맹세도 해야 했다. 강호의 문화는 신앙적으로는 유·불·도삼교를 융합한 것이지만 의식적으로는 도교 의식이 주종을 이루고, 정신적으로는 유교 또는 수정된 유교가 주가 되었다.

종적인 관계와 횡적인 관계를 근거로 모시다를 다시 스승으로 모시는 것과 의형제를 맺는 것으로 구분할 수 있다. 스승으로 모시는 것은 스승과 제자의 관계를 맺는 것을 말한다. 유교 윤리에서는 관계를 부자 관계처럼 보고 부자간의 윤리를 참고로 했는데, 이 관계는 종적인 관계다.

결의는 형제 관계를 맺는 것으로, 대개 연령에 따라 서열을 정하지만 간혹 능력이나 재능에 따라 서열을 정하기도 한다. 서로 의형제라고 부르는 횡적인 관계다. 구사회의 강호 민간 결사 가운데 청방은 사부를 모시는 것을 위주로 했고, 홍방은 큰형님을 모시는 것을 위주로 했기에 호칭은 서로 달랐지만 장유와 존비에는 차이가 없었다.

삼다 ― 수양가족을 삼는 이유는 매우 단순하다. 수양가족을 삼으면 친척이 많아져 뒷날 두 집안 사람들, 특히 수양부모와 수양자녀 간에 서로 잘 보살필 수 있다. 쌍방이 자발적으로 친척 관계를 맺어 반은 벗이고 반은 친척인 성향을 띠기 때문에 보통의 먼 친척이나 친구에 비해 훨씬 가까운 사이가 된다. 사실 수양가족 관계를 맺은 양가의 성인들은 대개 막역한 사이로, 본래 사이가 좋았던 이들은 수양가족 관계를 맺고 나서 관계가 더욱 공고해진다.

기능적인 측면에서 보면 수양가족을 삼는 일은 의형제를 맺거나 스승을 모시는 것과 비슷하다. 모두 혈연적으로는 관계없는 사람들이 혈연관계와 유사한 관계를 맺는 것인데, 문화적으로 범가족주의 제도라고 부른다.

수양가족을 삼는 것은 주로 집안과 집안 또는 개인과 집안 사이에 일어난다. 반면에 의형제를 맺고 스승을 모시는 일은 주로 개인과 개인 혹은 개인과 강호의 민간 결사 사이에서 일어난다. 이는 두 집단의 상이한 특징을 드러낸다. 첫째, 수양부모를 삼는 사람들은 대부분 집에서 거주하며 생활하지만 의형제를 맺고 스승을 모시는 사람들은 대개 비밀결사 단체의 회원이거나 유동 인구였다. 둘째, 수양가족을 삼는 것은 일종의 집안 개념이다. 두 핵가족에 국한될 뿐 두 가족의 먼 친척에게까지 확대되지는 않는다. 다시 말해서 두 핵가족이 수양가족 관계를 맺었다는 이유로 이들의 내외종 친척, 사촌, 외척의 태도가 확연히 달라지는 것은 아니다. 수양가족 관계나 신분은 전달되는 게 아니기 때문이다.

그러나 의형제를 맺거나 스승을 모시는 일은 도당이나 비밀결사의 성격을 띠고 있어 한 사람과 관계를 맺으면 동시에 여러 사람과 관계를 맺을 수 있다. 일례로 『수호전』의 108호걸을 들 수 있다. 대개 누군가를 스승으로 모시면 그 스승 문하의 모든 제자가 자신의 사형이 되고 사제가 된다. 결론적으로 수양가족을 삼는 것은 두 집안끼리 서로 돕기 위한 것이지만 의형제를 맺고 스승을 모시는 것은 도당에 가입하기 위한 것이라는 점이 가장 큰 차이점이다.

추종하다 — '추종하기'는 세상에서 어울려 살아가기 위한 중요한 방편이다. 이 방법으로 권위 있는 인물과 관계를 맺어 상대방의 힘을 이용할 수도 있다. 마치 선상의 승객들이 노련한 선장을 추종함으로써 전혀 힘들이지 않고 바람을 타고 파도를 넘는 것과 같다.

'추종하다'는 노선을 좇는 것을 가리키고, 여기서 노선은 명리를 다투는 강호의 파벌을 말한다. 노선을 좇는 것은 전략이자 통찰력일 뿐 구체적인 수단과는 관계없다. 이것을 실행에 옮기려면 더위잡고, 끌어들이고, 가까이하고, 아첨하고, 치켜세우는 등 기타 수법을 동원해야 한다. 그렇다면 노선 좇는 걸 왜 전략일 뿐이라고 말하는 것일까? 왜냐하면 '추종'의 역할이 계획을 세우는 것에 국한되기 때문이다. 뒤따를 수 있을지 없을지는 사물에 대한 이해와 분석 능력, 자신의 노력에 달려 있다. 그러나 계획을 경시해서는 안 된다. 노선이 옳지 않으면 장래를 망치기 십상이기 때문이다. 비빌 언덕이 우뚝 솟기만 하면 만사가 순조롭게 풀리겠지만 줄을 잘못 서면 모든 것을 잃을 수도 있다.

키우다 — '키우다'는 '발탁한다'는 의미다. 즉, 패거리나 측근을 양성하는 것으로, 어디까지나 거물 입장에서 하는 말이다. 키우는 것과 추종하는 것은 상대적으로 존재한다. 추종하고 싶어도 키우지 않으면 소용없고, 키우고 싶어도 추종하지 않으면 역시 소용없다.

정치판에서 놀다 보면 적대 세력이 생기게 마련이다. 정계뿐 아니라 상계, 사회단체, 기구, 비밀 단체, 종교 결사 등에서도 마찬가지다. 적대 세력과 경쟁하려면 자신의 세력을 강화해야 하는데, 여기서 '강화'란 측근과 패거리 등 자기 사람을 양성하는 것을 뜻한다. 계층을 초월해 자기 사람을 키우기도 하는데, 이를테면 장사에서 성공한 상인은 정계에 자기 사람 심어놓기를 희망한다.

키우는 것의 주된 방법은 '심어놓기'와 '기용'이다. 심어놓기는 친구, 측근, 연줄 등을 주요 부서에 배치해 자신을 중심으로 세력을 구축하는 것을 의미한다. 기용이란 측근의 직위를 높여 훨씬 중요한 자리에 배치함으로써 자기편으로 끌어들여 충성을 다하도록 만드는 것이다.

연결하다 — '연결하다'는 연계, 결탁, 접촉을 의미한다. 모 부교수가 논문을 발표해 교수로 승진하고자 관련 인맥을 알아보았다. 마침 한 친구가 자진해서 잡지사와 통하는 친구들을 찾아 이들의 연락처를 부교수에게 건네주며 직접 교섭해보도록 했는데, 이런 과정이 바로 '연결하기'다. 일을 처리할 수 있는 관계자들을 하나로 연결시켜주는 것을 말한다.

누구는 '연결하기'에 매우 능하다는 말을 종종 듣는데, 여기서 연결하기는 다리를 잘 놓아주는 걸 가리킨다. 연결하기는 '관계를 맺다'의 '맺다'와 어느 정도 유사하다. 연결하기는 동시에 일단의 사람들을 끌어들이는 것으로, 끌어들이기의 복잡한 기술이다. 이러한 시각에서 분석해보면, 연결하는 수완은 끌어들이는 수완보다 한 단계 위다. 끌어들일 수 있을 뿐 아니라 기다랗게 늘릴 수도 있어 계통성과 통합성을 지니기 때문이다.

응하다 — '응하다'는 응대, 접대를 의미한다. 관계를 돈독히 해 유사시에 대비하기 위한 것으로 퇴근 전에 "오늘 저녁에 접대가 있어"라는 전화 한 통화면 집에 돌아가 가족들과 식사를 할 필요가 없다.

접대는 인맥을 관리하기 위한 것으로, 자동차를 정기적으로 정비하는 것과 같다. 접대하지 않으면 관계는 소원해진다. 강호의 법칙인 만남의 기본 요건에 따라 아는 사이에도 자주 만나 친하게 지내면서 정을 돈독히 쌓아야 한다. 그리고 접대하는 중에 개인이 처리하고자 하는 일을 재량껏 부탁하는 것이다.

접대를 하는 몇 가지 간단한 방법이 있다. 여자들에게 가장 일반적인 방법은 집에 놀러 가는 것이다. 작은 선물을 들고 상대방의 집에 찾아가 한담을 나누면서 살뜰히 보살펴주는 것이다. 남자들에게 가장 일반적인 방식은 함께 술을 마시면서 익살이나 유머로 웃기며 즐기는 것이다. 남자들은 친밀함을 드러낼 때 "같이 술 마신 지 오래되었네"라는 말을 한다. 관계가 얼마나 깊은지 헤아리기 위한 특별한 지표는 '술을 함께 마신 적이 있느냐'다. 술자리는 강호 관계를 유지하는 데 매우 중요하다.

세습하다 — 장 씨 아저씨가 퇴직하자 그의 아들 장 군이 결원을 보충해 대신 공장에 들어왔다. 처음에는 그를 상대하는 사람도, 그를 아는 사람도 없었다. 이때 장 씨의 절친한 친구인 왕 씨가 새로 온 사람이 장 씨의 아들이라고 소개하자 모두 "이런!"이라고 소리치며 갑자기 장 군을 둘러싸고 아버지인 장 씨와 얼마나 사이가 좋았는지 이야기해댔다. 상대도 해주지 않던 사람들이 돌변한 이유는 관계의 '세습' 때문이다. 세습은 보이지 않는 제도적 힘이다. 인맥 문화에서 왕 씨의 소개 한마디로 장 군은 아버지의 관계를 물려받은 것이다.

이른바 세습이란 부모, 스승, 두목, 상관, 사장, 후원자 등에게서 관계라는 자원을 물려받는 것을 말한다. 세습은 상하 관계와 관련되어 있기 때문에 각종 인맥 자원의 구체적인 상황을 구분해야 한다. 가장 전형적인 세습은 부모에게서 관계를 물려받는 세교다. 여기에서 '세백世伯'과 '세질世侄'이라는 특수한 호칭이 생겼다. 세백은 평범한 아저씨가 아니라 아버지의 친한 친구이고, 세질은 친한 친구의 아들이다.

상관과 후원자로부터 물려받는 인맥 자원 역시 중요하다. 후원자나 형님, 상관의 관계를 자신의 관계로 전환하는 방법은 세습에 관한 지식에 해당된다. 세습은 유산을 물려받는 것처럼 법률 절차에 따라 자연히 이루어지는 게 아니라 자발적인 노력이 필요하다.

이상 인맥의 14가지 기술을 언급했다. 이제 각고의 노력 끝에 형성된 인맥의 구조를 살펴보자. 모든 사람의 인맥에는 예외 없이 구조가 있고, 모든 인맥의 구조 간에는 유사성이 있다.

7. 페이샤오퉁의 관계: 연못에 돌을 던지다

모든 조직에는 나름의 구조가 있다. 기관에는 기관의 구조가, 정당에는 정당의 구조가, 회사에는 회사의 구조가 있다. 회사 사무실 벽에 걸려 있는 기업 조직도를 살펴보면, 맨 위에는 이사회가, 그 아래로는 최고 경영자가, 다시 아래로는 각 부서가, 맨 아래에는 직원이 있다. 조직을 알려면 우선 조직의 구조를 이해해야 하듯이 관계 맺는 것도 마찬가지다. 관계를 잘 맺으려면 먼저 머릿속에 하나의 청사진이 있어야 하는데, 일종의 강호 조직인 관계망에도 나름의 구조와 원리, 법칙이 있다.

　관계망과 민간 결사 단체는 고대사회의 가족 조직에 뿌리를 두고 있다. 이들은 비록 혈연관계는 아니지만 가족 조직과 유사한 방법으로 접촉하며 지낸다. 관계망과 가족 조직을 비교해보면 친소, 상하, 내외라는 세 가지 유사한 특징을 발견할 수 있다.

　전반적으로 계급성과 이질성이라는 일반적 구조의 특징을 보이는데, 페이샤오퉁(費孝通: 중국의 저명한 사회학자이자 인류학자—옮긴이)은 일찍이 차등적 구조를 구상해 중국 사회를, 특히 가족을 핵심으로 하는 향토 사회를 묘사했다. 서구의 사회학은 차등적 구조라는 개념을 도출해내지 못했다. 그 이유는 사회학에서 말하는 전형적인 특수주의 원칙을 그곳에서는 찾아볼 수 없었기 때문이다. 서구 사회는 보편주의와 균질성에 바탕을 둔 사회고, 특수주의 원칙은 중국 사회의 특별한 산물이다.

　중국의 민간 사회, 특히 향촌 사회의 체계를 이해하려면 페이샤오퉁

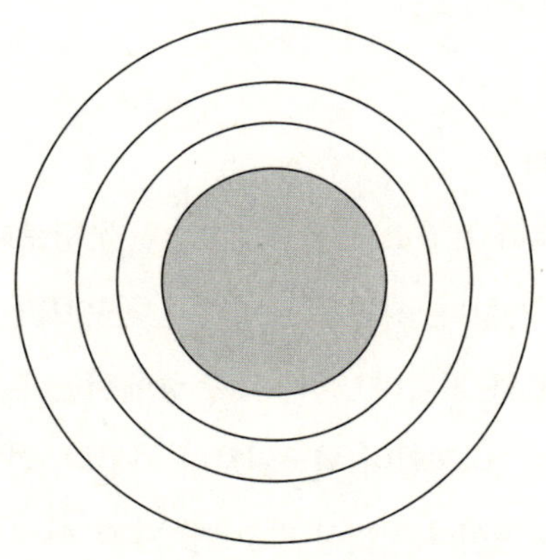

차등적 구조의 도식
원의 중심은 자신을, 동심원은 지인의 범위를 나타낸다

의 이론을 거론하지 않을 수 없다. 50여 년 전에 페이샤오퉁은 『향토 중국鄕土中國』라는 책에서 향토 사회와 관련된 구조를 최초로 제시하면서 그것을 '차등적 구조'라고 명명했다.* '차등적 구조'의 대략적인 의미는, 중국 향촌의 인간관계의 특정한 구조적 원리가 연못에 돌을 던졌을 때 생기는 동심원의 파문과 같다는 것이다. 나 자신을 중심으로 동심원을 그리면서 바깥쪽으로 퍼져나간다.

이 동심원 도식의 세 가지 요점은 다음과 같다. 첫째, 중국 향촌 사회의 조직은 타인이나 단체, 국가가 아니라 자기 자신을 중심으로 한다. 둘째, 사람과 사람의 관계에는 친소의 구별이 있다. 원의 중심에서 가까울수록 친근한 사이고, 멀어질수록 소원한 관계다. 셋째, 친소에 따라 각기 다른 윤리 규범과 처세술이 적용된다.

이 모델이 제기된 지 이미 반세기가 지났지만 이를 대신할 만한 새로운 이론이 나타나지 않아 아직도 향토 사회학 연구의 초점이 되고 있다. 이 모델은 향토 사회에 대한 사회학자의 인식을 반영한 것이지만 이론적으로는 발전하지 못했다.

친소의 구별이 있다

친형은 사촌 형보다 가깝고, 사촌 형은 먼 친척 형보다 가까우며, 먼 친척 형은 지인보다 가깝다. 지인은 일면식의 친분보다 가깝고, 일면식의 친분은 낯선 사람보다 가깝다. 낯선 사람 중에서는 본고장 사람이 타지방 사람보다 가깝고, 내국인이 외국인보다 가깝다. 인맥 집단에서 특히 중시하는 친소는 혈연이나 거리상 멀고 가까움뿐 아니라 왕래 횟수에 따

---

* 페이샤오퉁費孝通, 『향토 중국鄕土中國』, 베이징대학출판사北京大學出版社, 1998. p.24.

른 관계의 친밀함이나 이익의 정도를 가리킨다.

앞에서 언급한 바와 같이 관계는 얼굴을 맞대고 함께 지내는 것을 의미한다. 그러므로 잘 지내느냐 못 지내느냐는 모든 관계의 전제 조건이 된다. 자주 만나고 사이가 좋으면 친하다고 하고, 자주 만나지 않으면 소원하다고 한다. 그저 그런 관계, 일면식의 친분, 왕래가 없는 관계가 소원한 관계에 해당한다.

친한 사람이 부탁하면 의무감과 책임감을 느끼고 전심전력을 다해 일을 처리해주기 때문에 효율성이 높은 반면, 소원한 관계일수록 일 처리에 적극성이 떨어지고, 이런저런 핑계를 대며 거절하려 하기 때문에 효과를 장담할 수 없다. 친밀함은 원동력이자 압력이다. 인정의 압력이고, 체면의 압력이다. 그래서 별로 친하지 않은 사람에게 일을 부탁할 때는 선물이라도 해야 한다.

친소에 따라 각기 다른 윤리 규칙이 적용되고, 이에 따라 행위의 효율도 달라진다. 자주 왕래해 관계가 긴밀해지고 가까워지면서 상대방을 책임지려는 의무감이 강해진다. 책임감이 투철하냐, 희박하냐는 친근함의 정도와 정비례한다. 절친한 친구의 일을 자신의 일처럼 처리해주는 것은 책임감이 강하게 작용한 대표적인 예라고 볼 수 있다.

이것이 자주 말하는 강호의 의리, 즉 친구를 위해 어떤 위험도 무릅쓰는 행위다. 부탁받은 일을 기꺼이 해줄 때도 있지만 어쩔 수 없이 하는 경우도 있다. 설령 원하지 않더라도 절친한 친구의 일이 바로 내 일인 척 해야 한다. 사사로운 정이 깊을수록 청탁을 거절하기는 그만큼 어려워진다. 절친한 친구가 부탁할 때는 진심에서 우러나온 것이든 어쩔 수 없이 들어주는 것이든 적극적인 태도를 보여야 한다. 자발적인 태도와 친근감이 최고조에 달하면 강호에서 늘 말하는 '생사를 함께하고', '물불을 안 가리고', '친구를 위해 어떤 위험도 무릅쓰는' 관계가 된다.

상하의 구별이 있다

'한 등급 높은 관리가 한 등급 낮은 관리를 압사시킨다'는 옛말이 있다. 등급의 차이가 얼마나 무시무시한지를 보여주는 말이다. 게다가 한 등급만 높아도 사람을 압사시킬 수 있기 때문에 굳이 두세 등급 높을 필요도 없다. 계급은 봉건 사회의 일반적인 질서였다. 대신이 황제를 알현할 때에는 삼궤구고두(三跪九叩頭: 세 번 절하는데, 절할 때마다 이마가 땅에 닿도록 세 번 머리를 조아려야 하는 의식—옮긴이)의 예를 행해야 했다. 삼궤구고두의 예를 행한 후에도 대신은 계속 서 있어야 했으며, 황제가 앉으라고 지시해야만 비로소 앉을 수 있었다. 세계 문화에서 이처럼 모욕적인 오체투지五體投地는 찾아보기 힘들다. 설상가상으로 군신 관계가 지방의 관리와 백성의 관계, 심지어 관료 사회 내부의 상급자와 하급자의 관계로까지 확대되었다.

관계망의 두 번째 특징은 계급이다. 예컨대, 부친, 숙부, 이모, 당숙, 큰아버지 등의 손윗사람과는 혈연이나 생활공간에 따라 친밀해지기도 소원해지기도 하지만 전형적인 차등의 질서를 형성한다. 친소를 떠나서 손윗사람은 어쨌든 손윗사람이기 때문에 자손들은 그들에게 공손해야 하고, 공경해야 하며, 대들거나 말대꾸해서도 안 된다. 이것은 상하의 구별이 있다는 관계학의 또 다른 규칙이다. 앞에서는 친척을 예로 들었지만, 상하의 구분은 친척 관계보다는 주로 권력이나 사회적 지위에서 뚜렷이 나타난다. 하지만 권력과 집권자를 대하는 태도는 결국 가족 관계를 모방한 것이다. 상하의 구별은 대표적 차별 윤리로 고대사회 계급 이데올로기의 유산이다.

    강호 중국

계급제는 추상적인 제도이기 때문에 구체적인 척도에 따라 실시해야한다. 구체적인 척도란 연령, 서열, 권력, 행정 등급, 사회적 명망, 사회적 지위, 사제 관계 등을 가리킨다. 아이들은 계급제가 무엇인지 모르지만 가족 관계에서 어른과 아이의 차이, 학교에서 사제 간의 차이를 배우기 때문에 일부 척도를 파악하고 있는 셈이다.

계급제 아래에서는 일련의 모호한 규칙을 준수해야 하는데, 이 규칙들은 밖으로 드러나지 않는다.

첫째, 예의 바른 태도다. 이는 후배가 선배를, 하급자가 상급자를, 지위가 낮은 사람이 높은 사람을 대할 때 지켜야 하는 최소한의 규칙이다. 예의 바른 태도는 우선 말과 행위에서 구체적으로 드러나는데, 그 가운데 고두(叩頭: 공경하는 뜻으로 머리를 땅에 조아림-옮긴이)는 봉건시대가 남긴 극단적인 의식으로 인격의 종속을 의미한다.

둘째, 성의를 보이는 것이다. 후배는 선배에게, 하급자는 상급자에게 돈이나 선물을 바치면 그 보답으로 선배는 후배를, 상급자는 하급자를 양성하고 비호한다. 설이나 명절이 되면 자녀는 부모에게, 하급자는 상급자에게, 군중은 지도자에게, 동생은 형님에게 선물을 한다. 이것은 일종의 규범이다. 부탁할 일이 없더라도 선물을 하는 이유는 모호한 종속 관계를 명확히 하기 위해서다. 탐관이 아닌 바에야 선물의 크고 작음을 탓할 사람은 아무도 없다. 중요한 것은 그 사람을 기억하고 있다는 점이고, 상하 관계를 강화하고 확인한다는 점이기 때문이다.

셋째, 교환의 비대칭이다. 이는 두 번째 규칙의 연장 선상에 있다. 상급자와 하급자가 이익을 주고받을 때 쌍방이 지불하는 비용이 같아서는 안된다. 대체로 하급자가 더 많이 지불해야 하고, 상급자는 조금 덜 지불해도 상관없다. 예를 들어, 하급자가 상급자를 도와주었다면(제자가 스승을 도와주는 것도 포함) 보답으로 얻을 수 있는 것은 반대의 경우보다 적게 마련이다. 상급자가 대가를 지불하기 아까워해서가 아니라 차액을 내서 쌍방의 계급을 부각시키기 위한 것이다. 최소한의 사례는 아마도 칭찬과 덕담일 것이다.

거래 중에 의외로 상급자가 과하게 보답했다면 하급자는 송구스러운 마음을 상급자에게 전해야 한다. 이 밖에 좀 더 엄격한 계급 관계에서는, 예컨대 강호의 비밀 단체에서는 큰형님이 부하에게 주는 사례금조차 보수가 아니라 상이라고 부른다. 부하가 일을 아주 잘 처리했을 때 큰형님은 돈이나 선물 등을 상으로 준다.

전통적 가치관에 따라 사람들은 상급자가 하급자를 보살피고, 양성하고, 교육하는 것을 일종의 은혜라고 여겼다. 이러한 관례는 쌍방의 계급 차이를 명확하게 만들고, 쌍방 거래의 총량이 균형을 이루도록 만든다. 일시적인 비대칭은 거래 총량의 대칭을 위한 것이라 볼 수 있다.

내외의 구별이 있다

페이샤오퉁의 차등적 구조에 따르면, 개인의 인간관계는 동심원처럼 바깥을 향해 퍼져나간다. 페이샤오퉁의 동심원 파문에서 말하는 연못의 크기는 얼마나 되고, 인간관계의 범위는 어느 정도일까? 그리고 이 연못은 도대체 유한한 걸까, 무한한 걸까?

개인 관계망의 범위는 무한하게 확장될 수 없다. 관계망 형성에 한계가 있는 것은 관계 맺기가 대면 접촉에 기반을 두기 때문이다. 관계망의 범위는 무한정 확장될 수 없을뿐더러 아는 사람이라고 해서 무조건 연줄이 될 수 있는 것도 아니다.

지인의 수에 한계가 있기 때문에 인맥은 폐쇄성과 한계성, 비공개 성격을 띠고 있다. 그리하여 '자기 사람'과 '외부 사람'을 구분 짓는 것이 관계망의 특징이다. 자기 사람은 공생권共生圈에 포함시켜 그와 함께 한 몫 잡고 함께 먹고살려 하지만, 외부 사람은 적으로 간주해 경쟁자나 경시의 대상으로 삼는다. 간단히 말해서 관계망의 경계는 뚜렷하고 분명한데, 자기 사람과 외부 사람이라는 상반된 개념이 판이한 두 가지 윤리 체계와 게임의 법칙을 만들어냈다.

그렇다면 누가 자기 사람이고, 누가 외부 사람일까? 자기 사람은 관계망에 포함된 사람, 특히 인맥 가운데 친한 사람을 가리킨다. 반면 외부 사람은 관계망에 포함되지 않은 사람을 가리킨다. 좁은 의미의 자기 사람이란 가족을 가리키는 말로 가족주의 문화의 출발점이다. 이를테면 고향에서 패싸움이 벌어졌을 때 같은 성씨를 돕는 게 인지상정인 것과 같다. 중성적 의미의 자기 사람이란 아는 지인을 가리킨다. 평소 자주 왕래하면서 일이 생겼을 때 서로 돕는 절친한 친구를 말한다. 넓은 의미의 자기 사람이란 동향 사람이거나 같은 방언을 쓰는 무리를 가리킨다.

이처럼 자기 사람과 외부 사람을 대하는 태도도 다르고, 이에 수반되는 규칙 또한 다르다. 자기 사람에게는 특혜를 베풀고 도움을 주며, 자기 사람과 외부 사람이 다툴 경우에는 시시비비를 가리지 않고 자기 사람 편을 드는 것이다. 자기 사람을 대하는 기본적인 태도가 보살핌이라면, 외부 사람을 대하는 기본적인 태도는 무시와 배척이다. 이러한 이원적 윤리의 본질은 바로 배타성이다.

광둥 사람과 상하이 사람이 배타적이라고 종종 말하곤 한다. 개혁 개방 이전에 외지인이 광저우廣州에서 표준어로 길을 물으면 아무도 상대해주지 않았다. 개혁 개방 초기에 광저우 가오디가高第街에서 물건을 사는 외지인은 바가지를 쓰곤 했으며, 가격을 물은 후에 사지 않으면 몰상

식한 상인에게 당하기 일쑤였다. 현대화되기 이전에 남쪽 지방은 대단히 배타적이었다. 해안선을 따라 북쪽의 상하이에서 남쪽의 광시 성에 이르기까지 배타적 심리가 대단히 지배적이었다.

이상에서 친소의 구별, 상하의 구별, 내외의 구별이라는 관계망의 세 가지 구별 원리를 알아보았다. 이 세 가지 구별 원리는 페이샤오퉁의 차등적 구조와 일맥상통하는 것으로 이질성과 특수주의를 원칙으로 한다. 반세기 전에 페이샤오퉁은 중국 향촌 사회의 특수주의를 지적했다. 그런데 차등적 구조 이면의 등급이나 이질성은 현대 법치 사회가 강조하는 평등, 균등, 보편주의와 거리가 멀다. 구별은 현대 이전 중국 사회의 보편적인 특징으로, 향촌의 가족에만 국한된 게 아니라 민간 결사와 관계망을 비롯한 강호를 포괄하는 것이다.

8. 지인 200여 명

앞에서 언급한 바와 같이 관계망은 친척, 친구, 동창, 이웃, 의형제, 세교 등 17가지 종류의 인맥으로 구성되어 있다. 사람마다 환경이 다르고, 개성이 다르기 때문에 관계망의 규모 역시 다를 수밖에 없다. 관계망은 개인의 사회 활동 능력을 상징한다. 그러나 개인의 관계망에는 한계가 있어 무한정 확장될 수 없다.

관계망은 현대 법인 단체와는 판이하다. 이를테면 법인 단체의 규모는 이론적으로 한계가 없다. 다국적 기업의 종업원 수에는 제한이 없다. 오늘날 맥도날드의 전 세계 체인점 총수는 이미 3만 개를 넘어섰고, 종업원 총수는 100만 명 이상이다. 미국 일리노이 주 오크브룩에 있는 본부 사장들이 한평생 쉼 없이 분점을 둘러본대도 다 돌아보지 못할 지경이다.

그런데 여기서 중요한 점은 분점을 둘러보지 않더라도 돈을 벌 수 있다는 것이다. 인맥을 이용해 사업에 성공한 중국인 사장의 눈에는 맥도날드 등 다국적 기업의 성공이 기적처럼 보일 것이다. 일일이 방문할 필요 없이 투자만 해도 부자가 될 수 있다니 황당무계한 일이 아닌가?

중국의 젊은 사장들은 장사를 하려면 우선 본인을 믿어야 하고, 그다음으로는 측근을 고용해 부족한 점을 보완해야 한다고 생각한다. 이를테면 부인이 장부를 관리하고, 처제가 물품을 관리하고, 형제가 고객을 관리하는 식이다. 그뿐 아니라 상점을 개업하는 사람들이 으레 듣는 충고는 '남은 믿을 수가 없다'는 말이다. 그러면 가족의 일손만으로 충당이 안 될 때에는 어떻게 해야 할까? 사업을 현 상태로 유지하거나 양자를 몇 들이거나 의형제를 맺어 충당하는 방법이 있다. 그렇다면 기업 조직은 지인에 의존해야 하는 걸까, 지인이 아니라 확고부동한 제도에 의존해야 하는 걸까?

만남은 관계망의 무한한 확장을 제한하는 요인이다. 관계망의 규모에 한계가 있는 것은 바로 이 만남 때문이다. 관계망의 규모는 현대 단체를 통해 유추할 수 있다. 단체의 규모를 알기 위해서는 단체의 회의를 살펴야 한다. 회의가 단체의 집회에 해당하기 때문이다. 하지만 관계망은 현대 단체와 다르다. 회의를 여는 법도 없고, 강령이나 규정, 규율 따위도 없으며, 회원증이나 계약서 같은 것도 없다.

관계망은 단체가 아니라 자기 자신을 중심으로 한다. 사람마다 관계망은 제각기 다른데, 인정을 매개로 서로 간에 가상의 '망網'이 형성되는 것이다. 다시 말해, 지역 사회 안의 동일한 무리라도 내 입장에서는 나의 망인 것이고, 그의 입장에서는 그의 망인 것이다. 망은 가상으로 존재하며 각자 마음속의 느낌으로 알 수 있을 뿐이다. 망 안에서 유동하는 이익만이 객관적인 것이고, 관계망은 사회심리적인 것이다.

회의를 열지는 않지만 관계망의 구성원들이 모이는 몇몇 장소가 있긴 하다. 관계망을 관찰하고자 하는 사람들에게 결혼식장은 특별한 의미가 있다. 민난 지방의 결혼식 하객 수를 근거로 관계망을 분석해보겠다.

민난 지방에서는 신랑 측에서 한 번, 신부 측에서 한 번, 결혼식을 두 번 올린다. 하객은 양가의 친척이나 지인들이다. 여기에서는 일방의 하객 수만 이야기해보고자 한다. 최근 10년 동안 조사한 바에 따르면, 민난 지방의 결혼식 피로연 총 테이블 수는 평균 20~30개였다. 이 통계 수치는 수많은 호텔 경영진과 시민의 진술에 근거한 것이다. 한 테이블당 열 명이 자리한다고 했을 때 하객 수는 약 200~300명이다. 이는 개인 관계망의 대략적인 수치다.

하지만 여기에 약간의 수정을 가해야 한다. 아무런 관계도 없는 사람이나 향후 일 처리에 전혀 도움이 되지 못할 사람은 제외해야 하는 것이다. 이를테면 어린아이나 노인을 포함해 친척의 친구, 지인의 지인 등 간접적인 관계에 있는 사람은 제외시켜야 한다. 이들은 신혼부부와 잘 아는 사이도 아닐뿐더러 타인을 통하지 않는 한 도움을 주고받을 일은 없을 것이기 때문이다. 민난 지방의 풍속에 따르면, 결혼식은 부모가 주도한다. 즉 '어느 댁의 결혼식'이지, '아무개의 결혼식'이 아니라는 얘기다. 결혼식은 일종의 가족주의 문화로 한 집안의 경사이기 때문에 하객들 중 일부는 부모의 친구나 친척, 지인일 수밖에 없다. 이들을 제외한 나머지 사람들이 신랑 개인의 인맥인데, 일반적으로 그 수는 평균 200명 정도다.

바꾸어 말하면, 개인 관계망의 규모가 평균 200명 정도라는 이야기다.

이 수치가 비록 정확한 것은 아니지만 관계망의 대략적인 규모라고 말할 수는 있다. 속되게 말해서 관계를 맺는 것으로는 현대화를 이룰 수 없다. 관계망은 겨우 200명만을 관리할 수 있기 때문이다. 개혁 개방 초기에는 관계망이 상당히 유용했지만 결국 현대 제도가 관계망을 대신할 수밖에 없을 것이다. 200명의 지인을 중심으로 소개와 추천 과정을 거친다 해도 최대 수십만 명을 포함할 수 있을 뿐이다. 따라서 관계망이 발전하고 번성할 수 있는 곳은 인구 50만 명 이하의 중소 도시다. 50만 명은 200명이라는 평균 관계망 규모와 내재적인 연관성이 있다. 중소 도시에서 인맥은 거듭되는 소개를 거쳐 도시 구석구석에까지 영향을 미칠 수 있다. 사람들은 종종 "우리가 사는 이곳은 정말 손바닥만 해. 따지고 보면 모두 아는 사람이지"라고 말하곤 한다.

이와 대조적으로 인구 100만 명 이상의 대도시에서는 '어디를 가나 아는 사람을 만난다'는 느낌을 받을 수가 없다. 이 때문에 인맥을 이용해야 하는 사회 활동에서 제약을 받을 수밖에 없다. 이를테면 베이징과 상하이로 이사한 사람들은 관계를 맺어 특권을 누리기가 결코 쉽지 않다.

한마디로, 도시가 작을수록 관계를 맺기 쉽고, 도시가 클수록 관계를 맺기 어렵다. 요컨대 인맥 활용의 난이도는 지역 사회 규모에 반비례한다.

9. 관계의 전달: 지인의 지인을 찾다

어떤 일을 처리하려는데 어려움에 부닥치면 남에게 부탁을 한다. 지인 가운데 부탁할 만한 사람이 없으면 지인에게 연줄을 대달라고 부탁해 접대를 하고 선물을 주면서 일을 추진한다. 예를 들면, 이전에는 출국을 위해 여권을 만드는 일이 쉽지 않았다. 출입국관리사무소에 아는 사람이 없으면 공안국 기타 부서의 친구를 찾아가 "출국하려는데 출입국관리사무소에 아는 사람 있어?"라고 물어야 했다. 만약 아는 사람이 있으면 그에게 일을 맡기고 사례하면 그만이었다. 이것이 인맥 사회에서 묵인된 하나의 사회 규칙이었다.

여권을 신청해 받는 것은 본래 당연한 권리지만 개혁 개방 초기에는 법률제도가 미비해 공공 제도의 거래 비용이 엄청나게 높았다. 이 때문에 개인이 권리를 보장받기 위해서는 법률뿐 아니라 인맥에도 의지해야 했다. 직접적인 인맥으로 일 처리가 안 되면 간접적인 경로를 통해야 했다.

철학적인 관점에서 인맥의 발명과 탄생은 전 세계 현대화의 기로에 해당한다. 현대 제도와 인맥 제도는 전통 가족을 타파하고 사회적 협력을 증진시킬 것을 호소한다. 가족의 관점에서 보면 인맥은 개방적인 것이고, 가족을 초월하려는 것이며, 교제를 넓히려는 일종의 노력이라고 할 수 있다.

그렇다면 인맥을 이용해야 하는 이유는 무엇일까? 가족이 도와줄 수 없기 때문이다. 인맥을 통해 처리하고자 하는 일은 외향적이고 다각적이며 다양하다. 아이를 탁아소에 맡기는 것은 유아교육과 관련된 일이고, 자녀 교육은 교육계와 관련된 일이고, 주택 구입은 부동산이나 실내 장식업과 관련된 일이며, 연극을 보는 것은 문화계와 관련된 일이다. 진료를 받으려면 병원에 지인이 있어야 하고, 저가품을 사려면 상점과 거래가 있어야 하며, 출국하려면 공안국과 연결되어야 한다. 하지만 평범한 사람이 이렇게 많은 사람들과 인맥을 쌓기는 불가능하다. 그러므로 직접적인 경로가 막혀 있을 때에는 남에게 부탁하는 수밖에 없다. 요컨대 두 가지 대조적인 사실 때문에 문제가 발생하는 것이다.

한 사람이 알고 지낼 수 있는 사람의 수에는 한계가 있지만 처리할 일은 무한하다. 처리할 일이 있는데, 때마침 지인을 통해 해결할 수 있다면 다행이지만 그렇지 않다면 '관계의 관계'에 도움을 청하고 '지인의 지인'에게 해결을 요청해야 한다. 이때 일이 해결되지 못하면 부탁받은 사람이 다시 다른 사람에게 부탁한다. 일이 처리될 때까지 이 과정이 끊임없이 되풀이된다. 그 결과 많은 사람이 연관되어 쇠사슬 모양의 사회 협력 패턴이 생성되고, 협력 과정에서 쇠사슬 모양의 A→B→C→D……의 인간관계가 부각된다. A는 B에게 전하고, B는 C에게 전하고, C는 D에게 전하면서 인맥은 가족이라는 기존의 틀을 깨고 교제 범위를 넓혀나간다.

2천여 년 동안 중국 문화는 철두철미한 가족주의 문화였다. 가업을 잇는 가치관, 종법 제도, 경제적 생산 조직 등은 가족과 떼려야 뗄 수 없는 관계에 있었다. 현대에 와서 생활양식이 변하고, 사회가 개방되고, 전통 가족이 해체되었지만 유독 가족주의 문화만 명맥을 유지하고 있다. 이러한 상황에서, 가족에서 비롯되었지만 가족을 능가하는 인맥 문화가 나타나면서 시의적절하게 중국인의 교제 범위를 확대시키고, 사회적 교환을 대폭 증가시켰다.

관계의 전달은 개인 인맥의 한계를 극복하고, 성사되기 어려운 일을 성공시키는 역할을 한다. 소개가 거듭되는 과정에서 작은 관계망들이 연결되어 형성된 대단히 큰 관계망은 작은 관계망이 누릴 수 없는 이익을 얻는다. 인맥은 현대 법치에 필적할 만하다. 예를 들면, 돌봐달라는 편지를 보내거나, 인사를 가는 행위는 법원과 검찰청에서 특히 잘 통한다. 사형을 언도받아야 할 사람이 사형 집행유예(중국에만 있는 독특한 제도로 사형을 판결하고 동시에 그 집행을 2년간 유예하고 강제 노동에 의한 노동 개조를 실시해 죄수의 태도를 평가한 뒤, 사형에 처하거나 무기징역으로 감형함—옮긴이)를 언도받고, 무기징역을 선고받아야 할 사람이 유기징역을 선고받는 이유 는 인맥이 헌정이나 행정적 절차와 동일시되어 '체제 밖'의 관례가 되었 기 때문이다. 이처럼 반反헌정적 성격은 인맥의 특징 가운데 가장 강호적 인 요소다.

10. 전달은 감퇴를 가속화한다

남에게 일 처리를 부탁받은 갑이 을에게 도움을 청했다면 대개 을은 이렇게 물을 것이다.

"그 사람과 어떤 사인데?"

갑은 다음과 같이 대답할 것이다.

"절친한 사이야. 내 일이라 생각하고 잘 좀 처리해줘."

"그저 그런 사이야. 할 수 있으면 해주고 능력 밖의 일이면 그만둬."

이처럼 어떤 관계냐에 따라 일을 대하는 태도가 달라진다. 여러 사람 을 거쳐서 부탁한 일일수록 효율은 떨어진다.

지인의 소개로 간접적으로 알게 된 사람에게 일을 부탁하면 자신이 지 인에게 직접 부탁할 때보다 효율성이 떨어지고 성공 확률도 낮다. 어쨌거 나 접대를 하고 선물을 주어야 자신에게 유리하게 일이 진행된다.

여러 사람을 거쳐서 일을 부탁하면 효율이 급격히 떨어져 일이 성사되 지 못하는 경우가 많다. 이처럼 여러 사람을 거칠수록 추진력이 약해지 고 일 처리 효율성과 성공률이 급격히 떨어지는 현상을 '전달이 감퇴를 가속화시킨다'고 표현하기로 하겠다. 여기서 '가속화'는 기하급수적인 감퇴를 의미한다. 단, 돈이나 선물을 건네지 않는다는 게 전제되어야 한다. 돈을 주고받지 않은 상태의 전달을 '자연적 전달'이라고 부르기로 하겠다.

가령 모든 일이 돈으로 해결되고 만사가 이익에 따라 움직인다면 연줄 연줄 무제한으로 부탁하는 게 가능할 것이다. 즉, 부탁받은 일을 다시 다른 사람에게 부탁하는 과정이 끊임없이 되풀이될 것이다. 그렇지만 이것은 거래 비용 문제와 관련 있다. 일의 가치보다 비용이 더 많이 들어가서는 안 된다.

이익이라는 동기 부여가 없거나 제한된 상황에서는 인맥의 '자연적 전달'이 점차 감소한다. 이른바 '이익이라는 동기가 부여되지 못했다'는 말은 순전히 개인적인 정과 배려에 의해 일을 처리해주어야 한다는 의미다. 따라서 여러 사람을 거쳐 부탁한 일일수록 성사되지 않을 확률이 높다.

그렇다면 효율 감퇴 원인은 무엇일까? 직접적으로 관계를 맺고 있는 두 사람은 서로에게 의무감을 느끼게 마련이다. 만약 갑이 을에게 일 처리를 부탁했다면 을은 딱 잘라 거절할 수 없을 것이다. 원치 않더라도 을은 애써서 일을 처리해줘야 한다. 이런 중압감을 느끼는 이유는 '체면 때문'이다. 그러나 갑을 모르는 병이 을의 친구인 갑을 도울 때에는 이런 의무감에서 해방될 수 있다. 그래서 아는 사이라면 '의리상 거절할 수 없는 일'에 다음과 같은 물음을 던진다. "그 사람과 어떤 사인데?" 이 말에는 '네 일로 성가신 것은 그런대로 괜찮지만 타인의 일이라면 상황을 봐야겠는걸'이라는 뜻이 담겨 있다.

이 물음에는 다음과 같은 미묘한 의미가 내포되어 있다. 즉, 세 번째 사람의 일 처리에 대한 적극성이나 열의는 첫 번째와 두 번째 사람의 친소에 달려 있다. 앞의 두 사람이 친한 사이면 세 번째 사람도 일 처리에 적극성을 보이겠지만 두 사람의 관계가 그저 그렇거나 소원하다면 세 번째 사람의 태도 역시 소극적일 것이다. 이것이 '자연적 전달' 과정의 상황이다. 네 번째 사람에게도 이 규칙을 적용할 수 있다. 그의 태도는 세 번째 사람보다 훨씬 소극적일 것이다. 요컨대 연줄연줄로 부탁하는 일일수록 적극성이 떨어져 대강 마무리 지으려 할 것이다.

병의 입장에서 갑(애초에 부탁했던 사람)은 순전히 낯선 사람이다. 한 번도 만나본 적 없는 사람의 일을 어떻게 성심성의껏 처리해줄 수 있겠는가? 일 처리를 해주었다면 그것은 순전히 을의 체면을 세워주기 위해서였을 것이다. 따라서 병이 갑을 도울 때의 열의는 을을 도울 때의 열의에 비해 떨어질 수밖에 없다. 정, 무 등의 태도는 을보다 더 소극적일 것이다. 이것이 바로 인맥 사회에서 일반적으로 존재하는 '전달 감퇴 현상'이다.

그렇다면 연줄연줄로 소개를 거쳐 부탁할 때마다 능률은 얼마나 감퇴하는 것일까? 그리고 감퇴 속도는 어느 정도일까? '자연적 전달'이라 전제하고 이익이 동기 부여가 되지 못한다고 가정하면, 한 번 소개를 거칠 때마다 효율은 대략 반으로 떨어지고 성공률도 반으로 줄어든다. 소개를 거쳐 부탁할 경우의 성공률은 직접 아는 사람을 통해 일 처리할 때 성공률의 50퍼센트다. 다시 소개를 거쳐 부탁하면 효율은 $(50\%)^2=25\%$로 떨어지고, 또다시 소개를 거쳐 부탁하면 효율은 $(50\%)^3=12.5\%$로 떨어진다. 이 수치들은 근사치다.

여기서 중요한 점은 남에게 부탁하기 전에 당사자는 성공 가능성을 미리 점쳐보고 가능성 있다고 판단될 때만 부탁한다는 것이다. 성공 가능성이 10퍼센트만 있어도 다수의 사람들은 그 일을 하려고 덤벼들 것이다. 그런데 이 10퍼센트라는 수치는 대략 세 번의 소개를 거쳐 부탁한 일의 성공률(12.5퍼센트)에 해당한다. 세 사람을 거쳐서 부탁했는데도 일이 처리되지 못했다면 가망 없으므로 다른 방법을 찾는 편이 낫다.

그렇다면 어떻게 해야 효율이 떨어지지 않을까? 첫째, 이익이라는 동기가 부여되어야 한다. 이때는 상대방이 만족할 만한 선물이나 뇌물을 주는 게 보통이다. 여기서 만족할 만한 것이라는 의미는 일의 난이도와 가치를 고려해 선물을 주어야 한다는 뜻이다.

둘째, 노력을 통해 간접적인 인맥을 직접적인 인맥으로 바꿔야 한다. 친구의 인맥을 자신의 인맥으로 만들고 나서 일 처리를 부탁하면 효율이 떨어지지 않는다. 친구의 인맥을 자신의 인맥으로 만드는 데도 역시 접대를 하고 선물을 주어야 한다. 차이가 있다면 이 방법은 중개자의 주선으로 모두가 함께 만나야 한다는 것이다. 첫째 방법이 선물을 주는 것에 기초한 것이라면 이 방법은 접대를 기본으로 선물을 곁들인다는 게 특징이다.

11. 여러 도시의 관계 생태

일반적으로 인구 1천만 명 이상의 도시를 초거대 도시, 100만 명 이상의 도시를 거대 도시, 50만 명 정도를 중도시, 20만 명 이하를 소도시라고 부른다.

관계망의 발전 정도는 지역사회의 인구와 관련 있다. '전달에 따른 감퇴' 현상으로, 인맥 시스템의 통합·조정 능력은 인구 50만 명 이하로 한정된다. 도시 인구가 50만 명을 넘어서면 관계망의 사회통제 기능은 도시의 공공 체제(헌정과 시장)로 대체되거나 인구 50만 명 이하의 지역사회[예컨대, 도심 지역, 가도(街道: 도시에서 '구區' 아래의 작은 행정 단위-옮긴이), 주택가] 또는 업계(문화와 교육, 교통, 치안, 상업, 제조, 서비스업)로 넘어간다.

인구 50만 명이 넘어서면 관계망의 통제력이 약화되기 시작하고, 연줄에 의지하려는 사람들의 의지력도 약해진다. 이때 도시는 인맥의 공백 상태에 빠지면서 인맥에 의지해 처리할 수 있는 일들이 점점 줄어들고, 이에 따라 사람들은 대신할 만한 새로운 체제를 모색하다가 결국 법률이나 시장경제와 같은 헌정 체제를 선택한다. 도시가 클수록 손실이 클 수밖에 없어, 헌정적 요소가 구식의 관계망과 충돌을 일으켰던 것이다. 도시 인구가 100만 명 이상이면 관계망 체제는 무기력하게 주도적인 지위에서 물러나 정식 규칙에 자리를 양보해야 했다.

인맥 사회의 규모 한도

현재, 중국 도시 인구의 90퍼센트는 인구 20만 명 이하의 소도시에서 살고 10퍼센트의 인구만이 중·대도시에서 거주한다. 대부분의 중국인은 인맥이 발전하기에 가장 적합한 소도시에서 생활하고 있다.

'인맥 사회'의 특징은 공공 절차를 거치지 않고 지인을 통해 목적을 달성할 수 있다는 점이다. 이를테면 자동차 연 1회 정기 검사를 해야 할 경우, 차량 관리소에 가서 줄을 서거나 차를 몰고 검사를 받으러 갈 필요 없이 친구를 통해 운전면허증에 날인을 받을 수 있다.

이와 같은 예는 차량 검사에만 국한되지 않고, 권력이나 상업과 관련된 영역에서도 통용된다. 인맥 사회가 성행하는 도시에는 두 가지 운영 시스템이 존재한다. 하나는 공공 체계(헌정과 시장)이고 하나는 인맥 체계다. 연줄이 있는 사람은 뒷거래를 할 것이고, 연줄이 없는 사람은 앞거래를 할 것이다. 이 뒷거래는 수백 년 동안 지속된 역사적 전통이다.

상하이와 같은 대도시는 도심 지역의 인구만도 1천만 명에 육박한다. 그러므로 상하이를 인맥 사회라고 부르는 사람은 아무도 없다. 상하이에도 연줄을 만들 수 있는 사람들이 존재하긴 하지만 대부분의 시민은 법이나 규율을 준수하기 때문에 인맥이 사회를 좌지우지하지 못한다. 일부 상인들은 상하이 사람들의 성격을 좋아하지 않지만 그들과 사업하는 것은 좋아한다고 공공연히 말한다. 상하이 사람들은 일 처리를 할 때 체계적이고, 절차를 중시하며, 규칙을 준수하기 때문이다. 상하이에서 절차가 아닌 인맥에 의존하는 사람은 1퍼센트 미만에 불과하다. 이와 대조적으로 전형적인 인맥 생태 도시에서는 인맥에 의지해 생존하는 시민이 50퍼센트 이상에 달한다. 이들은 생활의 크고 작은 일을 모두 '인맥'에 의지해서 처리한다.

왜 이런 차이가 생겼을까? 배후의 원인이 복잡하긴 하지만 가장 중요한 문제는 도시의 생태다. 이 도시 생태의 첫 번째 요소는 바로 인구다. 인맥이 가장 두려워하는 것은 지나치게 많은 인구다. 인맥이 발전할 수 있는 최적의 인구는 20만 명 이하이므로 50만 명을 넘지 않는 게 좋다. 도시인구가 100만 명을 넘으면 아무리 수완 좋은 사람이라도 역량을 발휘할 수 없다. 이것이 인맥 사회의 한계로, 인맥은 적당한 인구의 한도 내에서만 발전할 수 있다.

중소 도시에서 인맥이 주요 조직 체계이자 관행이라는 점은 중국 사회가 고도로 강호화되었음을 의미한다. 중국은 지역에 따라 인맥 발전의 정도가 다르고, 인맥으로 인한 특권이나 분배 불평등 정도도 다르다. 대부분은 자신이 손해를 보는 하층민이라고 생각하면서도 인맥을 묵인한다. 그 이유는 불완전한 헌정 질서 속에서 인맥은 공동체의 주민이 우선적으로 의지할 수 있는 상부상조 체계이자 보장 체제이기 때문이다.

특히 인구 20만 명 이하의 소도시에서는 일단 집을 나서면 거리에 온
통 아는 사람 천지라 습관적으로 지인을 통해 일을 처리하려는 경향이
있다. 이런 소도시에서 현대 법치 질서를 확립하기는 굉장히 어렵다. 법
적 소송을 예로 들면 원고, 피고, 법관, 변호사가 모두 아는 사이인 데다
배후 관계도 매우 복잡하기 때문에 내부자 거래를 피하기가 어렵다.

21세기가 도래할 무렵 인맥과 현대 법치 제도는 첨예하게 갈등했다.
몇몇 사람들은 현대 법률 체제를 통해 권익을 보호받으려 했지만 몇몇
사람들은 인맥을 통해 법관, 관리와 내통하면서 전자와 맞서려 했다. 어
떤 때에는 후자가 특혜를 누리지 못하고 도시 법률 체제에 도움을 청하
기도 했다. 사람들은 이익에 따라 움직일 뿐이다. 자신이 '현대인'인지 전
통적인 '강호인'인지조차 확실히 말할 수가 없었다. 사람들의 현대 의식
이 아직 수립되지 못했던 것이다.

도시 규모야 어떻든 인맥이 자동으로 사라질 수는 없다. 인맥은 모 직
종이나 모 구역, 모 단체 등에서 부분적으로 강한 생명력을 과시할 것이
다. 인맥은 다수 중국인들에게 깊이 뿌리박혀 있는 생활 습관이자 신념
이므로 쉽사리 사라지지 않을 것이다. 사회가 현대적으로 변모하고, 현
대적 법치국가 체제가 수립되고 있지만, 중소 도시에서는 인맥이 쇠퇴할
기미를 보이지 않고 기세등등하게 발전하고 있다. 도대체 중국인들은 강
호화를 원하는 걸까, 현대화를 원하는 걸까? 보통의 사람들은 부자가 되
기만 바랄 뿐 현대화에도 강호화에도 관심이 없다. 부자로 만들어주는
제도가 있다면 그것을 선택할 것이다.

결론적으로, 중국의 인맥 사회 문제를 해결하기 위해서는 도시 규모를
확대해 주민들이 지인의 영향에서 벗어나 생존할 수 있도록 해주어야 한

다. 또한 헌정 제도의 거래 비용을 뒷거래 비용보다 낮춰 사람들이 자발적으로 인맥 사회에서 벗어날 수 있게 해주어야 한다. 헌정 운영의 이론적 비용은 매우 낮다. 주로 부패나 관료주의적 낭비에서 거래 비용이 발생할 뿐이다. 헌정 운영 비용이 낮아지면 강호는 자연히 쇠퇴할 것이다.

4

인정의
제도

1. 인정이 없으면 관계도 없다

어떤 의미에서 신세를 진다는 것은 용기 있는 행동이다. 기꺼이 의무를 질 것이며, 신세를 갚지 못할까 봐 두려워하지 않겠다는 걸 의미하기 때문이다. 누군가에게 신세를 진다는 건 상대를 인정하는 동시에 그와 교제하기를 바란다는 뜻이다. 의무와 상대방에 대한 인정은 사적으로 관계를 맺기 위한 중요한 방법이다.

누군가에게 은혜를 입었다면 그것을 기억해둬야 한다. 이를 '인정의 빚'이라고 부르는데 인정을 빚진, 즉 신세를 진 사람은 돈을 빚진 것과 같은 느낌을 받는다. 배은망덕한 사람이라고 손가락질 받거나 따돌림 당하고 싶지 않으면 조속한 시일 내에 빚을 갚아야 한다. 이처럼 신세를 지고, 신세를 갚는 행위를 '오가는 인정'이라고 부른다. 오가는 인정의 실례는 일상생활 곳곳에서 찾을 수 있다. 선물을 주고, 도움을 주고, 돈을 빌리고, 일을 부탁하고, 체면을 보아 청을 들어주고, 특권을 베푸는 등이다.

표징은 정이지만 핵심은 이익 교환이다. 인맥은 교환으로 구축되고, 인맥의 질서는 교환으로 유지된다. 만약 대등한 교환이 이루어지지 못했다면, 그러니까 왔는데 가지 않았다거나 갔는데 오지 않았다면 '사람 노릇을 할 줄 모르는 자'라는 오명을 입을 것이고, 인간관계의 규정을 어긴

   강호 중국

것으로 낙인찍힌다. 규정을 어겼으면 당연히 처벌을 받아야 하는데, 여론의 비난이나 친구들의 따돌림이 처벌에 해당한다.

사회학의 교환 이론에 따르면, 원시 마을에서 현대 선진국을 망라하는 모든 사회는 교환을 토대로 삼는다. 교환이 이루어지지 않는 사회란 없다. 교환과 사회는 분담해 협조한다는 공통점이 있다. 고금의 사회를 고찰한 결과, 교환 메커니즘을 두 가지 대등한 체계로 간단히 나눌 수 있었다. 하나는 시장 메커니즘이고, 하나는 인정의 관행이다. 시장경제에 관해서는 현대 경제학이나 현재 시행되고 있는 민법, 계약법, 기업법 등을 통해 알 수 있고, 국가가 시장에 세금을 징수해 국가 재정을 충당한다는 사실도 알고 있다.

그렇다면 역으로 국가가 인정의 교환에 따른 선물이나 뇌물에 세금을 징수한 적이 있을까? 경제학자들 가운데 어느 누가 부조금, 뇌물, 선물에 세금을 부과하도록 세제 개혁을 구상할 수 있을까? 인정은 관행에 의거한 이익 교환으로, 거래 액수는 최소 몇 위안에서 최대 수십만 위안에 달한다.

과거를 돌이켜볼 때, 중국인의 생존에 인정이 지니는 가치는 상당히 높았다. 근대 중국은 150년에 걸쳐 제도가 거듭 바뀌었고, 이에 따라 사회 정세가 불안해졌다. 제도의 전환기에 봉건적인 예교는 이미 무너지고 입헌정치에 무지한 상황에서 관행이 용감하게 나섰다. 즉, 인정의 제도가 민간 사회의 실질적 법의 토대가 되면서 중국 사회가 와해되는 것을 막았던 것이다. 이 인정의 제도는 수많은 습속의 조각들이 모여 형성된 것으로서 중국인 처세술의 근간이 되었다.

사적인 관계망이 규모를 갖춘 것은 오가는 인정에 의해서였다. 인정이 없으면 관계도 없다. 인정은 관계의 어머니라고 할 수 있다. 대규모 인맥은 중국 사회 특유의 조직이다. 조직인 이상 운영 규칙, 특히 이익 교환의 규칙이 있어야 한다. 관계 운영을 꼼꼼히 분석한 결과, 인정의 거래를 발견할 수 있었다. 바꾸어 말하면, 관계를 맺는 것은 인정을 베푸는 것과 같다. 관계의 왕래는 인정의 왕래와 같다. 인정의 왕래는 베풀고 갚는 것을 말한다.

2. 화폐와 같은 인정

사회적 교환 관점에서 인정을 화폐와 비교하는 것은 상당히 유익하다. 잘 알려진 바와 같이 화폐의 배후에는 일련의 제도가 있다. 예컨대, 가격 제도는 화폐와 상품의 관계를 정의하고, 채권 제도는 채무 관계를 규정한다. 내가 당신에게 100위안을 빚졌을 때, 100위안은 부채에 해당한다. 부채를 갚지 않으면 당신은 고소할 수 있고, 법원은 강제 집행할 수 있다.

이와 마찬가지로 인정의 배후에도 복잡한 제도가 존재한다. 어떤 면에서 인정의 운영은 화폐와 유사하다. 누군가 당신에게 신세를 졌다면, 이것을 '인정의 빛'이라고 부른다. 장기간 이 빛을 갚지 못하면 심리적인 압박을 받는데, 이것은 채무자가 느끼는 심리적 압박과 유사하다. 인정과 화폐의 차이점은 인정의 제도가 시장 가격을 공포하지 않는다는 점이다. 인정의 값을 정확히 알 수 없기에 짐작으로 알아차릴 수밖에 없다. 이쯤에서 우리는 화폐경제가 공동 사회 업무인 반면, 인정은 사적인 관계 업무라는 걸 알 수 있다.

인정 패턴은 대단히 단순하다. 은혜를 베풀면 보답을 받을 수 있는데,

양자의 교환은 대등해야 한다. 갑이 을에게 선물을 주고 일을 부탁하면 을은 선물을 받고 대신 일 처리를 해준다. 간단히 '오가는 인정'이라 부른다. 인정은 오로지 일 처리만 중시할 뿐 법률은 아랑곳하지 않는다. 따라서 인정과 법률은 서로 관계없는 두 가지 제도로 다른 영역에 속한다. 그뿐 아니라 인정에 호소하는 일들은 헌정으로 해결될 수 없는 게 대부분이다.

3. 인정의 두 가지 의의

인정의 요지를 이야기하기 전에 인정에 담긴 두 가지 의미를 분석해보고자 한다. 인정은 매개체이자 제도다. 인정은 선물, 돈, 도움 등과 같이 거래를 위한 매개체인 동시에 거래를 통제하는 관례로서 속칭 규정 또는 '격식'이라고 부른다.

거래를 이야기하려면 우선 돈을 참고로 해야 한다. 인정이 돈과 전적으로 유사한 것은 아니지만 사회적 교환이라는 측면에서 돈을 참조할 필요는 있다. 돈은 상품 교환의 매개체로 특정한 제도 안에서 상품의 가치를 나타내고, 간접적이거나 복잡한 교환 체계 가운데 중간적 역할을 한다. 화폐의 등장으로 물물 교환이라는 인류 최초의 거래 방식은 변혁을 맞았고, 이로 인해 원시 경제 공동체의 범위는 확대되었다. 고대에는 짐승의 뼈, 조가비, 종이, 금속 등을 화폐로 사용하면서 물질 자체가 아니라 상품 가치를 대신하는 기능을 제도적으로 보장해주었다. 제도를 근거로 삼지 않으면 지폐는 그저 종이이고, 동전은 그저 금속이며, 수표와 어음은 휴지 조각에 불과하다.

화폐와 마찬가지로 인정에도 교환 및 결집의 기능이 있으며, 교환의 배후에는 제도가 있다. 화폐처럼 인정 역시 공동체를 결집시키는데, 인정이 결집한 공동체는 사적인 관계망이다.

서구 사회의 교환이론 시각에서 보면, 인정을 더욱 명확히 알 수 있을 뿐 아니라 '정'이라는 글자에 속아 넘어가지 않을 수 있다. 서구 사회학의 교환이론과 애덤 스미스의 고전 경제학의 관점에서 볼 때, 중국 근대 인맥 제도에서 인정의 핵심적 의미는 교환과 결집이다. 요컨대 교환 때문에 모일 수 있는 것이다. 교환이 이루어지지 않는다면 관계와 인맥이 결부되지도 못할 것이다.

인정의 정情이라는 글자는 변치 않는 애정(어떤 사람들에게는 있고 어떤 사람들에게는 없을 수도 있지만 이것은 중요하지 않음)이 아니라 결집, 공동체 의식, 결속을 의미하는 허구의 '정'이다. 인정은 감정에서 발원했다기보다 세정이나 민정, 시세에서 발원했다고 보아야 한다. 즉, 인정은 처세의 규정이자 격식인 것이다.

현대에 들어 대부분의 사람은 은혜를 베풀긴 하지만 애정과는 무관하다. 공리주의적인 냉담한 태도와 계산으로 그저 일을 처리해줄 따름이고 받은 만큼 갚으면 그만인데, 일이 처리되고 나서 사례비를 주거나 잠시 시차를 두었다가 나중에 갚는다.

생활 속의 인정은 기본적인 법칙이 있다. 바로 신세를 졌으면 갚아야 한다는 것이다. 기타 훨씬 복잡한 유형, 예컨대 의리를 다하고, 일부러 선심을 쓰고, 청탁을 넣는 것 등도 모두 '주고받는' 것에 포함된다. 즉, 인정의 기본 원칙을 주고받는 것이라고 결론 내릴 수 있는데, 가장 흔히 볼 수 있는 예는 갑이 을에게 선물을 주면 을이 갑을 대신해 일을 처리해주는 경우다. 이 간단한 패턴은 인정의 근본적인 비밀을 내포하고 있다.

인정은 이익의 교환을 요구하며, 그 자체가 교환 매체가 된다. 도움, 관심, 특혜, 금전, 뒷거래, 특권 등 여러 유형의 이익을 마음속으로 환산해 복잡한 방식으로 주고받을 수 있는 것은 바로 인정 제도 때문이다. 이익을 얻거나 신세를 진 후에는 인정으로 환산해 다른 방식으로 이익이나 은혜를 베풀어 빚을 상환해야 한다. 인정을 주고받는 과정에서 궁극적으로 추구해야 할 점은 인정 평가에 관해 두 사람의 의견이 일치해 묵계가 이루어지는 것이다. 평가가 일치하지 않는다면 관계가 소원해지거나 결별을 하게 될 것이기 때문이다.

4. 인정이라는 두 글자에 담긴 여러 의미

사람들은 거의 매일 인정을 주고받으며 생활한다. 인정은 풍속이나 관행에서 유래했지만 학술적인 연구가 없기 때문에 사적이면서도 모호한 성격을 띠고 있다. 인정이라는 두 글자는 논리학상의 동일률을 위배하지 않으면서도 때에 따라 여러 의미를 지닌다.

가장 흔한 인정은 선물이다

인정을 베푸는 가장 흔한 방법은 '예물禮物'을 주는 것이다. 예물에 포함될 수 있는 것은 돈이나 물건인데, 적어도 가치 있는 물품이어야 한다는 전제가 따른다. 그 가치란 관념적인 것일 수도 있고, 실용적인 것일 수도 있다. 관념적인 것은 정신적인 가치에 호소하는 것으로, 기념품이나 개인적 기호 등이다. 실용적인 것에는 금품 등이 있다. 예물이라는 명칭은 예禮라는 글자에서 추측할 수 있듯이 주나라의 예법禮法에서 유래했다. 상고시대의 예는 모든 제도를 포괄했다. 이를테면 현대의 헌법을 초월해 법률, 윤리, 종교 등을 종합한 의미가 예라는 말에 담겨 있었던 것이다.

금품이 아닌 인정도 있다

인정은 때로 금품이 아닐 수도 있다. 이를테면 구명, 찬조, 보살핌, 도움, 지원, 변통, 특혜 등과 같은 전형적인 인정은 물질이 아니다. 이 가운데 일부는 돈으로 환산할 수 있지만 일부는 환산할 수 없다.

인정에는 애매한 정이 포함되어 있다

21세기 이후, 시장경제의 충격으로 인정은 철저하게 변질되었고, 점차 거래 시장과 뒤섞였다. 그러나 전통적으로 인정에는 정이 내포되어 있다. 예컨대, 생명을 구해준 은혜, 남을 도운 선행, 보답하고자 하는 마음, 충심으로 감사하는 마음 등에서 도움을 제외하면 정이 남는다. 인정을 인정이라고 부르는 이유는 전통적인 인정에 '정情'과 '의義'가 포함되어 있기 때문이다. 전통적인 인정은 '이利'로써 의를 이끄는 이원적 구조였다. 이 정이 진심인지 거짓인지 예교 문화에서는 결코 중요시하지 않았다. 일종의 격식으로, 진짜일 수도 있고 가짜일 수도 있지만 성의를 표시하기만 하면 그만이었다. 인정이 강호의 헌법이고, 강호가 부패하고 타락한 예교인 이상, 인정은 예교의 영향을 받을 수밖에 없다.

인정은 의리를 중시하는 마음에서 시작된다. 특히 친구들 사이에서는 더더욱 그렇다. 그런데 신세를 졌으면 상대가 보답을 바라지 않더라도 규정상 보답해야 한다. 보답할 때에는 받은 만큼 돌려줘야 한다. 재물은 재물로, 정은 정으로 보답해야 한다. 만약 모두 재물에만 눈이 어두워 도움을 주고받은 사람들이 푼돈까지도 꼼꼼하게 따진다면 인정의 배후에 마땅히 있어야 할 정을 찾아볼 수 없을 것이다.

인정은 집단이 아닌 두 사람 사이에 오가는 것이다

인정은 두 사람이 주고받는 것이다. 만약 두 사람이 아닌 단체나 사회와 관련된 일이라면 인정의 문제가 아니라 경제체제의 문제이고, 사회 협력이나 분배의 문제가 될 것이다. 인정과 사적인 관계망은 상호 의존적 관계에 있다. 인정은 두 사람이 이익을 주고받으면서 형성된 관계망의 메커니즘인 동시에 허구의 가치 체계다.

인정을 언급하려면 교환을 이야기해야 한다

민간 사회에서는 교환과 협력이 필요한데, 이것이 인정의 토대가 된다. 다시 말해서 인정은 사회 교환이라는 거대한 시스템의 일환이다. 모든 인정은 양방향으로 작동한다. 가령 한 방향(갑→을)에서 인정이 발동했다면, 시차를 두고 반대 방향(을→갑)에서 인정이 발동한다. 인정의 상호 작용적 성격은 뉴턴의 운동 법칙 가운데 제3법칙인 '작용 반작용의 법칙'과 유사하다. 오는 정이 있으면 가는 정도 있어야 하는 게 인정의 규칙이다.

한 사람이 인정을 베풀었다는 것은 상대방이 인정을 빚지기 시작했음을 의미하는데, 이 두 가지 일은 동시에 일어난다. 신세를 졌으면 신세를 갚아야 하는 게 인지상정이지만, 인정의 규칙에 따라 갚을 때는 받은 것보다 더 많이 돌려줘야 한다(공자는 '한 방울의 은혜를 샘으로 보답하라'고 말한 바 있음). 빚진 것보다 더 많이 갚아야 거꾸로 상대방이 채무를 지기 때문이다. 이와 같이 빚지고 갚는 일이 반복되면서 관계는 더욱 긴밀해지고 안정된다.

교환은 인정 운용의 내재적 특징이지만 인정의 교환과 시장 거래는 근본적으로 차이가 있다. 인정의 빚을 갚을 때에는 시차를 두어야 하고, 채무를 청산해서는 안 된다.

이 두 가지 요소가 거래의 단절을 막아주고, 사적인 관계를 유지시켜준다. 거래가 단절되면 두 사람은 아무런 관련 없는 사이가 되기 때문에 더 이상 관계를 유지할 수 없다. 그러므로 두 사람의 관계가 돈독해지려면 수시로 인정을 주고받아야 한다. 시차를 두거나 청산하지 않는 것은 게임의 결과 굳어진 관행이자 교묘한 계책이다. 만약 이 두 가지 규칙을 준수하지 않는다면 인정은 인정이 아니라 장사가 되고, 매매가 될 것이다.

인정 자체는 교환 매개체다

인정은 물질도 아니고, 돈도 아니다. 그것은 습속규범과 개인에 의해 묵인된 가상의 가치이자 심리적인 평가치다. 인정은 물질이 아니라 마음에 있는 것으로, 관념적인 가격 체계라 할 수 있다. 인정은 화폐처럼 종이나 금속에 액면 가격이 표시되어 있는 게 아니라 제도로 그 공신력을 보장받는다.

화폐와 인정의 차이점이라면, 매번 인정의 가치는 두 사람 가치관의 공약수(공통부분)에 근거해 평가된다는 것이다. 두 사람의 어림짐작이 비슷하지 않더라도 문제 될 건 없다. 이 역시 정상적인 현상이기 때문이다. '인연이 있으면 천 리 밖에 있어도 만날 수 있지만, 인연이 없으면 지척에 있더라도 만나지 못한다'는 말도 있듯이 마음이 맞으면 상종하고 맞지 않으면 헤어지면 그만이다. 인정은 자연적인 방식으로 사적인 관계를 유지하는 것이지 결코 외부의 압력을 받지 않는다.

인정은 또한 교환 매체이기도 하다. 교환 매체로서 인정은 시장의 화폐와 유사한 역할을 한다. 매매하고, 배달하고, 출고하고, 소비하고, 외상 거래를 하고, 빚을 갚는 등 시장의 모든 상행위에는 화폐가 필요하다. 화폐는 시장 거래의 매개체이자 상품 가치의 척도다. 마찬가지로 인정 교환의 형태도 물건, 은혜, 도움, 지원, 봉사, 보살핌, 특혜 등 상품의 종류만큼이나 다양하다. 요컨대 화폐가 시장 거래에서 매개체 역할을 한다면, 인정은 관계망 속에서 이익을 교환하는 매개체 역할을 한다.

인정은 매개체로서 관계망 안에서 가치를 전환하고 흐르도록 한다. 이를테면 은혜가 선물로 바뀌거나 서비스가 권력으로 바뀌거나 권력이 돈으로 바뀌는 경우다. 인정의 장(관계망)에서도 큰 시장에서처럼 개인이 각자 필요한 만큼 취할 수 있고, 상호 교환도 이루어진다. 바로 그곳에서 인정은 매개 역할을 하고, 인정의 제도는 감시·제어 역할을 하는 것이다.

요컨대 인정에 내포된 의미를 정확하게 이해하려면 이상의 여섯 가지를 비교·분석해보아야 한다. 인정은 강호 사회를 배경으로 하고, 사적인 관계에 기초를 두고 있으며, 관행에 따라 이익을 교환하는 매개체다. 넓은 의미에서 인정은 거래 관행을 가리킨다고 볼 수 있다.

5. 인정이라는 명칭의 유래

사적을 훑어보면 오늘날 인정의 개념이 예로부터 존재했던 게 아니라 대략 청대 초기에 출현했다는 것을 알 수 있다. 당·송대 이전에도 인정이라는 단어를 사용했지만 의미가 달랐다. 역사책을 살펴보니 명대 이전의 인정은 대개 민심이나 세정世情의 의미로 쓰였다.

송대에 편찬된 설화집『태평광기』의「주 목왕周穆王」에는 이런 구절이 있다. "그러나 이들이 비록 죽지 않고 오래 살았지만, 인정을 버리고 영락塵樂을 멀리하여, 마치 참새가 변하여 대합이 되고 꿩이 조개가 되는 것만큼이나 그 본래의 진면모를 잃어버리고 기이한 기운을 지키고 있으니……." 여기서 말하는 인정은 인지상정을 의미해 오늘날 인정의 의미와 거리가 멀다.

또한 명대 홍무洪武 원년에 편찬된『원사元史』「장기암張起岩」에는, "장기암이 말했다. '지금 군왕께서 아직 즉위하지 않아 인정이 불안합니다. 빨리 이 사람을 죽여 간사한 계략을 막지 않으면 대사를 그르칠 것입니다'"라고 기록되어 있다. 여기서 인정은 민심, 정세를 의미하므로 앞에서 말한 인지상정의 인정과는 차이가 있다. 이 밖에도『원사』「반신叛臣 이연李鋋」에는 "이 지경이 되자, 인정이 분산되어 연鋋이 막을 수가 없었다. 열 명, 백 명씩 떼지어 줄을 타고 궁성을 넘어 탈출하였다"고 기록되어 있다. 여기서 말하는 인정은 여전히 인심, 정세를 의미한다.

그리고『원사』「간신」에는 "세영世榮이 애초에 재부財賦를 담당하였는데, 당시 백성들의 인정을 미리 예측할 수가 없으므로 별도의 방책을 마련하여 나라의 재용을 늘려야 한다고 말했다"라고 기록되어 있다. 여기서 말하는 인정의 의미 역시 앞에서 얘기한 바와 같다.『원사』에는 인정이라는 말이 모두 여섯 번 등장한다. 그러나 민심이나 정세의 뜻으로 쓰여 오늘날의 인정과는 관계가 없다.

역대 문헌을 살펴본 결과, 인정의 의미가 예로부터 지금까지 총 세 번

바뀌었다는 것을 알 수 있었다. 상고, 중고, 근대를 경계로 인정의 의미가 각기 달랐다. 위·진시대 이전에는 사람의 감정을 뜻했다. 예를 들어, 『예기』「예운禮運」에는 "인정이란 무엇인가? 기쁘고 성내고 슬프고 두려워하고 사랑하며 미워하고자 하는 일곱 가지 정은 배우지 않아도 능하다"라는 구절이 있다. 당·송대에 인정은 주로 민심, 정세, 세정을 의미했다. 청대에 들어서면서 인정은 정, 사회적 지위, 이익 거래를 망라하는 새로운 의미로 쓰였다. 이를 통해 특수한 거래 제도가 점차 형성되었음을 유추할 수 있다. 이것은 인류 역사상 매우 독특한 현상이다. 인류 어느 문명에서나 인정의 현상은 나타나지만 인정이 체계적인 관행 제도로, 심지어 민간 사회 운영의 버팀목으로 발전한 것은 근대 중국이 처음이었다.

그렇다면 근대 이후의 인정 개념은 구체적으로 언제 나타난 것일까? 고전 문헌을 살펴본 결과, 현재 유행하는 인정의 개념이 명대 중기 이후 구어, 백화문학에서 유래했다는 것을 알 수 있었다.

먼저 관찬 사서를 보자. 문어문을 기초로 한 관찬 사서 가운데에서는 청대나 중화민국 초기까지도 현대의 인정과 비슷한 개념을 찾아볼 수 없었다. 청대 초기 순치順治 연간에 편찬된 『명사明史』 가운데 46편에 인정이라는 말이 등장하지만 모두 인심, 정세의 의미로 쓰였다. 중화민국 초기에 커사오민柯劭忞이 총괄 편찬한 『청사고淸史稿』「지志」 83 〈문과 무과〉에도 '왕도는 본래 인정이도다'라는 문구가 있지만 민심, 인지상정의 의미로 쓰였다. 따라서 민심, 인지상정이 인정의 전통적인 의미, 즉 중고사中古史 이전의 의미라는 점을 확신할 수 있다.

구비문학을 살펴보면, 명대에 대거 쏟아져나온 백화소설에 오늘날의 개념과 유사한 인정이 최초로 등장했다. 원말 명초의 작가 시내암이 지은 『수호전』 제7회 「임교두林敎頭가 창주滄州로 귀양 가고 노지심魯智深이야저림野猪林에서 소동을 일으키다」에는 다음과 같은 문구가 있다. "설패薛覇가 말했다. '자네 여러 말 할 것 없이 나랑 나누세. 인정을 베풀면 나중에라도 우리의 뒤를 봐줄 걸세.'" 여기에서 말하는 인정은 오늘날의 의미와 완전히 일치한다. 하지만 『수호전』의 총 120회 가운데 제7회에서만 인정이라는 말이 보일 뿐 기타의 장과 절에는 보이지 않는다. 이 책에는 인정과 이익을 주고받는 내용은 많지만 인정이라는 말은 단 한 번 사용되었을 뿐이며 알맞게 쓰인 것도 아니다. 추측해보건대, 그 당시 인정의 관념이 싹트기 시작했던 것 같다.

명대 중·후기에 석옥곤石玉昆이 저술한 『삼협오의三俠五義』에는 인정이라는 말이 세 차례 언급되어 있다. 아쉬운 대로 인정이라는 단어가 정식으로 사용되기 시작했다고 말할 수 있겠다. 제15회 「방욱龐昱의 목을 베어 처음으로 용두찰(龍頭鍘: 왕공귀족을 참수하는 데 사용된 작두—옮긴이)을 시험해보고 국모를 만나 밤에 천제묘天齊廟에서 묵다」에는 "사람이 있을 땐 인연이 있어도 죽으면 인연이 끊긴다"는 구절이 있다.

청대의 소설을 보면 인정이라는 단어가 일상용어로 쓰였음을 알 수 있다. 청대 초기의 소설 『유림외사儒林外史』에는 인정이라는 말이 자주 등장한다. 전권에 다섯 차례 나오는데, 제27회의 '부조금'이라는 의미가 가장 대표적이다. "귀歸 서방도 와서 인정을 행하여 부조를 하였다." 오늘날의 갹추렴 풍속의 초기 모습이라 하겠다. 이처럼 돈을 추렴하는 풍속은 당시에 이미 존재하고 있었다. 청대 중기 이후 인정이라는 단어는 상류사회에서 쓰이기 시작했다. 이를테면 조설근曹雪芹이 저술한 『홍루몽』 제55회 「딸을 욕하는 조이랑 미련한 소실은 제 자식을 욕하며 다투고 간교한 시녀는 어린 주인 얕보고 비웃네」에는 "탐춘探春이 눈물 자국을 닦아내며 서둘러 말했다. '……네 상전은 정말 약삭빠르단 말이지. ……마님의 돈으로 즐겁게 인정을 베푸는구나'"라는 구절이 보인다. 또 제4회 「기구한 여인이 하필이면 기구한 사내를 만나고 호로묘의 중이 되는대로 엉터리 판결을 내리다」에는 "나리께서는 어째서 때를 기다리시지 않습니까? 인 정을 베풀어 이 사건을 종결하시면 뒷날 가 씨 집안과 왕 씨 집안을 대하 기가 좋지 않겠습니까?"라는 구절이 있다. 인정이라는 단어가 강호의 평 민들 사이에서만 통용되었던 게 아니라 상류사회에서도 오늘날과 같은 의미로 사용되었음을 짐작할 수 있다.

문헌 사료를 분석한 결과, 인정의 개념이 싹트고 발전한 과정이 명·청 양대 강호 사회의 흥기·발전과 일치한다는 점을 알 수 있었다. 인정이 강호를 싹트게 했는지 강호가 인정을 싹트게 했는지는 단언할 수 없으나 둘의 발생 시기가 일치하고 상관성이 높다는 점은 확언할 수 있다.

강호는 인정의 관행을 차용하고 받아들였으며 인정은 강호를 성숙하 게 했다. 시간상으로는 강호의 출현이 인정의 관행을 수반했다고 볼 수 있다. 설사 강호가 인정의 개념을 싹트게 한 게 아니라 하더라도 그것을 더욱 발전시켜 성숙한 관행 제도로 거듭나게 한 것만은 분명하다. 강호 가 아니었다면 인정이라는 단어가 그처럼 자주 사용되지 않았을 것이다.

6. 비공식 규칙을 내포한 오래된 말들

인정을 깊이 이해하려면 무엇보다 인정의 언어 환경에 빠져들어야 한 다. 그러기 위해서는 인정과 관련된 오래된 말들부터 살펴볼 필요가 있 다. 그 오래된 말들에 인정의 고전적 의미가 담겨 있기 때문이다. 하지만 표면적인 뜻만 살펴서는 소용없고 이면의 비공식 규칙, 즉 종래의 규정과 결부시켜 생각해보아야 한다. 여기에서는 두 단계로 나누어 먼저 인정과 관련된 오래된 말들을 살펴본 뒤 비공식 규칙을 언급할까 한다.

가장 자주 사용하는, 인정과 관련된 말들은 대개 다음과 같다. 은혜를 베풀다, 인정을 중시하다, 인정에 매달리다, 은혜를 갚다, 은혜를 입다, 인심을 쓰다, 인정을 남겨두다, 인정에 호소하다. 이 말들의 핵심은 은혜, 인심, 인정이라는 공통된 목적어를 제외한 나머지, 즉 베풀다, 중시하다, 매달리다, 갚다, 입다, 쓰다, 남겨두다, 호소하다 등의 술어다. 따라서 술어를 중심으로 인정과 관련된 오래된 말들의 의미를 살펴본다.

(은혜를) 베풀다 — 인정을 베풀어 인정의 채권을 획득한 상태를 말한다. 타인에게 술 한 병이나 좋은 물건을 선물했다면 상대는 기쁜 나머지 당신을 칭찬할 것이다. 이것으로 당신과 상대방 사이에 인정의 채권·채무 관계가 형성되어 채권자인 당신은 채무자인 상대를 구속할 수 있다. 훗날 상대에게 부탁할 일이 생기면, 전전긍긍하며 사정하거나 선물을 줄 필요 없이 능동적이면서도 편리하게 그를 부릴 수 있을 것이다.

(인정을) 중시하다 — 인정을 중시한다는 말은 인정의 규칙으로 문제를 해결하는 것을 중시하고, 대인 관계에서 인정의 주고받음과 이익의 균형을 중시한다는 의미다. 분명한 점은 인정을 중시하는 사람과 사귀어야만 인정의 게임을 할 수 있으며 사적인 관계를 발전시킬 수 있다는 것이다. 인정을 중시하지 않는다는 말은 사적인 관계에 개의치 않는다는 말과도 같다.

(인정에) 매달리다 — '사정하다', '통사정하다'라는 의미다. 인정에 매달린다는 말은 남에게 도움을 요청한 후에 인정의 방식으로 사례하는 것을 뜻한다. '인정의 방식으로'라는 말이 대단히 중요하다. 인정의 방식이

강호 중국

인정의 규칙을 의미하기 때문이다. 인정에 매달린다는 말의 요점은 인정의 규정에 따라 사례하는 것이다. 사례의 내용은 인정의 규칙에 부합하기만 하면 된다. 20세기 이후 일반인이 사례하는 주된 방식은 선물을 주는 것이었고, 관료 사회의 주된 사례 방식은 뇌물을 주는 것이었다. 선물 대신 도움을 주거나 은혜를 베푸는 방법도 있다. 오늘 그가 나를 도우면 나중에 내가 그를 도울 것이다.

(은혜를) 갚다 — '사례하다'에서 '보답하다'라는 말이 파생되었고, 보답하는 것이 곧 사례하는 것을 의미한다. 신세를 갚는 이유는 다른 사람에게 신세 진 적이 있거나 선물을 받은 적이 있기 때문이다. 그러므로 거래의 규칙에 따라 반드시 보답해야 하는데, 상환 방식에는 규정이 있다. 우선 빚을 얼마나 졌는지 따져본 뒤 빚진 것보다 더 많이 갚아야 한다. '되로 받고 말로 주는' 이 원칙은 뒤에서 자세히 언급하도록 하겠다.

(은혜를) 입다 — 인정의 채무를 진 상태를 말한다. 타인의 도움을 받았거나 신세 진 적이 있어 인정의 손익 계산서상 채무 적자가 난 경우다. 남에게 신세를 지면 부정적 심리 상태에 놓인다. 이처럼 마음이 편치 않은 까닭에 기회를 보아 어떻게든 신세를 갚으려 하는 것이다.

(인심을) 쓰다 — 인심을 쓰는 것은 인정을 베푸는 속물적 게임 방식이다. 속물적이라고 말하는 이유는 행패를 부리기 때문이다. 인정의 규칙을 신봉하지는 않으면서 기존 규칙을 지키고자 하는 상대방의 마음을 이용하는 것이다.

소위 인심을 쓰는 것은 의리(자발적인 의무 원칙)를 믿지 않으면서 보답을 요구하는 것을 말한다. 의리를 중시하는 척하면서 상대가 다급하게 필요로 하는 것을 선사해 나중에 상대가 은혜를 갚을 때 자신이 원하던 것을 손에 넣는 것이다. 상대를 함정에 빠뜨리는, 가짜 인정을 베푸는 것이 바로 인심을 쓰는 것이다.

(인정을) 남겨두다 ― '인정을 남겨두다'라는 말은 '인심을 쓰다'와 서로 뜻이 통한다. 갑의 도움을 받은 을이 은혜를 갚고자 갑에게 한턱내려고 했지만 별로 내키지 않았던 갑이 나중에 먹자고 말했다면, 이것은 인정을 남겨두는 것이다. 인정을 남겨두는 것은 빚을 청산하는 게 아니라 외상으로 샀다가 나중에 갚는 것이다. 그 효과는 인심을 쓰는 것과 비슷하지만 인심을 쓰는 것처럼 고의적이거나 이해타산에 밝은 것은 아니다. 인정을 남겨두는 것은 수동적인 반면에 인심을 쓰는 것은 능동적이다.

(인정에) 호소하다 ― '인정에 매달리다'와 의미가 상통하지만 행위에 차이가 있다. 남에게 아쉬운 소리를 하다, 이리저리 부탁한다는 의미로, 이 사람 저 사람 전전하며 사정하는 것을 일컫는다.

7. 인정의 규칙

앞에서 살펴본 인정과 관련된 오래된 말들에는 인정의 특성이 집약되어 있기 때문에 인정의 언어 환경에 쉽게 빠져들 수 있다. 그러나 그것들은 그저 상징적인 요소일 뿐 인정의 정수를 반영하기에는 역부족이다.

그렇다면 인정의 정수란 무엇일까? 인정 운용의 법칙이자 비공식적인 '제도'이며 강호의 규칙이라고 할 수 있다. 수백 년 동안 발전해온 종래의 규정에 인정의 핵심이 있기 때문에 인정을 중시하려면 종래의 규정에 따라야 한다. 종래의 규정이란 뭇사람들이 이익 게임을 한 결과 자연적으로 형성된 것으로, 학술 용어로는 관습법이라고 부른다. 모든 규정은 게임의 균형과 관련되어 있기 때문에 규칙을 어기는 것은 이익의 균형을 깨는 것과도 같다. 일단의 사람들이 규칙을 통해 인맥을 형성해 비로소 강호의 질서가 확립된 것이므로 관습법은 강호 질서의 비공식적인 제도라고 볼 수 있다.

강호 사회가 성장하는 동안 인정은 강호 인맥에 의해 헌법과 비슷한 위치에까지 올랐다. 인정이 강호 사회에서 사적인 관계망의 유지와 결집, 개인 간 이익 교환과 이익의 균형이라는 두 가지 기본적인 기능을 수행했기 때문이다.

의리를 중시하라, 오는 정이 있으면 가는 정이 있다, 되로 받고 말로 줘라, 시차를 두고 주고받아라, 채권을 쟁취하라, 빚 청산은 금물이다라는 여섯 가지 기본적인 인정의 규칙은 예외없이 이 두 가지 기본적인 기능을 충실히 따른다. 하지만 인정의 규칙이 보편적인 진리는 결코 아니다. 그 적용 범위는 인맥에만 국한된다.

의리를 중시하라

사람 된 도리를 다하려면 의리를 중시해야 한다. 의리는 인맥에서 특히 우러러 받드는 가치다. 만약 어떤 사람과 교제할 가치가 있다고 생각한다면 그에게 의무를 다하고, 은혜를 베풀되 득실은 따지지 말아야 한다.

강호의 의리는 선행을 하고 은혜를 베푸는 것을 우선시한다. 이처럼 '부지런히 일할 뿐 성과를 따지지 않는' 헌신적인 정신은 유가의 의무 윤리에서 기원했는데, 강호의 제도는 바로 이 유가를 계승했다.

의무의 윤리는 유교의 가장 근본적인 특징으로, 공자가 살았던 시대부터 2천여 년의 역사를 갖고 있다. 강호의 인정은 유교의 가치를 물려받은 것에 불과하다. 후後유교이거나 타락한 유교라고 볼 수 있는 강호는 유교의 수많은 중요한 규칙을 계승했다. 강호에서 유교의 의무 윤리는 '의리'로 변했고, 옛날 선비들의 도리는 강호의 의리로 변질되었다. 따라서 의리는 통속화·대중화·강호화된 의무 윤리라고 볼 수 있다.

실생활에서 의리를 중시하는 가장 흔한 예는 여럿이 식사를 한 후에 서로 계산하려고 하는 모습에서 찾을 수 있다. 그것이 진심인지 거짓인지는 알 수 없지만, 어쨌거나 의무를 다하려는 행동이라고 볼 수 있다.

오는 정이 있으면 가는 정이 있다

공자는 "받기만 하고 주지 않으면 예의에 어긋난다"고 말한 바 있다. 이 말은 '오가는 규정'의 정신적인 원천이 되었을 뿐 아니라 교제에서 보편적으로 적용되는 규범이 되어왔다. 신세를 갚아야 할 때 보통 사람들은 대개 '받기만 하고 주지 않으면 예의에 어긋난다'는 말을 되뇌면서 심적 부담을 느낀다.

오가는 인정은 두 사람 거래의 쌍방향성과 이익의 균형을 보장해준다. 갑이 '주는 것'은 적극적인 의무로서 을에게 이익을 주고 은혜를 베푸는 행위에 해당한다. 그렇다면 공평한 제도에서 갑의 이익은 누가 보장해줄 것인가? 오가는 규정에 따라 을의 '소극적인 의무'가 보장해주어야 한다. 이는 두 사람의 관계에 한해서만 적용된다. 두 사람의 관계는 전통 사회의 가장 기본적인 관계이자 모든 인간관계의 시작이며, 두 사람의 관계가 있어야만 여러 사람의 관계가 있을 수 있다. 두 사람의 권리와 의무는 쌍방향의 의무를 통해서 비로소 균형을 이룬다.

오가는 규칙을 심도 있게 분석해보면, 현대 법률제도와 큰 차이가 있다. 현대 법률제도에서는 교환하는 두 국민 사이에 권리와 의무의 균형이 동시에 이루어져야 한다는 점을 강조한다. 시차를 두고 두 사람의 상

   강호 중국

호 작용이 서서히 균형을 이루는 것과는 차이가 있다. 현대 법률은 개인의 가치에 기반을 두기 때문에 개인을 근본으로 삼고, 개인에게 의지한다. 반면에 인정의 규정은 두 사람의 상호 작용에 기반을 두고 있으며, 쌍방향의 의무를 통해 양쪽의 이익이 균형을 이루는 것을 강조한다.

현대 법률과 인정의 규정은 완전히 다르기 때문에 그 자체를 비난할수는 없다. 특히 현대 제도의 입장에서 쌍방향성 인정의 균형 메커니즘을 독단적으로 부정해서는 안 된다. 왜냐하면 제각기 다른 역할이 있고, 서비스 대상도 각기 다르기 때문이다. 인정의 균형을 이루는 방법은 상호 작용으로, 권리의 균형을 보장해줄 뿐 아니라 인간관계를 보다 긴밀하게 만들고, 집단의 결집을 강화하며, 협력을 증진시키는 장점이 있다.

되로 받고 말로 줘라

신세를 갚을 때에는 받은 만큼 돌려주거나 받은 것 이상으로 돌려주어야 한다. '되로 받고 말로 줘라'는 규칙에 따라, 정이 담긴 인정에는 가능한 한 '받은 것 이상으로 돌려주어야' 한다. 보답할 때에는 가격과 방식도 선택해야 한다. 어떤 방식으로 보답할 것인가? 어느 정도로 보답할 것인가? 어떻게 해야 사리에 맞을까? 빚진 만큼 갚아야 할까, 그보다 더 적게 또는 더 많이 갚아야 할까?

만약 신세 진 것에 비해 보답이 적다면 객관적인 관점에서 상대방이 손해를 본 것이다. 대수롭지 않은 일일 수도 있지만 사적인 관계의 전체적 이익 균형이 무너질 수도 있다. 일단 균형을 잃으면 상대는 분명 당신을 인색하다고 여기면서 더 이상 교제하려 들지 않을 것이다. 그러므로 '받은 것보다 적게 주는 것'은 통하지 않는다.

'받은 것 이상'으로 보답한 뒤에 남는 문제는 평가 기준에 관한 것이다. 당신은 받은 것 이상으로 갚았다고 생각하지만 상대방이 그렇게 여기지 않으면 소용없는 일이다. 이 문제는 쌍방의 평가 기준 차이와 관련이 있다. 어떤 일을 남에게 부탁했을 경우, 찻잎 한 상자나 과일 조금이면 사의를 표하기에 족하다고 생각하겠지만 상대방이 일을 처리하는 과정에서 겪은 고생이나 수고에 모자랄 수도 있다. 만약 일 처리 비용이 많이 들었다면 찻잎이나 과일 선물을 불쾌하게 느낄 것이다.

평가가 힘든 이유는 돈뿐 아니라 도움, 지원, 보살핌, 뒷거래 등도 인정에 포함되기 때문이다. 오가는 여러 종류의 인정을 상호 환산하는 것은 어려운 일일 뿐 아니라 개중에는 환산이 불가능한 것도 있다. 정과 뒷거래가 그렇다. 뒷거래는 값이 정해져 있지만 정은 값을 매길 수 없기 때문에 환산하기 곤란하고, 쉽게 오해가 생겨 갈등을 일으킬 수 있다.

시차를 두고 주고받아라

을과 잘 아는 사이인 갑은 을의 사무실에 찾아가 일 하나를 처리해달라고 부탁했다. 일이 처리되자 갑은 즉시 돈을 지불하며 사례하고자 했지만 을은 '우리가 남이냐'면서 갑을 나무랐다. 그래도 갑이 사례를 하려하자 을은 불같이 화를 냈다. 사례를 해야 했을까, 하지 말아야 했을까? 당연히 해야 했다. 단지 그 시기가 문제였을 뿐이다.

신세를 갚을 때는 받은 것보다 많이 갚는 것도 중요하지만 그 시기도 중요하다. 구체적으로 말하자면 신세 갚는 시기를 조절해야 한다. 특히 차일피일 신세 갚기를 미루어서는 안 된다. 상대방이 배은망덕하다고 오해할 수 있기 때문이다. 배은망덕한 사람, 즉 규칙을 지키지 않는 사람과는 그 누구도 게임을 하려 들지 않을 것이다. 하지만 곧바로 신세를 갚아서도 안 된다. 즉시 상환하는 것은 시장 거래와 별반 다를 게 없기 때문

 　　　　　　　　　　　　　　　　　　　　　　　　　강호 중국

이다. 인정의 기능이 관계에 호소하고 관계를 맺는 것이니만큼 곧바로 신세를 갚아서는 안 된다.

시차는 일종의 관행 규약이다. 신세를 갚는 것은 신세를 진 후의 일로, 이때 시차는 너무 길어서도 너무 짧아서도 안 된다. 시차를 두는 것은 신세 갚기를 원치 않아서가 아니라 상대방의 정을 받아들이고 확인할 시간을 남겨놓기 위해서다. 어떤 의미에서 보면, 상대방의 은혜를 마음속 깊이 새겨두는 것이 빚을 갚는 것보다 훨씬 중요할 수 있다. 빚을 갚는 것은 이익의 균형과 관계있지만, 마음속 깊이 새기는 것은 인간관계의 유지와 관계있다. 그러므로 인정은 사적인 관계를 유지하며 뻔질나게 왕래하면서 꾸물대는 경향이 있다. 당사자가 어리석기 때문이 아니라 알고 있으면서도 모르는 척하기 때문이다.

시차 조절을 통해 한 사람이 세상 물정을 어느 정도나 아는지 판단할 수 있다. 신세를 갚으려면 빨리 갚되 즉시 갚아서는 안 되며 차일피일 미루어서도 안 된다.

인정의 규칙이 지배하는 환경에서 신세 갚기를 미루는 것은 심리적 안정에 도움이 되지 않을 뿐 아니라 자신의 평판에도 불리하다. 인정을 용납하는 사람이라면, 사적인 관계에 의존하는 사람이라면, 평판에 신경을 쓰는 사람이라면 서둘러 인정의 부채를 갚아야 한다. 상대방을 안심시키기 위해 마주칠 때마다 고맙다는 말을 전하는 것도 한 방법이다. 그럼에도 계속 신세 갚기를 미루는 사람은 애초부터 빚 갚을 생각이 없었던 파렴치한이다. 이런 사람은 안정적인 인간관계를 유지하기 어렵다.

채권을 쟁취하라

세상 물정에 밝은 일부 중년이나 노인들은 처음에는 매우 상냥하고 자상한 것처럼 보이지만 시간이 지나면서 진면목을 드러내는 경우가 있다. 남을 도울 때마다 숨겨진 의도가 있지만 그것을 즉시 드러내지는 않는다. 이해타산에 밝은 수완이라고 볼 수 있는 이러한 행동의 목적은 타인을 통제하기 위해서다.

의리를 중시하는 규정이 나쁜 쪽으로 발전하면 속물적이고, 노련하고, 악랄하게 변해 거짓으로 의리를 중시하면서 남에게 먼저 인정을 베풀려고 기를 쓰게 된다. 은혜를 베풀면 규칙을 이용해 타인을 부려 자신의 욕구를 만족시킬 수 있을 뿐 아니라 좋은 평판도 얻을 수 있다.

채권자는 타인과의 관계에서 주동적인 역할을 할 수 있고, 의리 있는 사람이라는 평판을 얻을 수 있으며, 상대방(채무자)을 감동시켜 존경을 얻을 수 있을 뿐 아니라 체면이 서면서 자기만족과 우월감에 빠질 수 있다. 그러므로 인정을 중시하는 분위기에서 채권을 쟁취하는 것은 상당히 중요하다.

의리를 중시하는 것이나 채권을 쟁취하는 것이 겉으로 보기에는 별반 차이가 없는 것 같지만 사실은 가치관에 차이가 있다. 의리를 중시하는 사고방식 이면에는 의무 윤리나 헌신적인 정신이 깔려 있기 때문에 주는 것만 중시하고 받아내려 하지는 않는다. 반면에 채권을 쟁취하는 행위는 겉으로 보기에는 의리인 것 같지만 실제로는 이후 타인을 부리기 위한 수완으로, 의무 윤리보다는 공리주의적 가치관에 가깝다.

빚 청산은 금물이다

또한 인정의 규칙 가운데에는 '빚 청산 금지' 규정이 있다. 인정을 주고받는 과정에서 채무를 깨끗이 청산해서는 안 되고, 상대방의 면전에서 채무를 언급해 그의 체면을 깎아서도 안 된다. 하지만 두 사람이 절교하기로 했으면 빚을 깨끗이 청산해야 한다.

그렇다면 인정의 빚을 청산하지 말아야 하는 이유는 무엇일까? 청산은 곧 절교를 의미하기 때문이다. 가령 깨끗이 은혜를 갚아버리면 그것에 의해 지탱되던 인간관계나 정이 의지할 곳을 잃는다. 바꾸어 말하면 누가 누구에게 빚을 졌든지 두 사람의 관계를 유지시켜주는 것은 바로 부채다. 그러므로 양자가 서로 인정을 빚지는 행위는 사적인 관계를 지속적으로 유지하고자 하는 쌍방의 소망을 반영한 것이다. 이 점이 누가 누구에게 빚을 졌는지보다 훨씬 중요하다.

관계를 훼손시키지 않고 상대방의 오해를 방지하기 위해서는 되도록 인정을 남겨두어야 하고 빚을 깨끗이 청산해서는 안 된다는 것이 규칙이다. 만약 금기를 어기면 상대를 불쾌하게 만들거나 오해를 살 수 있고, 심하면 절교할 수도 있다.

만약 두 사람의 관계가 완전히 끝났다면 결말을 지을 필요가 있는데, 빚 청산이야말로 절교를 선언하기 위한 적당한 의식이다. 채무자가 자신의 채무를 추산한 후 빚진 만큼 돌려주는 것이 가장 이상적이겠으나 분명하게 계산할 수 없는 부분이 있다면 빚진 것보다 더 많이 돌려주는 편이 낫다. 마지막에 "이제 우리 중 누구도 빚지지 않은 거지?"라는 말을 덧붙인다면 손해를 볼망정 절교를 하겠다는 의미다. 이는 과거 중국인들이 흔히 사용한 절교 방식으로 무협 영화에 자주 등장하는 대사이기도 하다.

8. 추렴, 인정 연맹의 배후

추렴이라는 말이 유행한 것은 명대 중기부터다. 추렴이란 각자 돈을 각출해 자금을 모으고, 여러 사람이 지혜와 힘을 모으는 풍조를 이르는 말이다. 탕현조湯顯祖의 『모란정牡丹亭』 33 「비의祕議」에는 "두杜 노인이 가고 나서 부주현府州縣의 백성들을 속여 많은 부조금으로 생사당을 지었다"는 기록이 있다. 도처에서 모금해 사당을 지었는데, 마구 자금을 끌어모으고 제멋대로 할당했다는 의미다.

명말 청초에 추렴은 더욱 유행했다. 예컨대, 오경재吳敬梓의 소설『유림외사儒林外史』에는 '추렴을 내다', '분담금을 할당하다', '추렴하다'라는 말이 전편全篇에 걸쳐 자주 등장한다. 예를 들면, 제27회에 "귀歸 서방도 와서 인정을 행하여 부조를 하였다"는 기록이 보인다. 전편 가운데 10개 장회章回에 '추렴'이라는 말이 나오는데, 어떤 장회에는 네다섯 번 등장하기도 한다.

일반적으로 친구나 동료가 결혼한다는 소식을 들으면 속으로 긴장한다. '아이고, 또 돈 들어갈 일이 생겼구먼. 청첩장이 꼭 벌금 고지서 같네.' 친한 친구의 결혼식이라면 기꺼이 참석하겠지만 만난 적도 없는 친척이나 동창의 동생, 부서의 임시 직원 등 사돈의 팔촌이나 자신과 아무런 관계도 없는 사람의 결혼식은 성가시기 짝이 없다. 하지만 제도적 강제성을 띠고 있는 청첩장의 위력이란 교통경찰이 발부한 범칙금 고지서 못지않다. 청첩장을 받은 사람은 하나같이 서둘러 돈을 각출해야 한다. 이 규칙은 명대부터 시작되어 지금까지 지속되고 있다.

소위 추렴은 지인들이 돈을 모아 어떤 사람에게 축의금이나 축하 선물을 전달하는 것을 말한다. 원래는 혼사에만 국한되지 않고 생일잔치나 백일잔치, 장례식 등의 큰일에도 돈을 추렴할 수 있었다.

추렴을 하는 현상은 동아시아 문화와 밀접하게 관련되어 있으며, 유교의 범가족주의 및 집단적 사회조직 체계와 내재적 관계가 있다. 또한 추렴의 풍속은 중국뿐 아니라 한국과 일본에서도 유행하고 있다.

추렴을 자세히 분석하고, 부조금을 통해 인정의 제도를 이해하기 위해 민난 사람들의 결혼 풍속을 예로 들어보겠다.

각추렴의 순서

남쪽의 소도시에서 결혼식 부조금을 전달하는 절차는 대개 다음과 같다.

첫째, 하객을 정한다. 주인은 친척, 지인, 친구를 포함하는 하객 명단을 작성한다. 명단에 오를 첫 번째 부류는 가까운 친척이다. 주인이 친척을 초대하지 않았거나 초대했는데 오지 않았다면 풍속상 비난을 받는다. 두 번째 부류는 직장 동료다. 근무하고 있는 회사의 규모가 지나치게 크면 친한 동료 위주로 같은 부서의 동료만 초대한다. 그다음에는 동창을 초대한다. 자주 왕래하는 친구들을 비롯해 초등학교, 중·고등학교, 대학교 동창이 여기에 포함된다. 마지막으로 개인의 이력에 따라 전우, 고용원, 고객 등을 초대한다. 이들의 공통점은 모두 얼굴을 맞대고 교제한 적이 있는 제1차 집단이라는 사실이다.

둘째, 청첩장을 보낸다. 명단을 작성했으면 청첩장을 보낸다. 관습에 따라 청첩장을 보내면서 사탕 한 봉지나 과자 등을 동봉해 기쁨을 함께 하자는 뜻을 전하기도 한다. 청첩장에 사탕을 동봉하는 방식으로 주인의 품위와 지위를 과시할 수 있다.

셋째, 부조금을 낸다. 청첩장을 받은 하객은 부조금을 준비하는데, 축의금 봉투에 자신의 이름을 적어 넣는 것이 매우 중요하다. 이름을 적어

넣지 않으면 누가 낸 부조금인지 확인할 길이 없기 때문이다. 쌍방 인정 거래의 일부라고 할 수 있는 축의금에는 모두가 마음을 쓰는 편이다. 예컨대, 푸젠 성 남부에서는 축의금을 전달하는 시간을 엄격하게 제한하지는 않지만 원칙상 결혼식 피로연 이전에 전해야 한다. 결혼식 피로연이 끝난 후에는 거절하고 받지 않을 것이기 때문인데, 주인이 받기 싫어서가 아니라 규정상 받지 않는 것이다. 축의금은 대개 세 시기로 나누어 전달한다. 청첩장을 받는 동시에 그것을 전하러 온 사람 편에 부조금을 딸려 보내는 방식, 결혼식 전에 언제든 전하는 방식, 결혼식 당일 주인에게 직접 건네는 방식이 있다.

넷째, 한데 모은다. 주인은 부조금을 받고 하객은 식사를 하면서 인정의 교환은 잠시 일단락된다. 그러나 일이 완전히 끝났다고 볼 수는 없다. 결혼 축하주를 마신 후에 인정은 더욱 깊어지고, 채무 기록은 쇄신되고, 인정의 대조표도 수정되기 때문이다. 저녁에 주인은 축의금 액수를 일일이 장부에 기록할 것이다. 인정의 장부나 마찬가지인 이 명부에는 금번 인정에 대한 자세한 사항이 적혀 있다. 하객 가운데 누군가에게 경조사가 생기면 이 장부를 참고로 자신도 받은 만큼 부조해야 한다. 시간이 너무 오래 지났다면 물가 변동을 고려해 시세에 따라 액수를 정해야 한다.

인정의 부채를 말끔히 청산하기란 상당히 어려운 일이다. 예전에 장 씨가 이 씨에게 빚진 적이 있고 이 씨도 장 씨에게 빚진 적이 있을 뿐 아니라 누대에 걸쳐 빚을 져왔으며 부조금을 주고받았다면 누가 누구에게 빚졌는지 정확하게 계산할 수 없다. 게다가 두 집안 사이에는 결혼식을 제외한 다른 인정의 거래도 이루어지기 때문에 부조금을 전체 인정의 빚에서 따로 떼어 생각할 수 없다. 사실 장부가 이처럼 뒤죽박죽인 것은 좋은 일이다. 이것은 인정의 체제와 인맥의 체계가 궁극적으로 추구하는

 강호 중국

바로, 어느 틈에 서로 간의 연계를 강화해 사적인 관계를 유지시켜주기 때문이다.

부조금의 생성

부조금 액수는 시세에 따라 변동되고, 물가 및 국민 생활수준과 밀접한 관련이 있다. 민난 지역을 예로 들면, 축의금 총액은 보통 결혼식 비용을 제하고 이익이 약간 남는 정도다. 부조금 액수가 결혼식 피로연 비용에 따라 추산되기 때문이다.

그렇다면 이와 같은 상황에서 어떻게 이윤을 남길 수 있다는 걸까? 소수의 가까운 친척이나 친한 친구가 후의를 베풀어 특별히 시세보다 많은 액수를 부조하기 때문이다. 시세보다 많은 액수의 부조금은 인정의 언어로 보통 이상의 관계라는 것을 의미한다.

각추렴 현상은 지인 시스템 운용의 목표를 반영한다. 주인은 체면을 따져야 하고, 지인은 그를 성원해주어야 한다. 주인이 체면을 차리려면 우선 재력이 있어야 하는데, 만약 주인에게 재력이 부족하다면 인정의 제도를 이용해 융자를 한다. 여러 사람이 자금을 모아 주인을 성원해주는 것으로 상조회와 약간 유사하다. 개별적인 사례만 놓고 보면 주인이 이득을 차지한 것 같지만 누구 집이든 경조사는 있게 마련이므로 황제 노릇은 돌아가면서 할 수 있다.

각추렴해 호화롭게 혼례를 치르는 것에 대해 사람들의 생각은 각기 다르다. 주인 가운데에는 시끌벅적한 것을 좋아하는 사람이 있는가 하면 조용한 걸 좋아하는 사람이 있고, 체면을 중시하는 사람이 있는가 하면 지나치게 신경 쓰는 걸 싫어하는 사람도 있다. 하객 가운데에는 진심으로 축하해주는 사람이 있는가 하면 적당히 해치우고자 하는 사람도 있다. 이처럼 각자의 마음은 다르지만 풍속은 강제성을 띠고 있다.

그런데 현대사회에서는 지인들의 관계가 점차 소원해지고 있으며 인정을 중시하는 풍속도 쇠퇴하고 있다. 이에 따라 망설였다가 대강 예식에 참석하는 하객들의 수가 나날이 늘고 있다. 주인은 하객 명단을 작성하기 시작하면서 햄릿처럼 고민할 것이다. 초대할 것인가, 말 것인가? 초대를 한다면 참석할 것인가? 초대하지 않았다고 원망을 듣지 않을까? 또한 하객의 심적 부담도 만만치 않아 청첩장이 벌금 고지서로 보인다. 참석하지 않으면 미움을 살 것 같고, 참석하자니 돈 들고 시간 들고 성가시기 그지없다.

초대하면 반드시 가야 하는 것도 번거로운 일이다. 앞에서 추산한 바와 같이 한 사람이 알고 지낼 수 있는 지인의 수는 평균 200여 명이다. 가구당 평균 10년에 한 번꼴로 경조사가 있다고 쳐도 매년 20여 차례 부조금을 준비해야 한다. 시간은 물론 부조금도 지출해야 한다. 가까운 친척이나 친한 친구의 결혼식에는 평균 축의금 액수보다 더 많은 금액을 부조해야 한다. 길일에는 결혼식이 몰려 시내의 크고 작은 식장은 만원을 이룬다. 이때가 되면 천문학적 액수의 부조금이 지출되면서 모두 죽는 소리를 한다. '인정의 풍속'이 '인정의 광기'로 변한 것이다.

9. 뇌물, 살아 있는 부패 통로

중국에서 붉은색은 길함을 상징한다. 그래서 축의금을 붉은 봉투 안에 넣는 것이다. 부조금을 포함해 축수祝壽 선물이나 세뱃돈, 심지어 뇌물을 줄 때도 붉은 봉투를 사용한다. 그러므로 중국에서 붉은 봉투는 축의금의 대명사로 쓰이며, 소액의 축의금으로 성의 표시를 할 때에도 '붉은 봉투를 건넨다'고 말한다.

그러나 최근 들어 붉은 봉투의 의미가 변하면서 현재 '붉은 봉투'는 소액의 현금 뇌물을 특별히 지칭하는 말이 되었다. 환자가 의사에게, 학부모가 선생님에게, 상인이 공무원에게 뇌물을 먹일 때 '붉은 봉투를 준다'고 말한다. 이런 종류의 '붉은 봉투'는 합법적인 대가나 정상적인 선물, 축하 예물이 아니라 의도하는 바가 따로 있는, 이른바 지대추구행위다. 그러나 두 사람이 서로 잘 아는 사이라면 뇌물이 아니라 선물이라고 말할 수 있기 때문에 인정의 규칙이 적용될 수 있다. 요컨대 붉은 봉투는 뇌물과 선물을 혼합한 형태라고 볼 수 있다.

선물 자체는 당연히 뇌물이 아니라 강호 문화의 풍속에 해당한다. 하지만 현재 중국의 뇌물에는 이미 인정이 스며들어 있다. 붉은 봉투가 뇌물로 바뀐 것에는 사회학적인 미묘한 의미가 담겨 있다. 바꾸어 말하면 일부 뇌물은 오가는 인정이라는 전통적인 형식으로 포장되어 권력과 돈 거래에 차용되고 있는 것이다. 이처럼 인정이라는 이름으로 뇌물을 주는 것은 중국 부정부패 현상의 특징이다.

이와 대조적으로 서양인들은 뇌물을 줄 때에 붉은 봉투를 사용하지 않고 지정된 계좌에 입금하거나 현금을 지불한다. 그러고 나면 뇌물을 받은 사람은 해야 할 일을 한다. 따라서 비즈니스 방식에 따라 먼저 계약금을 지불하고 일을 마친 후에 빚을 청산하는 것이다. 그 과정을 살펴보면 돈을 지불하는 것과 일을 처리하는 것이 대체로 동시에 이루어진다. 즉 맞돈으로 사고파는 것이다. 바꾸어 말하면 서양의 뇌물은 일종의 경제 거래다. 경제학 용어로 뇌물을 '지대추구행위'라고 부르는 것도 이 때문이다. 지대추구행위 이론은 서양식 뇌물 거래를 배경으로 하고 있으며, 뇌물을 주고받는 현상은 권력을 빌려주고 빌리는 경제적 거래에 상당한다. 요컨대 돈으로 권력의 사용권을 구매하는 것이다.

중국 사회에도 경제적 거래 형식의 뇌물이 있긴 하지만 그것이 주조를 이루는 것은 아니다. 뇌물을 주고자 하는 대부분의 사람들은 뇌물을 친구들 사이에 주고받는 선물로 포장하려고 애쓴다. 중국에서 소액 뇌물은 형식상 인정의 거래 법칙에 따른다. 이런 뇌물은 그다지 뇌물 같아 보이지 않고 주고받는 인정처럼 보이는데, 친척들과의 왕래와 다른 점은 액수뿐이다.

특히 계속해서 제공되는 작은 뇌물은 소리 없이 가만가만 전통적인 인정의 거래에 녹아들어 관계망을 운용하는 부분적인 메커니즘이 되는 것이다. 물론 이런 뇌물은 보답을 바랄 수밖에 없고, 보답을 바라지 않는 뇌물이란 사실 어불성설이다. 다만 거래처럼 보이지 않도록 해야 한다는 말이다.

5

체면
공연장

1. 사람은 체면으로 산다

주공단(周公旦: 주나라의 정치가로, 문왕의 아들이자 무왕의 동생 -옮긴이)이 예악과 법도를 제정해 제도 문물을 창시한 지 3천 년이 지났다. 그동안 체면, 즉 인격의 가면화 현상은 중국 문화와 뗄 수 없는 관계를 맺어왔다. 이러한 추세는 약 500년 동안 가속화되어 만청민국(晚淸民國: 청대 말기부터 중화민국 초기까지-옮긴이) 시기에 절정에 이르렀다.

체면은 유교의 주류가 아니라 유교가 민간 사회에 흡수되면서 형성된 통속 문화다. 체면이라는 것은 비이성적 가치관이자 약간 황당한 윤리적 감정이다. 전 세계인이 모두 체면을 중시하기는 하지만 체면을 가장 중시하는 사람들은 역시 중국인이다. 가장 분명한 증거로 루쉰이 분노해 마지않으면서 심히 유감으로 여겼던 '아큐 정신'을 들 수 있다. 쇠 신발이 닳도록 세상을 돌아다녀봐도 중국의 아큐만큼 아큐다운 아큐는 찾아보기 힘들고, 아큐 정신보다 더 거짓되고 망령된 '정신 승리법' 역시 찾아보기 힘들 것이다. 중국은 의심할 나위 없는 아큐 정신의 고향이다.

체면을 중시하는 것이 중국 사회의 철칙인 만큼 중국 문화의 지맥에 해당하는 강호에서도 예외 없이 체면을 중시한다. 강호의 조직은 일반인에 비해 체면을 훨씬 중시한다. 여기서 '조직'이란 민간단체나 파벌, 인맥을 말하는데, 이들 사이에는 체면을 중시하는 기풍이 널리 퍼져 있을 뿐 아니라 강제성을 띤 관례로서 전제적인 힘을 지니고 있다. 남의 체면을 손상시켜 비명횡사하는 일은 강호에서 비일비재하다. 강호화되지 않았거나 강호화 정도가 낮은 일반인들에 비해 강호의 사람들은 체면을 훨씬 중시한다.

체면의 3요소: 명예, 규칙, 신용

체면에 대해 정리하기 위해서는 강호 체면의 의미를 살펴볼 필요가 있다. 강호의 체면은 전통 사회의 체면에서 유래했지만 수단화되었다는 게 특징이다. 반면에 전통적 체면은 가치관에 국한될 뿐이고 논리상 목적의 범주에 속한다.

첫째, 강호 체면은 생활의 주된 목표 가운데 하나다. 명대 이전 전통 사회의 체면과 똑같다. 예를 들어, 항우項羽는 강동江東의 부형을 볼 면목이 없어 오강烏江에서 자결했고, 한신은 '남의 가랑이 밑을 기는 치욕'을 견뎠다. 이는 인생관에 해당하는 것으로 거래와는 무관하다. 명·청대 이후 강호 체면의 핵심은 거래였다. 체면을 수단으로 거래라는 목적을 달성했다. 강호 체면의 특징은 지나치게 체면을 중시하면서 다른 것은 아랑곳하지 않는다는 것이다. 체면의 중요성은 지위나 돈, 여색에 비해 결코 덜하지 않았다. 간혹 체면 때문에 여자를 다른 사람에게 양보하는 일도 있었다.

둘째, 강호 체면은 가치관이나 인생 목표에 국한되지 않고 수단으로 확장되어 이익의 거래에 개입했다. 체면은 강호 제도에 침투해 규칙이 되었고, 관행의 일부가 되었다. 가치관의 수단화 또는 인생 목표의 수단화는 강호 체면의 새로운 특징이다. 가치관과 새로운 체면 규칙을 '체면 제도'라고 부른다. 체면 제도는 관습과 게임 역량에 기초한 불문율 체제로 중국 정세 변화에 따라 탄생한 비공식 제도다.

체면 규칙을 종합하기란 쉽지 않지만 최소한 남의 감정을 상하게 하거나 체면을 손상시켜서는 안 된다. 가장 바람직한 방법은 알랑거리거나 치켜세우거나 칭찬하는 것이다. 이 방법은 십중팔구 효과를 볼 수 있다.

이상의 두 가지를 종합해보면 체면은 인생 목적으로서 가치관에 속하고, 제도로서 수단에 속한다.

셋째, 강호 체면은 제도로 보장될 뿐 아니라 행위의 규범성과 예측 가능성을 지니고 있기 때문에 누적되는 특성이 있다. 즉, 체면이 서면 그 명성만으로도 먹고살 수 있다. 강호 체면이 체면 신용으로 발전한 것은 대략 원·명 교체기 무렵이다. 원·명 교체기인 14세기에 고전 명저인 『수호전』과 『삼국지연의』가 탄생했다. 강호 정신을 일깨워준 이 작품들은 중국인의 정신세계에 지대한 영향을 미쳤다.

『수호전』은 북송 시대가 배경이고, 『삼국지연의』는 후한 시대가 배경이다. 그렇지만 두 작품 모두 원·명대의 사회 실상을 반영하고 있다. 『수호전』이 조정 밖 사회의 실상을 반영한 작품이라면, 『삼국지연의』는 '도원결의'와 사적인 관계의 도리를 말하는 작품이다. 양자는 상호 보완적이며, 역사소설이지만 대중의 입맛에 맞게 의도적으로 재구성한 작품이다. 체제 밖 사회에 대한 상상을 통해 역사를 해학적으로 서술한 것이라고 말할 수 있다. 『수호전』의 비밀결사와 『삼국지연의』의 결의에 관한 이야기는 원·명대 강호의 종교 결사나 이주민의 관계망이 반영된 것이다. 따라서 이 책들은 중국인들의 강호 교과서나 마찬가지다. 사서오경에서 배울 수 없는 것들을 이 책을 통해 알 수 있다.

고대의 명성은 현대의 신용카드와 아무런 관계가 없는 것 같지만 경제학적인 관점에서 보면 명성이나 신용카드 모두 사회 신용 체계에 속한

다. 송강의 거만한 태도는 호보의(呼保義: 송강의 별명으로 의로움을 지키는 사
람이라는 뜻−옮긴이)나 급시우(及時雨: 송강의 별칭으로, 제때 내리는 단비라는
뜻)라는 강호의 명성에서 비롯된 것이다. 이는 체면이 자본화·신용화된
대표적인 예라 할 수 있다.

오늘날에도 '송강의 자취'를 적잖게 발견할 수 있다. 유명 인사가 외지
에 나가 여행할 때에 현지인들의 극진한 대우를 받는 경우가 그 일례다.
현지인들의 표정이나 말에는 유명 인사를 흠모하는 마음이 배어 있다.
허영에 들뜬 주인은 유명 인사를 접대한다는 사실에 대단히 만족스러워
할 것이다. 훗날 주인은 그 일을 자랑거리로 삼을 수 있을 테고, 유명 인
사는 당장 편안히 쉬면서 잘 먹고 잘 마실 수 있을 것이다. 강호에서 체
면이 선다는 것은 곧 자본금이 있다는 것을 의미한다.

작가 사예신(沙葉新)의 희곡 『내가 만약 진짜라면』은 큰 파문을 일으켰다.
사기꾼 주인공은 공산당 고위 간부의 아들이라고 사칭하면서 공공연히
사기를 치고 다니다 거의 목적을 달성하려는 순간 들통 나고 만다. 작가
는 주인공의 입을 빌려 이렇게 말한다. "내가 만약 진짜라면 뜻을 이룰
수 있었겠지?" 주인공이 비록 목적을 달성할 수는 없었지만 공산당 고위
간부 아들이라는 신분과 체면으로도 먹고살 수 있음을 제대로 보여준다.
명성은 신분에서 비롯되고, 신분은 체면을 내포하고 있다. 명함에 인쇄
되어 있는 '사장', '××장'은 직위이면서 동시에 체면을 나타낸다.

명성을 이용해 사기를 칠 수 있는 이유는 체면의 신용 때문이다. 예컨
대, '당신은 굉장히 체면이 섭니다'라는 말은 체면을 담보로 인정상 혹은
재무상의 채무 거래를 할 수 있다는 말과 같다. 그 기능은 은행업의 상업
신용과 유사하다. 체면이 담보가 될 수 있는 이유는 돈 때문에 감히 체면
을 포기할 사람은 아무도 없기 때문이다.

체면은 돈으로 살 수 없는 것인데 어떻게 스스로 체면을 손상시킬 수 있겠는가? 생활 속에서 재물을 포기하고 체면을 탐하는 사람은 있어도 체면을 돈과 맞바꾸는 사람은 없다. 그러므로 체면이 서 있는 사람에게 돈을 빌려주고 나서 그가 빚을 갚지 않을까 봐 걱정하지 않는 이유는 체면이 담보가 되기 때문이다.

세계 대부분의 국가에서 체면을 중시한다. 이를테면 영국인의 'lose face'는 '체면을 잃다'는 뜻이다. 강호 체면과 다른 점은 세계 각국의 '체면'이 가치관에 국한된다는 점이다. 구체적으로 말하면, 존엄이나 자존의 표현이다. 체면은 그저 존엄의 입버릇일 뿐이고, 그 특징은 도덕적 자율로 스스로를 관리한다는 것이다. 이것은 중국과 다른 국가 간 체면의 차이이자 중국 고대와 근대 체면의 차이이고, 분수를 지키는 체면과 강호 체면의 차이다. 체면의 수단화는 강호 체면의 일반적인 특징이다. 강호의 체면은 가치관일 뿐 아니라 거래 수단이자 관행이다.

체면을 중시하다: 황당함에도 불구하고 명예를 추구하다

중국 사회의 인간관계는 대단히 복잡해 종종 사소한 일로 다툼이 벌어지는데, 여러 원인 가운데 하나가 바로 체면 문제다. 체면과 강호는 본래 별개였지만 상당히 밀접한 관계가 있다. 체면의 개념은 강호에 비해 훨씬 광범위하다. 강호가 합법적인 체제 밖의 사회를 지칭하는 말이라면 체면은 체제 안팎, 정부와 민간을 아우르는 광범위한 개념이다. 체면은 전통적 체면과 강호의 체면이라는 두 종류가 있다. 강호의 체면은 전통적 체면을 계승한 것으로, 오늘날에 훨씬 많은 영향을 끼치고 있다.

체면의 부작용 가운데 하나는 루쉰이 지적한 아큐 정신이다. 아큐는 체면의 황당함을 적나라하게 보여주고 있다. 루쉰은 중국 동포들에게 아큐 정신의 존재를 깨닫게 하고 그것을 생생하게 보여주고자 했다. 그는 마치 불치병을 전문적으로 치료하는 의사처럼 메스를 치켜들고 한 칼에 배를 갈라 병소를 모두에게 보여주면서 사람들이 깨닫기를 바랐던 것이다. 하지만 유감스럽게도 반세기 이상이 지났지만 아큐 정신은 점점 악성 종양으로 변하고 있다. 중국인은 늘 타인을 가리켜 아큐라고 비웃지만 자신도 아큐를 따라 할 뿐 아니라 아예 스스로를 아큐라고 비웃는다. 잘못이라는 것을 뻔히 알면서도 고치지 못한다. 무엇이 잘못되었는지 모르기 때문이다.

체면 제도는 아큐 정신의 지주다. 제도가 변하지 않으면 행동은 바뀔 수 없다. 제멋대로 바꾸는 사람은 처벌을 받기 때문이다. '모난 돌이 정 맞는다'고 그들이 입는 손해는 관례를 고수하는 사람들에 비해 훨씬 크다. 루쉰은 아큐의 불행은 동정했지만 곤궁한 처지에서 벗어나려 하지 않은 점에는 분노하면서 심히 유감으로 여겼다. 그러나 그는 불쌍히 여기고 분노만 했을 뿐 어째서 곤궁한 처지에서 벗어나고자 싸우지 않는지는 알지 못했다. 싸우지 않는 것은 지력이 떨어지거나 고집스러워서가 아니라 체면 제도 때문이다.

관례를 바꾸지 못하면 잘못된 행위를 시정할 수가 없다. 여기에서 잘못은 개인에게 있는 게 아니라 문화 제도에 있는 것이고, 그 이면에는 구조적인 문제가 있기 때문에 한 사람이 고칠 수 있는 것이 아니다. 만약 모두 함께 고치려 들면 '죄수의 딜레마'에 빠질 것이다. 먼저 바꾼 사람이 재수 없는 일을 당하기 때문에 어느 누구도 바꾸려들지 않는 것이다.

루쉰의 체면 이야기

루쉰은 『차개정잡문且介亭雜文』「체면을 말한다」에서 외과 의사가 메스를 쥔 모습으로, 체면을 명쾌하게 이야기했다.

전해오는 말에 따르면, 청대에 서양인이 총리아문總理衙門에 가서 이익을 요구하며 한바탕 위협을 하자 놀란 고관들은 두말없이 허락했다. 하지만 이들이 떠날 때에는 쪽문을 통해 내보냈다. 정문으로 나가지 못했기 때문에 서양인은 체면이 깎인 셈이다. 그들의 체면이 깎인 이상 자연히 중국의 체면은 서는 것이니 이 점에서 중국은 우위를 차지한 것이다.

루쉰은 단지 몇 글자로 중국 체면의 어색함을 생동감 있게 묘사했다. 먼저 그 심리를 생각해보자. 은자(배상금)는 모든 사람이 원하는 것이지만 서양인이 원하니 그들에게 줄 수밖에 없다. 그런데 쪽문은 노비들이 출입하는 통로다(적어도 스스로 그렇게 이해했다). 이런 쪽문을 통해 서양인을 지나가게 하고 한바탕 비웃었으니 이긴 것이나 다름없다. 이렇게 생각해보면 서양인은 손해를 본 것이고 중국은 이익을 얻은 셈이다. 무슨 이익인가? 바로 '체면'에서 우위를 차지한 것이다. 중국은 금전적으로는 손해를 봤지만 체면은 섰으니 전적으로 손해를 본 건 아니다.

이러한 논리는 은자는 남에게 줄 수 있지만 체면은 양보할 수 없다는 점을 시사한다. 어찌해볼 도리가 없을 때에 은자는 남에게 줄 수 있지만 체면은 사생결단을 하고 지켜내야 하는 것이다.

이를 통해 유추할 수 있는 것은 체면이 인생 승패를 가리는 기준이 된다는 점이다. 체면이 서면 이익을 보고, 체면을 잃으면 손해를 본다. 이익을 보면 당신을 떠받드는 사람이 생기겠지만 손해를 보면 빈정거리는 사람이 생길 것이다. 이것이 3천 년 동안 예교에 기생하며 존속되어온 게임의 규칙이다. 체면이 서면 장점이 있는데, 그 장점은 다시 실속이 있는 것과 헛된 것으로 구분된다. 설령 돈 한 푼 얻을 수 없는 헛된 것이라도 타인의 부러움을 살 수 있으므로 체면을 잃는 것보다는 낫다. 루쉰의 글 속 총리아문 관리도 어쩔 수 없이 매국 조약에 서명했지만 동료에게 변명할 수 있을 것이다. "나는 양인을 쪽문으로 나가게 했어. 당신들은 그렇게 할 수 있어?"

체면의 경계는 이처럼 명확하다. 체면이 서면 존엄성이 있고, 영광이 있고, 자부심을 느끼고, 신용을 얻고, 인기를 얻고, 부러움을 사고, 추종자가 생기고, 질투하는 사람까지 생긴다. 이렇게 장점이 많은데 싫어할 까닭이 있겠는가? 일시적인 난처함도 문제가 되지 않는다. 사람들은 체면 배후의 이익은 잘 모르지만 있는 게 없는 것보다 낫고, 플러스가 마이너스보다 낫다는 것은 알고 있다.

아서 헨더슨 스미스의 체면 이야기

아서 헨더슨 스미스Arthur Henderson Smith는 100년 전의 미국 선교사로, 중국에서 반평생을 보낸 정통 중국 전문가다. 『중국인의 특성』이라는 책은 외국인의 눈에 비친 중국인을 이야기하는데, 체면에 대해서는 짧게 언급하지만 배울 점이 적지 않다. 게다가 100년 전의 일과 실상을 생생히 묘사하고 있다. 이 책에 실린 다음 몇 단락은 의미심장하면서도 매우 신랄하다.

한 지방 관리가 법을 어기자 조정에서는 그를 극형에 처했다. 목이 베이기 직전까지도 오직 체면만을 염두에 두고 있던 그는 체면을 지키기 위해 관복을 입고 처형당하게 해달라고 부탁했다.

한 빚쟁이가 채무자에게 빚을 받아내지 못했다. 돈을 받아내지 못하리라는 걸 뻔히 알고 있었지만 그는 허세를 부리며 채무자의 집에 찾아가 큰 소리로 소란을 피우고 으름장을 놓았다. 돌아오는 길에 그는 주변 사람들에게 당시의 상황을 생생하게 묘사하면서 자신이 빚 독촉하는 방법을 모르는 게 아니라고 말했다.

한 하인이 부주의로 주인의 귀중한 은수저를 잃어버렸다. 그는 변상은 물론 해고당하리라는 것을 잘 알고 있었다. 그러면 망신살이 뻗치는 일이라 여겨 선수를 치기로 했다. 자신이 먼저 주인에게 그만둔다고 이야기했을 뿐 아니라 사람들 앞에서 일부러 너그러운 척하며 이렇게 말했다. "재수 없는 일 당한 셈 치죠, 뭐. 이번 달 품삯은 받지 않겠습니다." 사실은 품삯으로 은수저 값을 물기 위한 것이었다.

외국인 관찰자로서 아서 헨더슨 스미스는 따끔하게 다음과 같이 평했다. "중국인의 문제는 영원히 사실의 문제가 아니라 형식의 문제다." 그렇게 생각한 이유는 무엇일까? 그는 '중재자'를 예로 들면서 아래와 같이 덧붙였다.

갑과 을 두 사람이 말다툼할 때 중재자는 대개 사건의 진상에는 아랑곳하지 않고 그저 쌍방의 체면만 고려해 중재에 나선다. 언쟁하는 쌍방의 체면을 모두 지켜주어 균형을 이루려는 것인데, 이것은 마치 유럽의 정치가가 국제 분쟁을 처리할 때 세력 균형의 원칙을 신봉하는 것과 같다.

아서 헨더슨 스미스의 체면 이야기처럼 객관적인 입장에서 기록한 책이 없었다면 우리는 100년 전 체면의 진면목을 알 수 없었을 것이다. 첫 번째 이야기는 생명이, 두 번째 이야기는 채권이, 세 번째 이야기는 실직이, 네 번째 이야기는 사건의 진상이 대수롭지 않다는 점을 지적하고 있다. 생명, 채권, 실직, 사건의 진상은 중요하지 않을 수 있지만 체면만은 잃을 수 없다는 점에서 체면이 모든 걸 능가한다.

루쉰과 아서 헨더슨 스미스의 이야기를 종합해보면, 중국인에게 체면은 박탈당해서는 안 되는 인생의 목표라는 것을 알 수 있다. '나무는 껍질이 있어야 살고 사람은 체면으로 산다'는 속담이 있듯이, 체면은 분명 생명 자체보다 중요하기 때문에 목숨을 잃을지언정 체면을 잃을 수는 없다.

고금의 체면을 비교하다

1세기 후에 체면은 다시 새롭게 발전했다. 현대 사회에서 체면은 인생의 목적인 동시에 거래 수단으로 탈바꿈했다. 예를 들면, 성원해주고, 안면을 봐주고, 체면을 세워주는 것 등이다.

체면이 수단화된 후 노골적인 공리주의적 가치관의 성격을 띠면서 고대의 엄숙한 가치관을 무너뜨리고 남을 속이는 수단이 되었다. 예컨대, 어떤 사람이 대출을 받아 리무진을 사서 몰고 가 사업 이야기를 하는 것은 자주 볼 수 있는 광경이다.

체면이 수단화되면서 요즘의 체면은 전통 사회의 체면에 비해 좀 더 복잡해졌다. 수단적 성격은 강호 체면의 뚜렷한 특징일 뿐 아니라 세계의 체면이나 전통 중국 체면과 구분되는 표지다. 예컨대, 성원해주고, 체면을 세워주는 것 등은 모두 수단적 성격의 체면이다. 체면을 철저히 분석하기 위해 우선 그것을 수단과 목적이라는 두 가지 유형으로 나누어볼 수 있는데, 전통적 체면과 세계의 체면은 목적 유형에 속한다. 그것은 현대 체면의 전신이기 때문에 구분해서 이야기해야 한다.

80여 년 전에 루쉰은 소설 『아큐정전』을 통해 '정신 승리법'을 엄하게 꾸짖었다. 중국인들은 갈채를 보내며 과분하게 칭찬하면서 스스로를 반성했다. 신중국이 수립된 후 교과서에 수록되면서 아큐 정신과 '정신 승리법'을 모르는 사람은 없다. 그러나 반세기 동안 서민들의 일상에서 아큐 정신은 사라지기는커녕 끊임없이 되살아나고 있다.

그 원인은 복잡하지 않다. 이 사회가 아큐를 양산하는 온상이기 때문이다. 결국 정신적 승리, 체면의 승리를 추구하는 것은 중국 전통 사회, 특히 강호 사회의 관행이자 고질적인 습관이라 고치기가 어렵다. 사회생활의 기초가 되는 것은 이성이 아니라 교조주의적인 예의이고, 예의의 기본은 명분이다. 사람은 명분에 살고 명분에 죽는데, 체면은 명분을 추구하는 것이다. 그러므로 예교가 나무뿌리라면 체면은 가지와 잎이고, 아큐는 잎끝이라 할 수 있다.

아큐를 다스리는 것은 가지치기를 하는 것과 같기 때문에 그 결과를 가히 짐작할 수 있다. 아큐 정신을 포함하는 심층적 성격은 기타 전통적인 국민성이나 문화 제도 요소와 하나로 뒤섞이는데, 이러한 제도적 요소들은 집단 무의식에 뿌리를 두기 때문에 제거하기가 쉽지 않다. 이 모든 것은 관행 때문이다. 그러므로 아큐를 이해하려면 먼저 체면 제도를 분석해야 한다.

2. 체면의 요소

존엄

중국인의 관점에서 체면의 첫 번째 요소는 당연히 존엄이다. 존엄은 체면이라는 말의 근원이다. 존엄은 현대어에 속하지만 체면은 고대 중국어에 속한다. 만약 역사적 배경의 차이를 따지지 않는다면 존엄이 체면의 동의어라고 말할 수 있다. 존엄과 체면의 뜻이 완전히 같은 것은 아니지만 대부분의 상황에서 호용될 수 있다. 이를테면 '체면을 잃다'는 '존엄을 잃다'와 같은 말이고, '체면을 유지하다'는 '존엄을 유지하다'와 같은 말이다.

존엄은 체면에 비해 함의가 넓다. 모든 인류에게 존엄이 있지만 체면은 존엄이 중국 예교에 투사되어 나타난 것이다. 옛사람들, 특히 권력을 가진 통치자나 교화를 담당하던 사람은 예교와 예속禮俗을 통해 존엄의 가치 판단 방식을 규정했다.

예교는 특유의 방식으로 개인 행위를 형식화해 '면面'이라는 기호로 집약했다. 정확히 말하면 면은 얼굴 생김새가 아니라 문화가 부여한 가면이나 역할이고, 유가의 용어를 빌리면 명분이다. 명분은 유가가 구상한 역할과 지위에 관한 일종의 선험적 개념으로 유교 사회조직을 수립하는 일을 담당했다. 면은 예교의 풍속을 관철시키는 방식으로서 간단하고 실행하기가 쉬워 민간에 널리 보급되었다. 그리하여 예교의 기준에 부합되는 것은 모두 면이 서는 일이 되었고, 부합되지 않는 것은 면이 서지 않는 일이 되었다.

소위 예속이란 예교 제도가 향촌 사회에서 풍속화된 것으로 법학 용어로는 관습법이나 선결례에 상당하고, 제도 경제학 용어로는 관례에 상

당한다. 또한 유교에서 주장하는 바와 일반인의 생존 게임이 균형을 이
룬 상태를 말한다. 면을 구어적으로 표현한 것이 체면이다. 부락의 젊은
이가 과거 시험에 합격하면 촌락 사람들은 이구동성으로 매우 체면이 선
다고 이야기했다. 왜냐하면 배워서 뛰어나면 관직에 나아가는 것이 주류
가치 기준에 부합되었기 때문이다. 이 점을 통해 체면이란 추상적 가치
체계와 구체적인 행동 사이의 부화기로서 문화 제도가 요구하는 행위를
유발한다는 것을 알 수 있다.

은연중에 일반인들 사이에 뿌리를 내린 예속, 즉 풍속화된 유교는 체
면 문화가 탄생된 제도적 배경이다. 체면은 예교나 예속 제도의 존엄관
이다. 존엄의 가치가 예교에 융합되거나 예교의 흔적이 배어 있는 강호
에 융합되면 체면이 되는 것이고, 체면의 가치가 예교에서 벗어나면 현
대어로 존엄이 되는 것이다.

존엄은 문화를 초월하는 보편적인 가치다. 인류 전체가 존엄을 중시하
지만 그 구체적인 형태나 방식은 각 민족의 제도나 문화에 따라 다르게
나타난다. 중국인은 존엄을 위해 무엇보다 체면을 중시하는데, 보수적인
사람일수록 체면을 중시하는 경향이 강하다.

연기

일상생활에서 개인에게 존엄이 있으면 대개 체면도 선다. 그러나 존엄
이 있다고 반드시 체면이 서는 것은 아니고, 체면이 선다고 반드시 존엄
이 있는 것도 아니다. 예를 들어, 모 지식인이 아첨을 싫어한다면 출셋길
이 멀어질 수밖에 없을 것이다. 이 때문에 뭇사람들의 눈에는 체면을 잃
은 것처럼 보이겠지만 반대로 그의 사람됨에서 상당한 존엄을 발견할 수
있다. 그 이유는 남의 눈치를 살피지 않고 제한이나 속박 없이 살 수 있

기 때문이다.

　도가의 대가 장자莊子는 한평생 관직을 멀리하고 청빈한 삶을 살면서 정처 없이 떠돌아다녔다. 장자에게 자유란 아무런 구속도 받지 않는 것이었으며, 관직에 오르는 것은 노예가 되는 것이나 다름없었다. 하지만 주류 사회에 속하는 사람들의 태도는 이와 다르다. 돈으로 관직을 산 사람은 아랫사람에게는 거들먹거리면서 스스로 '대단히 체면이 선다'고 생각하겠지만 윗사람에게는 굽실거리기 때문에 타인의 눈에는 '체면이 전혀 서지 않는 것'처럼 보인다. 이때 존엄을 중시하는 것은 일종의 사치인 것 같다. 이렇게 체면은 서지만 존엄이 사라지면서 양자는 구별된다. 고대에 이른바 관비(官痞: 관료 무뢰한—옮긴이)나 아곤(衙棍: 관청의 무뢰한—옮긴이)은 체면은 서지만 존엄이 없는 사람들을 가리켰다.

　체면이 복잡한 것은 줄곧 속내와 뒤엉켜 있기 때문이다. 속내는 돈, 욕망, 권력, 지위 등의 이익을 가리킨다. 체면은 밖에 있지만 속내는 안에 있다. 체면은 말만 번지르르하지만 속내는 말로 표현하기 힘들고 폭로하면 좋지 않다. 체면과 속내는 상대적으로 존재한다. 체면은 입가에 있고, 속내는 마음속에 있다. 소위 구름을 헤치고 해를 본다는 말은 체면을 헤치고 속내를 보고 현상을 통해 본질을 본다는 의미다. 이 가운데에는 두 가지 요구가 포함된다. 바로 체면의 최대화와 속내의 최대화인데, 어쨌거나 쌍방의 균형을 위해 힘써야 한다. 일단 체면과 관계되는 일이면 신중히 생각해보아야 한다. '이것은 그저 체면이지 속내가 아니야. 절대 속아서는 안 돼!' 연기가 시작되면 모두 서로 아첨하면서 거짓의 체면을 내보일 것이고, 참된 속내는 충돌할 것이다.

　'체면을 통해 속내를 포착하는 것'은 사람됨이 성숙하다는 증거다. 다른 방면에서 아무리 성숙할지라도 속내를 알아채지 못하면 성숙하지 못한 것이다. 맹하고 아이 티를 벗지 못한 것처럼 보이고, 타인의 말에 숨어 있는 뜻을 알아듣지 못하고, 특정 의미를 함축한 명령이나 위협을 이해하지 못하고, 멍청한 척하는 걸 알아채지 못하고, 그저 타인의 뒤를 따르며 실없이 웃는다. 저녁 내내 다른 사람이 무언가 말해줘도 전혀 이해하지 못한다. 사실 체면상의 말들은 거의 은어에 맞먹는다. 역설적으로 말하고, 반어법을 쓰고, 겉으로 공격하면서 은밀하게 도움을 주고, 겉으로는 치켜세우면서 암암리에 깎아내린다. 만약 체면을 진실로 받아들인다면 분명히 남의 비웃음을 살 것이고, 어리벙벙하고 유치하다고 욕먹을 것이다. 이와 정반대로 성숙한 마음은 남을 따라 즐기면서 마음속에 계산이 서 있을 것이다.

자아상

체면을 세우는 것은 자아상을 수립하는 하나의 방법이다. 예를 들면, 젊은이들은 결혼식을 올릴 때 고급 승용차를 빌려 허세를 부리곤 하는데, 그것으로 신랑 신부는 자신의 참된 역할이나 지위를 잠시 잊어버리고 자신들이 동경하던 세계에 빠져든다. 오늘날 유행하는 호화 결혼식은 '일생에 단 한 번'이라는 명목으로 신랑 신부의 허영심을 만족시켜준다. 이런 사회적 환경에서 체면은 곧 개인의 이미지이고, 개인의 이미지는 곧 체면이다.

풋내기 상인과 새 거래처가 흥정할 때 일부 상인들은 고급 승용차를 빌려 타고 약속 장소로 간다. 새 거래처에 능력 있는 사람으로 보여 자신에게 유리하게 흥정이 이루어질 수 있도록 하기 위해서다. 동일한 문화의 영향을 받은 새 거래처 역시 고급 승용차를 빌려 타고 약속 장소로 향할 것이다. 이렇게 한바탕 연극을 하고 나면 처음 만난 두 사람은 서로 도무지 종잡을 수 없다.

　개인의 이미지를 과장해 부풀리는 것이 꼭 사기를 치기 위한 것만은 아니다. 소수의 사람들만이 진짜로 사기를 칠 뿐 자신을 내세우기 좋아하는 다수의 사람들에게 체면은 그저 일종의 묵인된 문화 게임, 즉 연극에 불과하다. 연극은 체면 제도의 파생물이자 예교의 파생물이기도 하다. 사람들은 자신이 열망할 뿐 아니라 타인도 갈망한다고 여기는 모습을 있는 힘을 다해 연기한다. 그 태도와 품격, 위엄과 힘, 사실성은 자신조차 진실이라고 믿을 지경이라 타인이 믿지 않을 수 없다. 이런 연기 게임은 중국인에게 이제 예삿일이 되고 말았다. 두 사람이 연기를 겨루어 사업상 협력할 수 있을지는 게임을 하는 사람의 지혜에 달려 있다.

　그렇다면 자아상이란 무엇일까? 미국의 사회심리학자 조지 허버트 미드George Herbert Mead의 상징적 상호작용론에 따르면, 자기의 주관적인 평가와 자신에 대한 집단의 평가가 상호작용을 거쳐 하나의 감성적 이미지, 즉 자신의 이미지로 통합된 것을 말한다. 근본적으로 말해서 자아상은 자신에 대한 타인의 평가뿐 아니라 스스로의 평가도 중시하는데, 이 두 가지 평가가 하나로 융합된 것이 바로 자아상이라는 것이다. 강호 문화에서 체면의 속성 가운데 하나는 바로 이 자아상이다. 강호의 이미지는 바로 체면이다.

생명선

　체면을 중시하는 것과 중시하지 않는 것의 차이는 체면을 인생의 목적으로 삼느냐 여부에 달려 있다. 체면을 중시하는 사람에게 체면은 인생의 최종 목적이기 때문에 손상되어서는 안 되고, 침해받아서도 안 되며, 박탈당해서도 안 된다. 이른바 '나무는 껍질로 살고 사람은 체면으로 산다'는 말은 생명의 가치가 체면에 있다는 것을 의미한다. 이러한 사고방식의 이면에는 세속적 인생의 가치관, 주로 강호 세계와 가족 사회의 가치관이 작용하고 있다. 물론 중국에도 체면을 중시하지 않는 사람들이 많다.

'생명선'의 의미는 현대 논리학의 측면에서 최종 목적에 부합한다. 최종 목적이란 무슨 뜻인가? 논리상 목적과 수단은 상대적인 개념으로 서로 바꿔 쓸 수 있으며, 어떤 목적은 다른 조건에서 또 하나의 수단이 될 수 있다. 예컨대, 취업의 목적은 돈벌이고, 돈벌이의 목적은 생존이므로 취업의 최종 목적은 생존이라 할 수 있다. 이렇게 해서 목적과 수단이라는 하나의 연결 고리가 만들어진다.

어째서 체면이 체면을 차리는 사람들의 최종 목적이 되는 것일까? 그것이 존엄과 관련되어 있으며, 유교 제도에서 존엄의 가치 형태이기 때문이다. 존엄이 인간에게 중요한 이유를 따로 설명할 필요는 없을 것이다. 에이브러햄 매슬로의 견해에 따르면, 존엄은 인류의 기본적인 욕구다. 그런데 체면이 존엄을 내포하고 있어 체면을 중시하는 것 역시 그 이유를 따로 설명할 필요가 없는, 기본적인 욕구인 것이다.

생명의 가치를 궁극의 가치로 보는 관점에는 한 가지 현저한 특징이 있다. 상처를 입으면 모든 것을 불사하고 투쟁한다는 점이다. 만일 투쟁할 힘이 없다면 죽음을 선택할 것이다. 그러므로 심하게 망신을 당하면 자살할지도 모른다. 존엄을 박탈당했다고 자살하는 건 아니지만 체면이 손상되면 자살을 선택한다. 이 사실은 체면의 가치가 존엄의 가치보다 높다는 것을 입증해준다. 체면은 존엄보다 중요하다. 그 이유는 체면이 전통 사회와 강호 사회에서 개인 역할과 관련되어 있기 때문이다. 체면은 집단 역할의 증명서이고, 개인은 반드시 역할에 의지해 집단에 몸담고 있어야 한다. 어떤 사람들은 존엄이 손상되는 것은 개의치 않지만 체면이 깎이면 낯빛이 달라진다. 왜냐하면 당신이 그의 생존에 위협을 가했기 때문이다.

중국인의 혼전 성관계는 존엄과 체면이 별개의 문제라는 것을 증명한다. 혼전 성관계나 혼외정사는 전통문화에서 '간음'으로 정의된다. 그러나 그것에 대한 징벌은 성행위가 벌어지고 있을 때가 아니라 발각된 뒤에 가해진다. 다시 말해서 자율에 의한 것이 아니라 타율에 의한 것이라는 이야기다. 자율과 타율의 메커니즘 차이가 존엄과 체면을 구분하는 기준이다. 왜냐하면 존엄의 핵심은 자존이고, 체면의 핵심은 타율이기 때문이다. 즉, 체면은 명분을 중시하고, 존엄은 실질을 중시한다.

전통적인 체면 제도에서 체면은 매미의 날개처럼 얇은 창호지와 같아서 손상되면 구멍이 뚫리고 만다. 여기에는 일종의 '결벽증'의 심리 상태가 작용한다. 한 사람의 체면 방어선은 대단히 취약해, 비난받으면 그것이 사실이든 억울한 누명이든지 간에 명예가 실추될 수밖에 없다. 체면은 생명의 최후 방어선이자 사람됨의 최저 한도다. 체면이 깎인 마당에 살아서 뭐 하겠는가?

신용

이상의 예는 이구동성으로 체면이 인생의 목적이 될 수 있음을 이야기한다. 이제 근대 체면의 새로운 변화, 즉 체면 역시 수단이 될 수 있다는 점을 이야기해보자. 두 사람이 체면 세우기 게임을 통해 목적을 달성하는 것은 만청민국 시기 이후의 새로운 메커니즘이었고 오늘날에도 대단히 유행하고 있다.

1980년대 중반 광저우 근교의 한 농장에 수돗물이 나오지 않았다. 마침 이웃 맥주 공장에 수도관이 있었던 터라 늙은 농장장은 편안한 작업복 차림으로 낡은 자전거를 끌고 2킬로미터의 채마밭을 지나 맥주 공장으로 가서 공장장을 만나려고 했다. 그러나 농장장은 정문에서 경비원에게 제지당하고 말았다. 경비원이 농장장을 위아래로 훑어보더니 꼬치꼬치 따져 묻는 바람에 한참 동안 소란을 피운 끝에 농장장은 간신히 공장에 들어갈 수 있었지만 결국 공장 주임의 완곡한 거절로 공장장을 만날 수 없었다.

이 일로 며칠 동안 우울해하던 농장장은 우연히 마주친 '모사' 격인 친구에게서 위기를 타파할 수 있는 묘책을 들었다. 모사는 이렇게 일렀다. "일이 성사되고 안 되고는 별개의 문제야. 중요한 것은 체면이지. 자전거를 끌고 남의 공장에 찾아갔으니, 자네 체면은 말할 것도 없고 그쪽 체면도 구겨진 게 아닌가? 모두가 체면을 잃었는데 흥정이 될 턱이 있나?" 문득 깨달은 농장장은 시내에 나가서 명품 양복을 한 벌 사고 고급 승용차를 한 대 빌려 맥주 공장으로 향했다. 이번에는 체면 문화가 재미있는 결과를 초래했다. 경비원은 그에게 경례를 붙였고, 사무실에 들어서자 공장장이 친절하게 그를 맞이하는 것이었다. 농장장이 용건을 꺼내기도 전에 공장장은 미소를 지으며 "모두가 이웃인데, 문제없습니다. 걱정 마세요"라며 승낙의 뜻을 내비쳤다.

이 이야기는 체면을 세우는 것이 협상을 대신할 수 있고, 협상이 잘 이루어지지 않을 때에는 체면으로 길을 열어야 한다는 점을 설명한다. 체면이 서면 무슨 일이든 의논하기가 쉽다.

이와 비슷한 일들이 중국 각지에서 다반사로 일어나고 있다. 체면이 설수록 특혜가 더 많아지고, 형식적인 절차에서 벗어날 수 있으며, 거래 비용을 낮출 수 있다. 오랜 세월 동안 체면 제도가 건재할 수 있었던 것은 바로 이런 이유 때문이다. 상업은행에서 담보 대출을 받으려면 수 주일이 소요되겠지만 민영 기업의 소유주 간에는 전화 한 통화로 계좌 이체가 가능하다. 체면이 얼마나 서 있느냐에 따라 계좌 이체의 액수도 달라진다. 공무를 사적으로 처리하는 경우라면 계좌 이체 후 나중에 수속을 밟을 수도 있다. 이 모든 것이 매우 안전한 이유는 체면이 보증하기 때문이다.

체면을 무엇과 교환하느냐에 따라 그 결과가 다를 수 있다. 다음은 흔히 볼 수 있는 체면 교환 유형이다.

체면과 체면의 교환 — 갑이 을의 체면을 세워주자 을도 갑의 체면을 세워준 경우다. 예를 들면, 일 처리를 위해 관련 부서를 찾은 갑이 굽실거리며 을에게 담배 한 개비를 건넸다면 갑이 을의 체면을 세워준 셈이다. 이에 을은 공연히 트집을 잡아 갑을 괴롭히는 대신 크게 웃으며 일을 처리해줄 것이다. 갑이 을의 체면을 세워주자 을도 갑의 체면을 세워주어 보답한 것이다. 작은 읍에서 잘 알지 못하는 사람들 간에 이런 일이 종종 일어난다. 훗날 술자리에서 친구의 소개로 이들이 다시 만나면 분명 이야깃거리가 될 것이다. 그뿐 아니라 이런 방법은 좋은 인연을 많이 맺는 전략이기도 하다.

체면과 정의 교환 — 갑이 을의 체면을 세워주자 을이 갑에게 인정을 베푼 경우다. 예컨대, 을이 아이의 백일잔치나 돌잔치를 하는데 갑이 선물을 했다면 갑이 을의 체면을 세워준 셈이다. 이 일로 을은 갑에게 빚을 졌기 때문에 나중에 갑에게 어려운 일이 생기면 마음을 다해 도와줄 것이다. 이것은 체면을 정으로 바꾼 예다.

체면과 이익의 교환 — 갑이 을의 체면을 세워주었더니 너무 기쁜 나머지 을이 갑에게 혜택을 준 경우다. 앞에서 언급한 농장의 수돗물 공사는 바로 체면을 실익으로 바꾼 것이다. 이것은 체면이 수단화된 대표적인 예에 해당한다. 체면은 개인의 신용을 과장함으로써 거래를 촉진시킨다. 이런 의미에서 체면은 거품을 함유한 신용이라고 볼 수 있다.

체면과 권력의 교환 — 어느 정도 체면이 서면 타인을 지배할 수 있고, 이것이 사회 권력으로 바뀔 수 있다. 가난한 현이 한창 인기를 끌고 있는 스타에게 부현장副縣長을 맡아달라고 부탁했다면, 그 목적은 인기 스타의 사회적 영향력을 빌려 현의 지명도를 높이기 위함이다. 체면을 권력으로 전환하기는 매우 쉽다. 강호화된 관행에 비추어볼 때 체면은 대인 관계에서 타인을 지배하는 성격을 띠기 때문에 체면이 선다는 것은 곧 타인을 지배할 수 있다는 말과 같다.

결혼 청첩장을 '벌금 통지서'라고 부르는 것도 같은 이치에서 설명할 수 있다. 즉, 규칙의 지배를 받고 있음을 뜻하는 것이다. 지인이 청첩장을 보냈는데 감히 거절하고 부조금을 내지 않을 수 있을까? '정실에 얽매여'라는 말에서 '얽매여'는 복종을 의미한다. 체면은 복종을 요구하고, 복종을 요구하는 건 권력인데, 여기서 권력이란 정치권력이 아니라 세속적 사회의 권력이다. 체면이 서는 사람이 타인을 지배하는 것, 바로 이것이 강호의 권력 메커니즘이다.

은혜

특정한 상황에서 체면을 세워주는 것은 '은혜를 베푸는 것'과 마찬가지 행위다. 즉, 갑이 을의 체면을 한 번 세워주었다는 말은 을이 갑에게 한 차례 은혜를 입었다는 말과 같다.

인정의 제도에서 체면은 교환 매체가 되어 체면을 세워주고 체면을 세우는 특정한 상황에서 활약한다. 체면을 세워주든 체면을 세우든 간에 규칙에 따라 상환하는 게 중요하다. 어쨌거나 주거니 받거니 하면서 대등한 교환이 이루어져야 한다.

체면이 이익의 교환 수단이 될 수 있는 이유는 아마 체면이 인정으로 바뀔 수 있기 때문일 것이다. 체면이 인정으로 바뀌면 체면 문제는 인정의 계산 문제로 바뀌고, 인정의 계산 문제는 다시 채무(인정의 빚) 문제로 바뀌며, 채무 문제는 결국 돈으로 해결할 수 있다. 그러므로 체면, 인정, 돈, 채무가 이익 교환의 사슬을 형성해 강호화 사회의 경제협력을 실현하는 것이다.

근대 중국의 강호화 사회에서 사회 교환에 쓰이는 매체는 종합 시스템으로, 돈, 물자, 관계, 인정, 체면 등이 이에 포함된다. 이 다섯 가지는 각기 강조하는 바가 있고 기능도 제각기 다르지만, 서로 조화를 이루면서 상호 전환될 수 있다. 즉, 돈이나 물자의 채무는 일정한 조건에서 인정이나 체면으로 상환될 수 있고 관계, 인정, 체면과 관련된 채무 역시 축의금과 같은 돈으로 상환될 수 있다. 그러나 강호의 규칙에서는 금전이라는 적나라한 방식으로 상환하는 것을 금기시한다. 그러므로 가장 바람직한 방법은 선물을 줄 적당한 핑계를 찾는 것이다. 생일 선물이나 결혼 축하 선물 따위로 깊은 뜻을 전하는 게 좋다.

관계, 인정, 체면의 세 가지 무형 매체는 완벽하게 조화를 이루고 있으며 구분하기도 어려울뿐더러 대단히 복잡하다. 이 세 가지 가운데 체면의 교환 능력이 가장 약하고, 교환 범위도 가장 좁다. 그저 체면을 세워주는 방식을 통해 인정으로 바뀌어야 교환 매체가 될 수 있다. 실제로 체면은 인정으로 바뀐 후에 간접적으로 교환 수단이 된다.

쌍관어

80여 년 전에 미국의 사회심리학자 조지 허버트 미드는 인간 심리의 기본 법칙인 '상호작용 모델'을 발표했다. 그의 연구는 인간 교류 및 인성의 형성이 모두 '상징적 상호작용론'을 따를 뿐 아니라 상징을 주고받은 산물이라는 점을 증명했다. 상호작용 과정에서 주고받는 주된 상징은 언어이고, 부차적인 상징은 비언어인 역할, 몸짓, 눈빛, 음조 등이다.

중국 체면의 운용 과정은 대체로 미드의 '상징적 상호작용' 모델을 따른다. 다시 말해 중국의 체면은 수천 년 동안, 특히 최근 500년 동안의 발전을 통해 정보를 전달할 수 있는 상징 체계, 좀 더 정확히 말하면 쌍관어(雙關語: 한 단어에 겉의 뜻과 속의 뜻이 동시에 담겨 있는 말-옮긴이)를 만들어낸 것이다. 체면을 차리느라 하는 말의 구체적인 운용 과정은 다음과 같다. 그럴듯하게 포장된 말이 공중에 울려 퍼지면 숨은 뜻을 파악하는 게 중요하다.

이를테면 잘 아는 사이지만 서로 경멸하는 두 사람이 길거리에서 구경하다 우연히 마주쳤다면 상투적인 인사말을 주고받을 것이다. 이들은 상대에게 지지 않으려 입씨름을 하거나 시시콜콜한 이야기를 하지 않을 수 없다. 이때 이들은 쌍관어를 적잖이 사용해 비아냥거리면서도 상대의 체면을 손상시키지 않으려 할 것이다.

갑이 말한다. "형님께서는 참 대단하십니다. 다릿심이 신통치 못하신데도 이렇게 나오셔서 사회에 관심을 가져주시니 말입니다." 겉으로는 상대의 체면을 세워주는 것 같지만 속으로는 상대가 퇴직한 후 집 안에 틀어박혀 무료하게 지내다가 심심소일로 외출한 것을 비웃는 것이다. 말 속에 숨은 뜻을 알아챈 을은 불쾌한 마음에 재빨리 반격을 가한다. "동생이 훨씬 대단하지. 근무 중에도 짬을 내어 밖에서 어슬렁거리고 있으니 덧없는 인생에서 유유자적하는 방법을 잘도 알고 있구먼." 이 말은 '너도 보잘것없는 건 마찬가지야. 퇴직하지 않았는데도 그렇게 할 일이 없으니 나보다 더 따분한 인생이지'라는 뜻이다.

이들은 대화를 나누는 중에 상대의 체면을 세워주면서 절대로 서로의 감정을 상하게 하지 않는다. 이것은 체면의 규칙이므로 절대 어겨서는 안 된다. 수다를 떨며 의사를 표현할 수는 있지만 결코 상대의 체면을 깎아서는 안 된다. 체면을 깎으면 서로 반목하고 주변 사람들에게 경멸당한다. 체면을 세워주어야 상대를 야유할 수 있고 장난삼아 승강이를 벌일 수도 있다.

중국의 쌍관어가 전적으로 체면 때문에 생긴 것은 아니지만 체면이 큰 몫을 한 것은 사실이다. 체면 때문에 사람들은 쌍관어를 사용할 수밖에 없었다.

1천 년 동안 예교의 영향을 받으면서 중국 사회는 뚜렷한 형식주의의 특징, 형식과 내용이 구별되는 이원화 체계를 갖추었다. 쌍관어의 논리 및 표리가 있는 말과 행동은 일반 중국인의 정형화된 사고방식이 되었다. 중국에서 일상의 말과 행동은 이중의 의미, 심지어 다중의 의미를 지니고 있다. 하나의 언행은 적어도 두 가지 경로로 나뉘어 현실 문제를 해결하는 동시에 체면 문제를 해결한다. 이 두 가지 중에 우선시되는 것은 체면이다. 만일 현실 문제는 해결되었지만 체면을 유지할 수 없다면 많은 사람이 체면을 손상시키는 대신 문제를 보류할 것이다. 또는 타협을 보아 부분적으로 문제를 해결하고, 부분적으로 체면을 세워줄 것이다.

우리는 '안면 때문에' 또는 '그냥 넘어가자'는 말을 종종 듣는다. 그 이면에 숨어 있는 것은 '체면 우선'의 규칙이다. 부지불식간에 권리를 침해당할 경우, 예를 들면 위층에서 물이 똑똑 떨어진다든지, 옆집에서 소란을 피울 때 대부분의 사람이 안면 때문에 흐지부지 넘어간다. 예로부터 안면이 일에 방해가 된 적은 있어도 일이 안면에 방해된 적은 없었다. 체면의 가치관이라는 기치 아래 중국인의 사고는 이렇게 격식화되었던 것이다. 안면이 가장 중요하고 사리事理는 그다음이다.

세 번째 가능한 결과는 체면의 손상을 무릅쓰고 문제를 해결하려는 것이지만, 규칙상 허용되지 않는다. 체면의 손상도 불사한 채 문제를 해결하면 쌍방의 관계가 틀어져 원수가 될 뿐 아니라 지인들로부터 '비정한 사람'이라든지 '아주 형편없는 사람'이라는 비난을 듣는다. 이런 방식은 강호의 처세나 체면 규칙에도 어긋난다.

역할 조절

체면은 사적인 관계망의 운용과 관련 있고, 사적인 관계망의 운용은 각종 역할의 수립에 기초한다.

사회적 역할은 사회인이라는 말과 동일시될 수 있지만 그것이 한 사람의 전부를 의미하는 것은 아니다. 사회학에는 하나의 비유가 있다. 사회 활동을 연극에 비유하고, 개인을 극중 배우에 비유하는 것이다. 배우는 정해진 각본에 따라 대사를 읊고 동작을 한다. 모든 것은 각본에서 이미 정한 규칙에 따라야 하고, 사회 운영의 법칙과 이치는 각본에 의해 관철된다. 역할은 자신의 행동에 대한 타인의 기대다. 그러므로 아무리 자유로운 사회라도 구성원들이 마음대로 하도록 내버려두지 않는다. 이런 의미에서 현대인의 인격적 성숙이란 바로 한 사람이 대단히 사회화되었다는 것을 의미하거나 전통 유가에서 말하는 수신제가修身齊家를 뜻한다.

역할 개념은 서양 사회학의 서구 사회 연구에서 비롯되었다. 서구 사회의 역할 개념이 현대 중국 사회에는 그대로 적용될 수 있을지 몰라도 전통 중국 사회에 직접적으로 적용시키기는 아무래도 무리가 따른다. 어쨌거나 전통 사회는 '역할' 개념이나 이에 상당하는 개념을 도출해내지 못했기 때문이다. 하지만 역할과 비슷한 일부 개념을 만들어냈는데, '명분'과 '체면'이 바로 그것이다. 그러므로 필자는 현대사회의 역할 기능을 참고하여 거꾸로 전통 중국 사회 및 강호 사회에서 체면이 차지했던 지위를 생각해보고자 한다.

전통적인 사고방식에서 볼 때 명분은 체면의 내용이고, 체면은 명분의 형식이다. 명분이 있어야 체면도 있는 것이지 명분 없이는 체면도 없다. 명분은 체면을 통해 실현되고, 체면은 명분에 의지한다. 세속 사회와 강호 사회에서 체면과 명분은 거의 혼용된다. 서양의 역할 개념에 비추어 볼 때 체면과 명분은 거의 중국인의 역할에 가깝다. 강호화된 세속 사회에서는 '체면이 곧 역할이다'라는 개념을 바탕으로 규칙을 시행하고 제도를 운영한다.

어느 사회 공동체에서나 규정을 어기는 사람은 있게 마련인데, 규정을 어기는 사람이 생기면 억제하고 징계할 방법이 필요하다. 비단체 성격의 조직에 속하는 인맥 사회에서는 불문법과 관례에 따르며, 뭇사람들의 게임에 의지해 강압적이지 않은 방식으로 질서를 유지한다. 법원이나 중재

체면	준칙
빚을 지고 떼어먹으면 체면이 서지 않는다.	빚을 갚지 않고 이득을 차지하려 해선 안 된다.
의관이 정결하지 않으면 체면이 서지 않는다.	군자는 의관이 단정해야 한다.
낡은 차를 몰면 체면이 서지 않는다.	돈이 없으면 능력이 없는 사람이다.
회사 외관이 허름하면 체면이 서지 않는다.	회사는 재력이 있어야 한다.
아이 버릇이 없으면 부모 체면이 서지 않는다.	잘 가르치지 못한 것은 부모의 잘못이다.
결혼식장이 한산하면 체면이 서지 않는다.	혼사를 치를 때는 시끌벅적해야 한다.
간통 현장을 들키면 체면이 서지 않는다.	남녀 간의 관계가 부적절해서는 안 된다.
과부가 개가하면 체면이 서지 않는다.	일부종사해야 열녀다.

기관이 필요 없고, 연장자나 선배도 필요 없으며, 오직 체면만이 유일한 중재 메커니즘이다. 윤리적 금기를 만들어 체면이 깎이거나 체면을 잃었다고 스스로 느끼게 해 반칙을 줄이거나 근절시키는 방법으로 인맥 사회의 질서를 유지하는 것이다. 체면은 사적인 관계망을 운용하는 핵심으로 감독·회복의 메커니즘을 겸비하고 있다.

체면 운용에서 가장 기본적인 메커니즘은 '체면이 서는 경우'와 '체면이 서지 않는 경우'라는, 쌍을 이루는 평가 유형이다. 이러한 평가 유형의 근거가 되는 것은 인맥 사회의 기본 규칙, 특히 핵심 가치관이다. 즉, 가치관에 부합되면 체면이 서는 것이고, 가치관에 부합되지 않으면 체면이 서지 않는 것이다.

체면을 판단하는 열쇠는 가치관이다. 가치관은 체면을 지배하고, 체면은 가치관에 직접적으로 봉사한다. 가치관을 강화하면 어느 틈에 공동체 자치 목적을 달성할 수 있으며, 강제력이나 법원·중재원과 같은 전문 기관의 도움을 받지 않아도 된다. 그러므로 체면을 중시하는 사람 및 체면을 중시하는 집단은 어느 정도 스스로를 엄격히 단속하는 경향이 있으며, 이들이 지켜야 할 규칙도 많은 편이다.

체면의 기능 가운데 하나는 강호의 역할을 수행해 규칙과 제도 질서를 수립한다는 점이다. 일종의 규제 메커니즘이다. 사람들은 규정 위반을 결코 두려워하지 않는다. 만약 규정을 어기면 '체면이 안 선다'는 말 한 마디면 해결되기 때문이다. 법정에 호소하거나 많은 비용을 낭비할 필요가 없다. 오늘날 법정에서 하루 재판을 하려면 법관, 비서, 서기, 변호사 등의 급여 외에 수도세와 전기세, 운영비까지 합해 수천 위안이 든다. 하지만 강호 체제에서는, 예컨대 인맥이나 계모임 등에서는 '체면이 안 선다'는 말 한마디면 모든 일이 해결된다.

체면에 의지해, 인맥 사회는 유가의 예속 및 도가의 무위지치(無爲之治: 성인의 덕이 지극히 커서 아무런 행위를 하지 않아도 천하가 저절로 잘 다스려짐-옮긴이)를 융합한 자치 체계를 형성했다. 그리하여 서양 정치의 자유 질서 개념과 같은 효과를 내는 것이다. 이를테면 애덤 스미스의 '보이지 않는 손'이나 하이에크의 '자생적 질서'와도 같다. 중국의 유가나 도가의 관점에서 보면, 시장과 자생적 질서는 모두 무위지치에 속한다. 즉, 외력을 통하지 않고 자체 메커니즘으로 질서를 유지하는 것이다.

3. 체면의 기능

체면이 유행하는 이유는 실제적인 기능이 많아 생활에 적지 않은 공헌을 하기 때문이다. 특히 유교 사회와 강호 사회에서 체면은 '접착제'와 같은 역할을 했다.

갈등 완화

체면과 관계된 말 중에 '체면을 봐주느라', '체면을 세워주느라', '퇴로를 열어주느라' 등은 의심할 여지없이 충돌과 관계있는 말들이다. 일단 체면을 봐주고, 체면을 세워주고, 퇴로를 열어주다 보면 충돌이 일어나기 전에 갈등을 완화하거나 방지할 수 있다. 체면은 고대의 소진(蘇秦: 전국시대의 모사-옮긴이)이나 장의(張儀: 전국시대 위나라의 모사-옮긴이)처럼 썩 괜찮은 외교 조정자라고 볼 수 있다. 그러나 체면 메커니즘이 방지할 수 있는 충돌은 대개 작은 일들에 관한 것이다. 체면은 그저 융통성 있는 방어 메커니즘일 따름이다.

아파트에서는 이웃의 소란 등으로 충돌이 빈번히 발생한다. 떠드는 소리, 피아노 치는 소리, 음식 냄새와 담배 냄새, 복도 공간 문제, 공중위생 등을 이유로 갈등이 있더라도 이웃과의 문제를 법원이나 지역 사회 센터에 호소하는 주민은 별로 없다. 대부분 처음에는 참다가, 더 이상 참을 수 없을 때 말다툼을 하고, 그래도 해결이 안 되면 법원을 찾는다. 그런데 어째서 처음에는 참는 것일까? 바로 정실에 끌려서다.

이처럼 참는 이유는 상대의 감정을 상하지 않게 하려는 것이고, 감정을 상하지 않게 하려는 것은 뒷날을 위해서다. 인맥이 주도하는 사회에서 개인은 서로에게 자원이 될 수 있다. 어느 누구도 타인의 신세를 지지 않을 거라 장담할 수 없다.

자아 표현 및 발산

체면은 프로이트식 발산의 출구 역할을 했다. 예교의 압력을 받으며 규율을 준수하고 자신을 억누르는 것이 천성이었던 중국인들이 합법적인 장소에서 개성을 표출하고, 자아 이미지를 부각시키고, 우월감을 느낄 수 있게 해주었다. 자기표현은 인류의 천성이지만 민족마다 표현 방식에 차이가 있다. 중국인은 체면을 선택했고, 체면으로 자기를 과시했다. 요컨대 체면은 중국인의 자기표현 방식으로서 형식주의 색채를 강하게 띤다.

체면에 관한 수많은 용어 가운데 자아를 표출하고자 하는 바람이 가장 잘 드러난 것은 '체면이 서다'라는 말이다. 체면이 서는 것은 인생의 최종 목표라서 배후에 기타 목적이 없는 까닭에 자아 가치의 승화를 체험할 수 있다. 그러므로 체면이 서면 득의양양하고 신바람이 나서 덩실 덩실 춤이라도 추고 싶은 것이다. 에이브러햄 매슬로의 인본주의 심리학 기준에 따르면, 이것은 순간의 만족감, 성취감, 자기 긍정을 경험할 수 있는 '절정 체험'이라고 볼 수 있다.

체면을 추구하는 것은 항구적이지만 체면에 대한 가치 판단은 사람에 따라 다르고 시대에 따라 차이가 있다. 문화대혁명 시기에 체면이 서는 최신 유행품은 손목시계, 자전거, 재봉틀이었던 반면에, 오늘날 체면이 서는 최신 유행품은 명품 옷, 명차, 호화 별장이다. 일부 하층민은 대부호나 실력자가 되면 서둘러 고향으로 돌아가 자랑하고 으스대려 하는데, 이것을 '금의환향'이라고 부른다. 여기에서 '금의'는 아름다운 옷이 아니라 체면의 대유법이다. 체면은 비단옷과 진귀한 음식이나 진귀한 말과 화려한 수레보다 훨씬 영광스러운 것이다.

체면을 세워 자신의 이미지를 부각하는 것은 체면의 고유한 역할이자 중국인의 자아실현 방법의 특징이다. 이러한 중국의 특색을 논의하기 위해서는 서양의 자아실현 및 중국과 서양 사회의 서로 다른 자아 관념을 탐구할 필요가 있다.

중국 문화에서 체면이 선다는 것과 서양 문화에서 자아실현의 근본적인 차이는 체면과 자아 관념의 차이에서 비롯되었다. 중국 고대 관념에 '자기'라는 개념이 있지만 자기는 자아와 다르다. 현대 중국의 자아 개념은 서방 문화에서 유래했다. 자아에 대한 심리학적 정의는 인격의 자의식인 반면, 체면의 심리학적 정의는 인격의 일부로 타인의 평가와 자신의 평가가 합쳐져 형성된 자아 이미지다. 사회학적으로 설명하면 체면은 유교 제도에서 개인의 역할을 말한다. 유교 체제는 개인의 역할을 형식화·격식화해(『대학』의 수신修身, 제가齊家, 치국治國, 평천하平天下) 유교 가치에 부합하는 풍습을 만들었다. 이런 상황에서 개인의 참된 본성은 사라지고 예의와 풍속의 규칙에 따라 역할을 수행했고, 언행은 『주례周禮』, 『의례儀禮』 등 핵심 경서의 각종 각본, 세속화된 가훈, 가풍, 규율에 구애를 받았다.

강호 사회는 개성이나 자아실현 추구를 독려하지 않는다. 반대로 개성이 기성 질서에 융합되도록 독려한다. 강호의 규칙에 부합되고, 강호의 가치를 따르면 체면이 선다. 체면이 서면 모두의 칭찬을 받고 흠모의 대상이 된다. 그러므로 개성을 표출하고 싶다면 체면이라는 도구로 포장해서 간접적으로 발산해야 한다.

개인 신용의 대체

체면이 서는 것은 일종의 교제 밑천, 즉 교유의 자원이다. 체면이 설수록 대인 관계가 좋아지고, 인기가 높아지는 것이 강호에서는 불변의 진리다.

중국의 동남부 연안 지역과 타이완 해협 서안 일대는 체면을 중시하는 풍조가 중국에서 으뜸이라고 할 만하다. 민영 기업가들은 겉치레에 뛰어나 상점 문 앞을 산뜻하게 꾸미고 공장 건물을 화려하고 웅장하게 꾸민다. 대문에는 정모正帽를 쓰고, 반듯하게 다림질한 제복을 입은 노동자가 위엄을 갖추고 서 있다. 정문에는 현지의 고위 관리가 써준 공장 이름이 걸려 있는데, 비호 세력을 과시하기 위함이다. 소유주와 유명 인사가 함께 찍은 대형 사진을 눈에 잘 띄는 곳에 걸어둔다. 소유주는 출장을 갈 때 중고 고급 승용차를 이용하려 한다. 어차피 외부 사람들은 중고차라는 사실을 모를 테니 돈도 절약하고 체면도 세우려는 것이다.

이것을 순전히 체면을 뽐내기 위한 것이라고 여긴다면 엄청난 착오다. 체면의 허영심보다 훨씬 중요한 것은 체면으로 돈을 벌 수 있다는 점이다. 작은 손해를 보고 큰 이득을 얻는 것인데, 그 가운데에는 속임수가 적지 않다. 이를테면 고급 승용차는 사업 이야기를 원만하게 진행하기 위한 속임수다. 상인들은 협상을 하기 전에 우선 겉모습을 본다. 겉모습이 그럴싸하면 구매자는 속아넘어가 공손한 마음이 절로 생기고 소유주의 능력에 대해 믿음까지 생겨 그와 기꺼이 거래를 하고자 하는 것이다. '사람은 높은 곳을 향해 가고 물은 낮은 곳으로 흐른다'는 속담도 있듯이 실력 있는 사람과 사업을 하려는 것은 인지상정이다. 요컨대 겉치레로 일거양득의 효과를 거둘 수 있다. 즉, 체면도 서고 사업도 번창할 수 있다.

체면은 일종의 자원으로서 권력이나 돈, 인맥, 정보 등 기타 자원으로 전환될 수 있다. 체면이 인맥으로 바뀔 수 있고, 반대로 인맥을 보유하고 있어도 체면이 설 수 있다. 체면은 금전이나 권력을 생성할 수 있다. 반대로 돈 많고 권력이 있어도 체면이 서 많은 사람들의 부러움을 살 수 있다. 이러한 상호 전환의 특성에 따라 실제로 체면은 존귀한 가치에서 출세 수단으로 변질되어 체면에 의거해 실질적인 목적을 달성할 수 있었다.

체면이 수단이 될 수 있는 것은 배후의 사회적 원리 때문이다. 체면은 강호 사회 또는 강호화된 전통 사회에서 상대적으로 높은 사회적 지위를 나타냈다. 이것이 문제의 핵심이다. 상하 구별의 차별이 남아 있는 사회질서 속에서 지위의 우위는 수익의 우위를 보장해줄 뿐 아니라 사회적 부의 재분배 체계에서 자신의 몫을 늘릴 수 있게 해준다. 체면은 삶의 질의 척도이자 강호에서의 적응 여부를 알려주는 표지다.

체면은 공동체 안에서 상대적으로 우월한 지위이기 때문에 희소 자원에 속한다. 공공 자원이 일단 부족하면 사람들은 그것을 고가에 구입할 수밖에 없는데, 이러한 거래 과정이 체면의 도구화를 야기했다.

관계망의 자치

체면의 네 번째 역할은 전통 사회 형태인 인맥 사회, 비밀 단체, 가족 사회가 자치를 유지할 수 있도록 돕는 것이다. 이들 공동체가 개인 규제의 메커니즘을 수립해 구성원들의 일탈 행위를 줄이고 질서를 유지할 수 있도록 한다. 그것의 특징은 도덕적 자율이다.

중국은 현재 후後전통 시대라는 전환기에 있다. 헌정 제도가 빠르게 수립되고 있지만 전통적 습속에 따른 관행도 영향을 미친다. 중국의 전통적 생활공동체라고 볼 수 있는 가족, 친척, 향촌, 이웃, 동료, 인맥, 더 나아가 강호의 동업조합과 종교 결사 등은 대면적 접촉에 기초한다. 사회학에서는 이를 가리켜 '제1차 집단'이라고 부른다. 제1차 집단이라는 말은 인맥 사회를 이해하기 위한 중요한 개념이다. 그것이 관계망이라는 현상의 특징이기 때문이다. 관계망은 제1차 집단의 일종이다. 관계망 외에 파벌, 이웃, 동향인, 친척 등도 제1차 집단에 속한다.

가장 전형적인 제1차 집단은 대면적 접촉에 의거한 가족, 친척, 이웃, 지인, 동향인 등이다. 얼굴을 맞대는 감성적 교류 없이 공문, 법령, 서신 등 추상적인 매체에만 의존하면 체면은 의지할 곳이 없다. 사실 낯선 사람을 상대로 체면을 따질 사람은 아무도 없다. 체면은 소집단 안에서필요한 것이다. 체면의 목적은 '내가 당신보다 유능해' 또는 '내가 그보다능력 있어'와 같이 지인 앞에서 심리적인 우위를 점하고자 하는 데 있다. 공동체에서 이러한 우위를 점했다는 것은 체면을 차리는 사람이 자신의뜻을 이루었다는 걸 의미하는 동시에 그가 주변 사람들에게 영향을 미쳤음을 뜻한다. 영향이란 주고받는 것이다. 갑이 을에게 영향을 미치는 동시에 을도 갑에게 영향을 끼쳐 결국에는 서로 균형을 이루면서 질서를 수립한다.

인맥 사회는 무위지치의 느슨한 인간관계 체계로 경찰이나 법관 없이 당사자가 자발적으로 법을 준수하고 수호하면서 유지된다. 현대 헌정학의 관점에서 보면 인맥 사회는 '자유 질서'의 원리에 따른다.

관계망의 특징은 무위지치가 가능하고, 전문가가 필요 없이 저절로 질서가 유지된다는 점이다. 폭력이나 협박 없이도 당사자는 관계망의 질서를 유지하고자 한다. 그 이유는 이익과 체면 때문이다. 규칙을 지키는 것은 자신의 돈줄을 지키는 것과 마찬가지 행위다. 육체노동이나 고용, 영업 등은 모두 타인과의 관계에 의지한다. 체면은 공동체 안에서 한 사람의 역할이다. 그러므로 체면을 중시한다는 것은 자신의 역할을 수행한다는 걸 의미하고, 체면을 중시하지 않는다는 것은 자신의 역할을 거부한다는 걸 뜻한다. 역할을 수행한다는 것은 규칙을 지키고, 공동체의 가치관을 고취시키는 것을 의미한다.

만약 개인이 이에 따라 행동한다면 많은 사람 앞에서 대단히 체면이 설 것이다. 모두가 부자가 되고 싶어 하는데 당신이 부자가 되었고, 모두가 승용차와 별장을 부러워하는데 그것들을 당신이 소유했으며, 모두가 미인을 칭찬하는데 당신이 미녀를 아내로 얻은 것이다. 이처럼 체면 제도는 객관적인 행복의 도구나 마찬가지다. 이와 동시에 집단은 행복을 평계로 개인의 행동을 규제한다.

4. 거짓된 인간의 연기와 속임수

거짓을 꾸미는 이유는 모두가 연기에 익숙하기 때문이고, 모두가 연기에 익숙한 이유는 체면 제도가 있기 때문이다. 세상 모든 이가 가면을 쓸 때 참모습은 서서히 가치를 상실할 것이고, 참모습이 생존에 도움이 되지 않을 때 사람들은 거짓에 도움을 청할 수밖에 없다. 그리고 거짓이 판칠 때 민족문화는 나락으로 빠져들 것이다.

명실名實의 구분, 연기, 속임수는 종종 강호인 인격 발달의 3단계로 취급되곤 한다. 강호인은 먼저 거짓말의 기술인 명실의 구분을 배운 뒤 강호의 소통 기술인 연기를 배우고, 마지막으로 돈, 여색, 권력 등을 사취해 잇속을 챙길 수 있는 속임수를 배운다.

문학 작품을 예로 들면, 진융의 소설 『녹정기』의 주인공 위소보는 소년기에는 거짓말을 배웠고, 청년기에는 연기를 배웠으며, 장년기에는 수단과 방법을 가리지 않고 남의 것을 빼앗는 법을 배웠다. 명실을 구분하는 것부터 익히고, 허풍 떠는 것을 연습한 후에, 권력·재물·여색을 사취하면서 대성공을 거둔다. 강호에서 성공한 건달들은 모두 이 세 단계를 거쳤다.

명·청 사회가 강호화된 후, 체면 제도가 생활에 깊숙이 침투하면서 거짓말·큰소리·헛소리, 표리부동, 연기 등이 중국인의 고질병이 되었다. 인사치레가 참말보다 많고, 거짓된 인간이 진실된 인간보다 많고, 거짓말·큰소리·헛소리가 유행하고, 형식주의가 판을 쳤다.

체면 제도가 판치면서 수많은 중국인들은 거짓된 인간이 되었다. 오래지 않아 일반인들은 행복하다는 느낌보다는 불행하다는 느낌을 받았다. 친척, 친구, 지인의 위선과 기만에 대처하느라 녹초가 되었기 때문이다. 거짓된 인간이 엄청나게 늘어난 이유는 무엇일까? 악의적으로 사기를 치는 소수를 제외하고 대다수의 사람이 거짓말·큰소리·헛소리에 익숙해진 것은 체면 제도의 영향을 받으면서 체면을 중시하는 가치관이 확산되었기 때문이다.

명실의 구분

겉치레, 꿍꿍이셈, 기회주의자라는 말 등을 통해 중국인들이 겉과 속을 달리한 채 생활하고 있다는 걸 알 수 있다. 겉은 눈으로 볼 수 있지만 속은 감각을 초월할 뿐 아니라 말의 이면에 숨겨져 있기 때문에 주의를 기울여 헤아릴 필요가 있다. 바로 이 점이 중국인, 특히 강호인이 가장 노력을 기울이는 부분이기도 하다.

중국인의 이중성을 페이샤오퉁은 '명실의 구분'이라고 불렀다. 여기서 명은 명분이고, 실은 사실이다.* 즉, 명실의 구분이란 명분과 사실의 괴리를 의미한다.

체면의 특징인 이중성, 즉 형식과 내용은 관련 없는 듯하면서도 끈끈하게 연결되어 있다. 속에서 떨어져나온 겉은 처음에는 빈껍데기와 같지만 일단 독립된 공간에 진입해 독립된 궤도를 돌면 도리어 내부의 발전을 촉진하면서 윈윈 효과를 거둘 수 있다.

서구 사회에서 가장 심한 욕은 아마도 '거짓말쟁이'라는 말일 것이다. 그러나 강호의 관점에서 거짓말은 악행이라고 볼 수 없기에 거짓말쟁이는 도리어 칭찬의 말이 될 수 있다. 넉살 좋고 거짓말을 잘한다는 점은 강호인에게 능력이자 지혜의 상징이다. 진위에 신경 쓰는 사람은 아무도 없다. 사람들이 관심을 보이는 것은 원만하게 일이 수습되었는지, 강호의 규칙에 부합되는지 여부뿐이다.

목적을 달성하기 위해 수단과 방법을 가리지 않는 유구한 전통은 선진

* 페이샤오퉁, 앞의 책, p.76.

先秦 시대 제자백가의 종횡가(縱橫家: 중국 전국시대에, 제자백가 가운데 제후들 사이를 오가며 여러 국가를 종횡으로 합쳐야 한다는 합종책과 연횡책을 논한 분파—옮긴이)에서 비롯되어 청대 말기와 중화민국 초기의 난세에 절정을 이루었다. 강호에 몸을 두면서 거짓말에 능하지 않으면 바보라는 놀림을 받게 마련이었다. 강호의 건달들에게 명실의 구분은 예사로운 일로, 앞뒤 말이 맞지 않는 것에 그들은 결코 부끄러움을 느끼지 않는다. 체면을 세우기 위한 거짓말은 본질적으로 악의가 없기 때문에 구분해서 보아야 한다.

명실의 구분은 정치적인 큰 사건에서 흔히 발견되곤 한다. 말과 행동이 다른 술책으로 사람들을 속여 정의라는 명분에 말려들게 하는 것이다.

연기

양화陽貨는 공자를 알현하고자 했지만 그의 사람됨을 혐오한 공자가 만나주려 하지 않자 삶은 고기를 예물로 보냈다. 예물에 답하고자 공자는 사람을 보내어 알아본 뒤 일부러 양화가 집에 없는 틈을 타서 방문했지만 하필 양화의 집 앞에서 일을 보고 돌아오는 양화와 마주쳤다. 공자는 무척이나 난처했다. 모두에게 귀감이 되는 공자의 연기는 오랜 세월이 지난 후에 일반인에게까지 파급되어 명·청 강호 시대에 이르러서는 절정에 달했다.

강호의 연기는 체면을 세워주고 체면을 유지하는 것에서 비롯되었다. 자신이나 상대방이 체면이 서는 기준에 미치지 못한다는 걸 잘 알면서도 일부러 관대한 태도를 보이며 상대에게 아첨해 거짓으로 체면을 세워주는 것이다. 연기는 바로 이렇게 해서 시작되었다. 소위 연기의 기본 기술은 가장假裝이다.

예를 들어, 휴대전화는 강호인과 천생연분이다. 빚을 독촉하거나, 도움을 바라거나, 마누라가 근무 상황을 점검하는 따위의 성가신 일로 휴대전화가 걸려왔을 때 받지 않으면 뒤이어 난처한 상황에 처할 것이다. 그러므로 연기를 해서 즉흥적인 거짓말로 긴장을 완화해야 한다. 예를 들면, 휴대전화를 깜빡 잊고 나왔다든지 회의 중이어서 받을 수 없었다고 둘러대는 것이다. 빚을 독촉하거나 청탁을 넣기 위해 걸려온 전화였다면 상대방도 거짓말을 눈치채겠지만 받아들일 수밖에 없다. 받아들이지 않으면 어쩌겠는가? 서로 반목하고 갈등할 것인가? 도리어 거짓말을 하는 것이 상대의 체면을 세워주는 일이 될 수도 있다. 상대를 존중하지 않아서가 아니라 세심하지 못하거나 부주의해서 휴대전화를 받지 못했다는 걸 의미하기 때문이다.

대부분의 연기에는 일정한 방식, 즉 상대적으로 고정적인 대사와 각본이 있다. 생활 속 연기의 각본은 유가 경전의 삼례인 『주례』, 『의례』, 『예기』에서 유래했다. '예의가 삼백이면 위의威儀는 삼천이다'라는 옛말도 있듯이 각종 행위에는 모두 일정한 격식과 각본이 있어 임의대로 고칠 수가 없다. 의식뿐 아니라 형식주의적 사고방식도 유교 1천 년 교화의 산물이라 할 수 있다. 유교가 쇠퇴한 후 연기의 각본은 더 이상 유교에 국한되지 않고 기타 새로운 것을 교조로 삼았다. 의례적인 말, 관료적인 말투, 틀에 박힌 말은 여전히 끊이지 않고 들린다. 그 내용은 유교와 관계없지만 모모 주의나 모모 정신 등은 유교에서 유래했다.

중국에서 가장 사소한 연기에 해당하는 것은 인사말을 나누는 것이다. '인사말'이라는 단어 자체에 연기의 의미가 있다. 두 지인이 거리에서 우연히 만났다면 대개는 알은체를 하게 마련인데, 외국인처럼 '헬로'라는 말 한마디만 하고 돌아서지는 않는다. 이를테면 두 남자가 만났다면 담모퉁이에 기대어 맞담배를 피우며 잠시 시간을 보낼 것이다. 인사말에

흉금을 털어놓는 말이란 없다. 미리 편집해놓은 대사, 즉 오래간만이에요, 어떻게 지내세요, 부모님께서는 안녕하십니까, 아이 많이 컸지요, 시간 나면 놀러 오세요, 언제 한 번 만나요 등의 인사말은 진부하지만 하지 않을 수 없다. 이런 말들은 인사말을 나누는 예절로서 대사에 포함되기 때문이다. 또한 이러한 의식을 통해 상대방의 체면을 세워주면서 서로의 관계를 인정할 수 있다.

허풍을 떠는 것도 연기의 일종이다. 중세 농경 사회에서는 사람들이 한곳에 정착해 살면서 서로 속내를 알기 때문에 사생활이란 개념조차 없었고, 따라서 허풍을 떨 필요도 없었다. 그러나 근대 이후 상공업의 발달로 사람들이 제멋대로 이주하면서 서로 잘 알지 못하는 사람들 사이에서 허풍을 떠는 게 하나의 관행이 되었다.

일반적으로 미국인들은 구직을 할 때에 다소 허풍을 떠는 것을 묵인해주기 때문에 적당히 과장할 필요가 있다. 취업을 위해서는 우선 회사의 내부 사정을 파악한 뒤 자신이 회사에서 필요로 하는 인재인 척하면서 면접시험을 볼 때에 한바탕 연기를 해야 한다. 면접관이 "운전을 할 줄 아세요?" 하고 물으면 "물론입니다!" 하고 대답해야 하고, "타자를 칠 줄 아십니까?" 하고 물어도 "물론입니다!" 하고 대답해야 한다. 대답부터 하고 나서 나중에 배워도 무방하기 때문이다.

무릇 연기에는 사실과 상충되는 규범이 있고, 이 점은 명실 구분의 기원이 된다. 각국의 연기가 다른 것은 각국의 규범이 다르기 때문이다. 중국의 연기는 체면 제도의 산물이고, 체면 제도는 서구 사회의 역할 체계에 상당한다. 그러므로 체면은 중국식 역할 체계라고 말할 수 있다.

속임수

연기에서 한 발 앞으로 나서면 속임수가 된다. 바로 이 한 걸음을 더 내디뎌야 진짜 이익을 얻을 수 있다. 예컨대, 돈과 권력을 얻으려면 연기 이상의 속임수가 필요하다.

중국의 어느 작은 시골 마을에서 있었던 일이다. 그 마을 간부 몇 명은 오래전부터 마을의 벽돌·기와 공장에 눈독을 들이고 있었다. 그러던 중 1995년에 국가가 농촌의 집단 소유제 기업을 촌민들의 주식 합작 기업으로 전환할 것을 장려하자, 이들은 이 절호의 기회를 이용해 촌민들에게 정부의 정책을 선전하는 한편, 가짜 장부를 만들어 헐값에 벽돌·기와 공장을 사들인 후 자신들 명의의 합명회사로 전환했다. 이득을 취한 후에 이들은 연말이 되어 상부에 총결산을 보고해 개혁을 추진했다는 치적까지 쌓았다.

일단 사람을 속여 사리를 취하려는 마음을 품으면 연기는 속임수로 변한다. 연기를 하는 문화 전통의 영향으로 중국인의 속임수에는 연기의 맛이 배어 있다. 연기와 속임수는 서로 통하는 듯하면서도 다른 점이 있다. 즉, 연기는 가짜 일을 진짜 일인 것처럼 꾸며야 하고, 속임수 역시 연기의 도움을 받아야 된다는 점에서 양자는 밀접하게 관련되어 있다. 하지만 이해관계에 관해서는 서로 차이가 있다.

연기는 체면과 관련될 뿐 이익이나 손해와는 무관하다. 그러나 속임수는 반드시 이익과 관련되어 있다. 이익은 속임수의 원동력이 되고, 속임수는 이익을 꾀하기 위한 수단이 된다. 따라서 이익을 가까이하는 연기는 속임수이며, 이익과 무관한 속임수야말로 진정한 연기라 할 수 있겠다.

속임수는 중국에서 주로 관계官界와 상계에 만연해 있다. 그 옛날에 관리는 윗사람에게는 치적을 거짓 보고하고 과실을 감추는 한편 백성들에게는 징세 명목을 조작해 억지로 부담하게 했다. 이 점은 역대 관료 사회의 골칫거리였다. 바로 이 점 때문에 정부의 통계 수치를 신뢰할 수 없었다. 24사를 살펴보면 식량, 인구, 경지의 통계 수치 가운데 앞뒤가 모순되는 부분이 적지 않다. 많은 관리가 당년의 식량, 토지, 인구 변동은 조사하지도 않고 지난해 통계 수치를 참고로 임의로 약간 늘리거나 줄이기를 반복했다.

현대에도 거짓으로 법을 집행하는 경우가 많다. 일부 관리는 법 집행이라는 명분을 내세우며 도처에서 남의 돈을 뜯어내고 있다. 일부 지역의 교통경찰을 비롯해 도로 행정, 가족계획, 상공, 세무, 시의 공공·환경·녹화 사업 등을 관리·감독하는 부서에서 이런 일들이 심심찮게 일어나고 있다. 물론 일부로 전체를 평가할 수는 없지만 거짓 법 집행에 따른 부패 문제가 상당히 심각하다는 점은 신문을 통해서도 알 수 있다.

속임수는 사회의 구조적 문제지 더 이상 개인의 윤리적 문제가 아니다. 속임수가 유행하는 직접적인 원인은 관리·감독 체제가 허술해지고 사회통제력이 약화되었기 때문이다. 500년 동안 수차례에 걸쳐 사회구조가 바뀐 탓에 정식 규칙 체계는 성숙해질 겨를이 없었다. 변화가 잦을수록 정통 체제는 취약해지는 법이고, 바로 이렇게 정식 규칙이 불안정할 때 사기가 판을 치는 것이다. 강호에는 속임수를 쓰는 유전자가 있고, 속임수를 쓰는 것은 연기에서 유래했고, 연기는 체면에서 유래했으며, 체면은 유교 문화 전통에서 유래했다.

5. 역사 속의 체면

　체면은 중국 사회의 특색이자 중국 정세의 산물이다. 중국의 체면은 다른 나라들의 체면과 같은 점도 있지만 다른 점이 있으며, 목적 유형과 수단 유형으로 나뉜다.

　목적 유형의 체면은 고대의 체면이다. 중국 문화와 더불어 탄생해 5천 년 역사를 보유하고 있다. 수단 유형의 체면은 근대의 체면이자 강호의 체면이다. 근대 중국의 강호화를 배경으로 탄생해 600~700년이라는 짧은 역사를 지닌다.

　'체면'이라는 낱말은 구어이고 백화문의 범주에 속한다. 원대 잡극이나 명·청대 통속 소설 이전의 중국 고전 문헌에서는 문어체를 사용했기 때문에 체면이라는 낱말이 원·명대 이전에 나타났더라도 문어체의 문헌에 자주 등장하지는 않았을 것이다. 그러므로 '체면'이라는 말의 어원을 밝히는 것은 결코 쉬운 일이 아니다. 하지만 체면이라는 말이 어느 날 갑자기 하늘에서 뚝 떨어진 것은 아니다. 체면 배후의 사회 메커니즘과 문화 체제 역시 하룻밤 새에 생겨날 수 있는 게 아니라 변화 발전의 과정을 거쳐야 하는 것이다.

　고대 문헌의 문어문에서 체면의 개념에 가장 가까운 낱말은 면목(面目: 중국어로는 얼굴, 용모, 면목, 낯, 체면이라는 뜻―옮긴이)과 검면(臉面: 중국어로 얼굴, 안면, 낯, 체면, 면목, 정실이라는 뜻―옮긴이)이다. 『사기』 「항우본기」에는 다음과 같은 기록이 있다. "내 강동의 자제 8천 명을 거느리고 강을 건너와 서쪽으로 진군했는데 지금 한 사람도 돌아가지 못하니 설사 강동의 부형들이 나를 어여삐 어겨 왕으로 추대한다 한들 내가 무슨 면목으로 그들을 대하겠는고!" 여기서 면목은 체면과 같은 말이다. 『사기』 「항우본기」뿐 아니라 「여태후본기呂太后本紀」와 「제태공세가齊太公世家」 등 7편에도 면목이라는 낱말이 보인다. 한대에 면목이라는 단어에는 이미 자존과 존 엄의 의미가 내포되어 있었다. 자존과 존엄은 체면의 고전적 의미, 목적 유형의 의미다. 여기서 말하는 목적 유형이란 인생의 목적일 뿐 일 처리 를 위한 수단은 아니라는 이야기다.

문어문으로 쓰였을 때 면목과 체면은 공통점도 있지만 차이점도 있었 다. 공통점은 면목이나 체면 모두 얼굴로 인격을 대신해 개인의 존엄을 나타냈다는 것이다. 진·한 상고 시기에 중국의 체면은 존엄을 얼굴에 빗 대어 표현한 것에 불과했다. 존엄을 얼굴에 비유하는 것이 중국만의 독 특한 현상은 아니다. 이를테면 영국인들이 '루즈 페이스lose face'라고 말할 때의 '페이스face' 역시 체면을 나타낸다.

고대의 면목이나 체면이라는 낱말에는 근본적인 특징이 있었다. 즉, 거 래 수단이 아니라 인생의 목적으로 간주되었다는 점이다. 반면에 현대 체면의 특징은 수단화되었다는 점이다. 즉, 내가 상대의 체면을 세워주 었다면 상대도 내 체면을 세워주어야 하는 거래 행위로 변질된 것이다. 따라서 면목과 유사한, '얼굴로 존엄을 대신하는' 고전적 의미는 중국 체 면 문화 발달의 초기 단계에 해당하고, 현대적인 체면만이 중국적 체면 이라고 할 수 있다.

문자학상으로 면목은 다의어이고, 체면은 면목에서 파생한 것이다. 면 목은 얼굴과 눈이며, 일반적으로 오관五官을 가리킨다. 고대에는 면목이 라는 낱말이 '용모'라는 본래의 의미보다 '존엄'의 의미로 더 많이 쓰였 지만 용모라는 의미로도 자주 사용되었다. 예컨대, 면목청수(面目淸秀: 용모 가 수려하다는 뜻—옮긴이), 면목화선(面目和善: 용모가 수더분하다는 뜻—옮긴이) 등이 그것이다. 간혹 진상眞相, 즉 사물의 진면목이라는 의미로도 사용되었다.

청대 후기에 이르면 면목이라는 낱말에서 존엄의 의미가 점차 사라지고 용모라는 본래의 의미가 다시 부각된다. 예를 들면, 청대 증박曾樸의 작품인 『얼해화孽海花』 전서 가운데 네 개의 장에서 사용된 면목이라는 낱말은 전부 용모를 가리킨다. 그 후 말이 분화되면서 존엄의 의미를 내포한 면목이 점차 일상어에서 사라지고, 새로운 존엄의 개념인 체면이 주도적인 낱말, 주도적인 가치 체계로 부상했다. 이러한 일진일퇴의 과정을 거듭하면서 체면 문화 제도는 새로운 단계에 접어들어 독특한 내용으로 변화·발전했다. 중화민국 시대 이후부터 지금까지 체면이라는 말은 대중화되어 현대 중국 사회의 일부이자 강호화 구조의 일부가 되었다.

결론적으로 말해서, 체면의 의미가 크게 바뀐 것은 청대 말기다. 이러한 변화는 겉보기에는 면목이라는 단어 대신에 체면이라는 단어를 사용한 것에 지나지 않는 것 같지만 실제로는 체면 가치관이 도구적·수단적 성격으로 전환되었음을, 그리고 이러한 전환 배후의 훨씬 큰 배경인 중국 사회구조가 강호화되었음을 의미한다.

제도 강호화의 본질은 전통 가족 사회에서 출발해 탈가족화·이주화·이민화를 거친 후 가치관, 특히 존엄과 자존의 가치관에 반영되었다. 그리하여 중세 이전의 검면이 근대의 체면으로 바뀌고, 내적인 존엄이 외적인 허영으로 변질되고, 허영이 교환 수단으로 변하고, 존엄이 거래 수단이 되어 강호 제도로 통합됨으로써 이민 사회의 이익 교환과 조직 구조에 적응해나갔던 것이다. 이 같은 변화는 경지 부족, 인구과잉, 이민과 유민의 폭증에 의해 촉진되었다.

사람이 감기에 걸리면 열이 난다. 열이 나는 것은 인체의 병리적 적응으로, 생물체가 체온을 올려 바이러스의 체내 번식을 억제하기 위한 것이다. 말하자면 부분의 이익을 희생해 생명 전체의 이익을 지키고자 하는 반응이다. 병리적 적응이 정상적인 적응 질서를 파괴해 몸에서 열이 나면 현기증이 나고, 속이 메스껍고, 편치 않은 느낌을 받는다.

　강호 문화가 청대 말기에 갑자기 부흥한 것은 중국 사회가 근대 이민 구조에 병리적으로 적응한 것에 해당한다. 병적인 사회구조로 무정부주의 풍조와 유민 폭증에 적응하려 했던 것이다. 유의해야 할 점은 이러한 적응이 아직까지 지속되고 있다는 것이다. 그래서 불편, 울분, 소외감, 질투, 억압, 혐오감 등을 여전히 느끼는 것이다. '일부러 얼굴을 때려서 붓게 해 살진 사람인 체하다'라는 중국의 속담은 체면을 형상화한 말이다. 여기서 붓는 것은 병리에 해당한다. 병리가 유해하긴 하지만 그 가치를 결코 폄하해서는 안 된다. 현대인이 강호를 분석할 때에도 폐단 배후의 이점을 간파해야 할 것이다. 체면 문화가 없었고 강호가 존재하지 않았다면 근대 중국은 어쩌면 멸망했을지도 모른다. 마치 고대 이집트와 고대 바빌로니아처럼.

6

혼세

'혼混'이 없으면 강호도 없다.

'혼'이라는 말을 외국어로 번역하기란 쉽지가 않다. 중국 강호 문화의 독특한 개념이기 때문이다. 혼은 대개 부정한 수단으로 돈을 벌고, 윤택하게 살고, 체면이 서고, 지위가 있고, 대인 관계가 원만하고, 벼락출세하는 것 등을 의미한다. 혼은 강호의 핵심 가치이자 인생관이고 강호 세계 최후의 보루다. 강호의 선구자인 떠돌이, 부랑자, 유민에서 기원했다.

혼이라는 글자를 통해 500년 역사의 강호 참맛을 느낄 수 있고 관계, 파벌, 도당, 범죄 조직, 인정, 체면, 규칙 등 각종 강호 요소의 최종 목적을 명확히 알 수 있다. 혼은 논리적 단서로서 강호의 각종 요소를 연결시켜준다.

1. 강호에도 가치관이 있다

중국 사회에는 정당한 일을 하려 하지도 않고, 또 해낼 수도 없지만 잘 살아가는 사람들이 상당히 많다. 이들을 부르는 각지의 호칭도 다양하다. 혼자(混子: 건달, 백수라는 뜻—옮긴이), 이혼자(二混子: 건달, 불한당이라는 뜻—옮긴이), 노유조(老油條: 경험이 많고 처세에 능한 사람이라는 뜻—옮긴이), 탁백

당(拆白黨: 사기꾼이라는 뜻—옮긴이), 아혼(阿混: 세월을 헛되이 보내는 사람이라는 뜻—옮긴이), 혼혼(混混: 건달, 백수라는 뜻—옮긴이) 등으로, 대부분 혼이라는 글자를 포함하고 있거나 함의가 비슷하다.

중국에 이처럼 순수한 건달만 있다면 중국 문화에 위기를 초래하지도 않을 것이고, 따라서 두려워할 필요도 없을 것이다. 건달은 정치학상 다수를 차지할 때만 영향력을 행사할 수 있다. 가령 소수의 건달이 노동은 하지 않고 금의옥식錦衣玉食만 꿈꾼다면 대부분의 사람은 그들에 동의하지도 않을뿐더러 결국에는 그들을 포기할 것이다.

하지만 문제의 복잡성은 중국의 건달이 순수한 건달이 아니라 일을 하면서 빈둥거리는 반半건달이라는 점에 있다. 이들은 불법적인 세계와 합법적인 세계를 넘나들면서 정당한 직업을 가지고 일하는 한편, 좀도둑질을 하거나 사기를 친다. 검으면서도 흰 듯한 이들은 노동을 하면서 기회를 틈타 사리사욕을 취한다. 이 사람들은 군중 속에서 거대한 회색 지대를 이루는데, 농촌에는 시골 건달이, 상업계에는 간상이, 공무원 가운데에는 탐관과 거간꾼이 있다. 이런 종류의 사람들은 각계각층에 결코 적지 않다.

사회가 범강호화된 후에 건달꾼들은 각 분야에 침투했다. 이들은 정식 직업을 가지고 일하면서 혼세하거나, 공개 석상에서는 일하고 비밀리에 혼세하거나, 출근해서는 일하고 퇴근 후에 혼세하거나, 아예 출근이 곧 혼세하는 것일 수도 있다.

혼의 의미

강호의 주된 가치관인 혼은 강호와 비非강호를 구분하는 기준이 된다. 글자 그대로의 뜻과 실제의 뜻 사이에는 차이가 있는데, 글자 그대로의 뜻인 혼은 아무 일도 하지 않고, 세상일에도 무관심하며, 부화뇌동하는 것을 의미한다. 그러나 이 말의 이면에는 이익을 바라는 마음, 격렬한 싸움이 내재되어 있다. 유가에 '도량이 작으면 군자가 아니고 무절제하면 장부가 아니다'라는 말이 있는데, 강호에서는 이것을 '도량이 작으면 군자가 아니고, 독기가 없으면 장부가 아니다'라고 제멋대로 바꿔 말한다. 여기서 독기는 혼이라는 글자 배후에 숨겨진 의미다. 혼은 곧 독이고, 모진 것이다.

'혼'에는 이중적인 의미가 있다. 글자 그대로의 뜻은 빈둥거리고 세상일에 무관심한 척하는 것이고, 함축적인 의미는 실속을 차리며 서로 싸우고 죽이는 것이다. 따라서 표리부동하고 이율배반적인 면이 있는데, 이 점은 명대 이후 중국 강호 및 강호화된 중국 사회의 보편적인 특징이다. 강호에서 처신 잘하는 비법을 한마디로 말하자면 바로 '거짓'이다.

중국 동남부 연안 지역에서 수송량이 많기로 유명한 양쯔 강과 징항京杭 대운하(베이징과 항저우를 잇는 운하-옮긴이) 유역은 19~20세기 강호의 비밀결사 조직인 가로회와 청방이 왕성하게 활동하던 곳이다. 개혁 개방 이전에 이 일대 남자들이 만나서 주고받던 인사말을 소개하면 다음과 같다.

"젠장, 사는 게 어떠냐?"

좀 더 예의를 차려 말할 때는, "요즘 어떻게 살아?"

좀 더 거칠고 저속하게 말할 때는, "제미, 요즘 사는 꼬락서니가 어떠냐?"

이에 대한 일반적인 대답은, "제기랄, 대충 살았어!"

의미론의 관점에서 보면 영어의 "How are you?" 또는 "How do you do?"와 같은 상투적 인사말일 뿐이다. 여기서 중요한 점은 인사말로 어떤 어휘를 선택했느냐다. 왜냐하면 그것은 가치관과 관계있기 때문이다. 사람들은 최대 관심사를 안부로 묻는 경향이 있다. 남자들은 만나면 훈이라는 글자로 대화를 시작했고, 일문일답에서도 훈이라는 글자를 사용했다. 그들에게 훈이 매우 중요했다는 것을 알 수 있다. 훈은 한 남자의 성공을 가늠하는 척도로서 훈에 능숙하다는 것은 성공을 의미했고, 훈에 서투르다는 것은 실패를 의미했다.

강호적 의미의 훈이라는 글자가 처음으로 나타난 것은 500년 전의 강호 조상들, 고향을 떠나 떠돌던 유민들 사이에서였다. 이들에게 가장 중요한 것은 생계 수단을 찾는 것이었다. 밥벌이를 할 수 있다면, 굶어 죽지만 않는다면 거지, 머슴, 기녀, 환관이라도 못할 것이 없었다. 굶주리는 사람에게 인생의 가치나 존엄은 사치에 불과하다. 생존을 위해서 이들은 수단과 방법을 가리지 않고 훈에 능해야 했다.

19세기 강호의 비밀결사가 득세하기 전에 훈에 내포된 의미는 세 끼 나올 곳이 있고, 해가 지면 잘 곳이 있는 것이었다. 그러나 19세기 말과 20세기 이후 강호가 서서히 세력을 얻으면서 훈이라는 글자에 '출중하다', '벼락출세하다'라는 의미가 가미되었고, 이에 따라 건달들이 일반인보다 한 등급 높은 '사람 위의 사람'이 되고 말았다. 이것은 훈의 새로운 의미로, 강호 세력이 득세한 이후의 변화를 반영한다.

훈이라는 글자에 쟁탈의 뜻이 내포된 것은 대략 청말 민초에 비밀결사가 세력을 얻고 난 뒤였다. 청 왕조를 멸망시키는 과정에서 비밀결사는 혁명당 사람들이 믿고 의지할 수 있는 세력으로서 정계에 침투하기 시작했다. 신해혁명이 승리를 거둔 후 양쯔 강 상류 쓰촨 지방에서 가로회는 쓰촨 성 군정부를 설립했고, 양쯔 강 하류 지역인 상하이에서는 청방이 도독부都督府에 침투했다. 강호가 세력을 얻자 과거에 좀도둑질이나 하던 무뢰한들이 새로운 권력자로 변신했다. 이들은 입으로는 여전히 혼을 말했지만, 그 뜻은 '겨우 연명하는 것'을 넘어 우월, 패도, 사치를 의미했다. 잔인하게 강탈하고, 싸움 잘하고, 벼락출세하고, 체면 서는 것 등으로 혼의 의미가 바뀐 것인데, 여기에는 사회적 지위의 변화가 반영되어 있다.

혼을 일컫는 말에는 혼자, 혼혼, 혼일자混日子, 혼반흘混飯吃, 혼적混跡 등이 있다. 모두 혼이라는 글자가 포함되어 있다. 이 밖에 혼이라는 글자가 포함되지 않은 혼도 있다. 예컨대, 강호유자江湖油子, 노유자老油子, 노강호老江湖 등이다. 의미는 대체로 비슷하다. 즉, 생산에 종사하지 않고, 수단과 방법을 가리지 않고 탈취하고, 남을 속여서 재물을 빼앗는다는 의미다.

혼은 강호의 일부분일 뿐 아니라 강호의 핵심이며 개인이 강호의 목표나 가치관과 조화를 이룰 수 있도록 해주는 것이다. 세상에 혼 아닌 강호는 없고, 강호 아닌 혼도 없다. 혼은 강호와 동의어다. 강호의 영혼은 혼이다. 혼이라는 글자가 강호화된 사회의 모든 요소를 총괄하면서 체제 밖의 체제가 되었다. 이런 의미에서 혼은 강호화 체제의 중심 가치라고 볼 수 있다.

혼이라는 글자를 이해하면 근현대 중국 사회에서 강호의 진정한 의미를 알아차리고 난세의 효웅, 강호의 협객, 무술 비급 등을 맹목적으로 숭배하지 않을 것이다. 무협소설의 줄거리가 아무리 감동적이더라도 내재된 의미는 공허하고 무가치하다. 협객들은 일을 한 적도, 농사를 지은 적도, 머슴살이를 한 적도, 장사를 해본 적도, 나무를 져본 적도 없기 때문이다. 장사를 하더라도 비도덕적인 방법으로 했고, 폭력으로 매춘, 도박, 마약 복용 및 거래를 보호했다. 그들은 사회 경제 체계의 정상적인 일부분이 아니라 화적질을 일삼는 기생충이었다.

혼의 가치 서열

강호의 개념 가운데 혼은 하나의 의미만 있는 게 아니라 그 배후에 가치 서열을 숨기고 있다. 혼은 다차원적인 개방형 시스템인 동시에 모호한 개념이다. 보통 성인 남성에게 혼은 다음과 같은 의미를 지닌다. 부→권력→개인 세력→명예와 위신(체면)→대 잇기→단란한 가정→가문의 세력→무절제한 향락 생활.

이는 '혼'의 배후에 숨어 있는 가치 사슬을 우선순위에 따라 나열한 것인데, 구체적으로는 사람에 따라 약간 차이가 있다.

첫째, 혼은 발전이다. 발전은 곧 돈과 권력이 생기는 것을 의미하지만 더 중요한 것은 권력보다 돈이다. 중국에서 새해 인사를 하면서 건네는 첫마디는 '돈 많이 버세요'다. 돈이 있으면 모든 일이 순조롭게 해결될 수 있다. 가족을 먹여 살릴 수도 있고, 가문을 빛낼 수도 있고, 체면치레를 할 수도 있고, 풍류를 즐길 수도 있는 등 모든 일을 마음대로 할 수 있다. '돈이 있으면 귀신에게 맷돌질을 시킬 수도 있다'는 속담도 있듯이.

둘째, 혼은 권력 쟁탈이다. 강호에서 권력은 합법적 의미의 권력이 아니라 집단을 통제할 수 있는 힘을 의미한다. 개인 세력으로, 속칭 '구역'이라고도 부른다. 권력이 생기면 사람을 부릴 수도 있고, 구역을 장악할 수도 있고, 상납을 받을 수도 있으며, 태평스럽게 지내면서 불로소득을 올릴 수도 있다.

셋째, 혼은 체면이다. 강호 두령은 대부분 가난한 집안 출신이라 열등의식에 사로잡혀 있다. 이 열등의식으로 강호 두령은 체면을 지나치게 중시한다. 열등감에서 벗어나기에 급급한 이들은 체면을 심지어 생명보다 중시한다.

넷째, 혼은 혈통을 잇는 것이다. 건달들의 목적은 대개 집을 짓고, 장가를 들고, 아이를 낳기 위한 것이다. 일반적인 일에는 대단히 불성실해 마음대로 하고, 건성건성 하고, 빈둥거리는 강호 건달이라 할지라도 대를 잇는 일에는 진지할 수밖에 없다. 이 점은 흔들릴 수 없는 강호 건달의 신념이다. 위로는 군벌, 비밀결사 우두머리, 강호 거간꾼, 불법 상인, 탐관오리에서 아래로는 거지, 넝마주이, 연예인 등에 이르기까지 강호 건달의 머릿속에는 오직 자손 번창을 바라고, 가문을 빛내고, 고향으로 돌아가 집을 짓고, 수많은 처첩을 거느릴 생각밖에 없다.

다섯째, 혼은 향락을 누리는 것이다. 돈, 권력, 체면, 자손 번창 외에 강호 건달은 향락을 추구한다. 앞부분의 중요 임무를 완수했다면 강호 건달에게 남는 것은 오직 향락뿐이다. 강호 건달이 흔히 추구하는 향락은 먹고 마시고, 오입질하고, 도박하는 것이다. 매춘, 도박, 마약 복용 및 거래라고 요약할 수도 있는데, 이는 강호인이 종사하는 전통 업종이기도 하다.

2. 견본 소도시

한 소도시를 모델로 혼 행위의 다형성을 깊이 있게 분석해 계층마다, 사람마다 차이가 있는 혼의 방법을 이야기해보고자 한다. 조사한 소도시의 인구는 약 20만 명이었고, 관리·간부·상인·소상인·피고용인·노동자 등의 계층으로 구분되었다. 각 계층은 서로 다른 경로를 통해 권력과 이익을 쟁취했다. 객관적으로 보았을 때, 합법적인 사회 분배 메커니즘인 국가의 법제와 단위(單位: 농촌을 제외한 도시 지역과 모든 기업, 기관, 학교, 군, 각종 단체에서 인민 개개인이 소속된 중국 특유의 사회조직-옮긴이) 체제가 자원 분배 과정에서 주도적인 역할을 하는 한편, 도시의 인맥이나 도당 등과 같은 강호 체제도 필수 불가결한 역할을 해 일부 이익의 영역, 심지어 주도적인 이익 분배 활동에까지 관여하고 있었다. 따라서 어떤 이들에게는 맡은 바 직분을 다하는 것보다 관계를 이용하는 편이 훨씬 돈을 빨리 벌 수 있는 방법이 되기도 했다.

사회학에서는 종종 직업, 교육, 수입이라는 세 가지 지표로 사회계층을 분석하지만 강호 체제가 사회 분배에 관여하는 상황에서는 계층을 구분하는 위 세 지표의 가치가 대단히 미미할 수밖에 없다. 위 지표들의 효력은 헌정 사회에 국한될 뿐 이 소도시에서는 실제적인 의미가 거의 없었다. 그 이유는 사회적 이득의 상황을 제대로 반영하지 못해 신뢰도가 떨어지고 유효성이 낮았기 때문이다. 강호의 은어로 혼을 잘하느냐 못하느냐는 직업이나 학벌과는 관계없다. 오히려 교육 수준이 높을수록 수입은 낮은데, 졸업장은 매매가 가능하고 재직 중에 보충할 수 있기 때문이다. 다시 말해서, 권력은 경직된 것이지만 학력은 경직된 것이 아니다.

강호의 시각에서 보면, 혼에 능하냐 능하지 않느냐에 따라 도시 권력 체계에서 개인의 지위가 결정된다. 권력의 점유율에 따라 이익의 점유율이 결정되는 것이다. 권력과 이익이 강호 체제의 기준이라면 직업과 교육 수준은 법제 사회의 기준이다. 하나는 실리를 중시하는 반면 다른 하나는 형식을 중시한다. 둘은 어떤 차이가 있을까?

예를 들어, 처급處級 공무원과 일반 공무원은 비록 직업은 같지만 총수입에서 차이가 나는데, 이 총수입의 차이가 결코 임금의 차이 때문만은 아니다. 각종 모호한 수입으로 인해 이들의 총수입 격차는 크게 벌어진다. 한 사람은 위신이 서는 처급 공무원이지만 한 사람은 말단 공무원이라는 점에서 이들의 지위와 대우, 삶의 질은 현격하게 차이 날 수밖에 없다. 같은 업종에 종사하지만 이들의 운명은 서로 다르다. 직업이나 교육 수준으로 계층을 나눈다면 양자의 차이를 전혀 반영할 수 없다.

이 밖에도 일반적인 기준을 적용할 수 없는 특수한 현상이 있다. 바로 겸직이다. 이 소도시에서는 겸직이 유행하고 있어 누가 어떤 직업에 종사하는지 도무지 갈피를 잡을 수 없었다. 본업 외에 사적으로 일하고, 부수입을 얻고, 업무 외 시간을 이용해 부업을 가지는 사람들이 각 분야에 걸쳐 있었다. 이 때문에 관리, 간부, 교사, 의사, 상인의 직업 경계가 불분명해져 형식상의 직업과 실제 직업을 구분하기가 어려웠다.

이것은 사회 전환기 특유의 현상으로 많은 문제점을 내포하고 있다. 문제점 가운데 하나를 지적하자면 미숙한 합법적 체제가 시민의 완전 고용과 생필품 공급을 보장하지 못해 많은 시민이 제2의 직업에 의지해 생활필수품을 보충한다는 점이다. 이로 인해 아주 재미있는 현상이 나타났다. 지인이 교사인지, 의사인지, 혹은 사장인지 분간하지 못해 일률적으로 아명으로 부르게 된 것이다. 어쨌든 소도시의 사람들은 거의 친척이나 친구 관계로 얽혀 있어 속내를 잘 알고 있는 사이지만 직업은 언제든지 바뀔 수 있는 가면에 불과하기 때문이다.

대략 20년 전에 권력과 이익의 기준에 따라 이 소도시의 시민을 상대적으로 안정적인 네 계층인 관리, 일반 간부, 상인, 노동자(피고용인 포함)로 구분할 수 있었다. 이 네 계층 간의 관계는 복잡하게 얽혀 있어 한 가족이지만 서로 다른 계층에 속하는 경우가 종종 있었다. 따라서 이들의 문화 가치관은 상당히 비슷했다. 위로는 구장區長에서 아래로는 시민에 이르기까지 생활 습관과 언어 습관, 가치관이 완전히 일치했던 것이다. 입만 열었다 하면 상스러운 말이고 술만 먹었다 하면 벌주놀이를 하는 등 계층 간의 차이가 거의 없었다.

이 도시의 지방지 기록에 따르면, 그해 이 지역 총인구는 16만 800명이었다. 이 가운데 16~59세의 생산 연령 인구 비율은 60퍼센트로, 약 9만 6천 명이었다. 이들이 바로 이 비좁은 소도시에서 강호화된 게임에 참여할 수 있는 주인공들이었다. 이들 가운데 관리가 1천여 명, 간부가 1만여 명, 대소 상인이나 기업주가 1만여 명이었고, 나머지 7만여 명은 피고용인, 고용농, 노점상, 기타(인력거꾼, 제화공 등)였다.

100명에 한 명꼴인 관리

인구 10만 명 가운데 관리가 1천여 명이므로 100명에 한 명꼴인 셈이다. 여기서 관리는 권력을 장악한 간부로 부과급副科級 이상의 간부를 특별히 지칭하는 말이다. 관리는 공무원에 국한되지 않고 기업과 비영리 기관의 우두머리를 포함한다. 즉, 지도자급을 일컫는 말이다.

고대에는 관직을 '결缺'이라고 불렀다. 결은 수입의 많고 적음으로 구분되어 '비결肥缺'은 부당이득이 많은 관직을, '수결瘦缺'은 재물을 취급하지 않아 부수입을 올릴 수 없는 관직을 일컬었다. 이처럼 괴이하기 짝이 없는 명사를 통해 합법적인 체제가 강호화되었음을 유추할 수 있다. 부당이득은 녹봉이 아니라 비공식적인 수입을 통해 얻은 것이다. 그런데 결이 공개적으로 '비결'과 '수결'로 구분되었다는 것은 조정에서 관리의 부패를 묵인해주었다는 걸 의미한다. '청렴한 지부(知府: 명·청대 부府의 일급 행정 수장―옮긴이)도 은자 10만 냥을 모은다'는 속담에서 알 수 있듯이 은자가 녹봉에서 나오는 게 아니라는 점을 모든 이가 이미 알고 있었다. 권력을 가진 관리는 체제 밖의 매매 체계에 개입해 고액의 검은돈을 손에 넣을 수 있었다.

중국에서 강호, 즉 체제 밖의 조직 체계는 이처럼 부패의 최대 온상이었다. 그 이익이 특정 계층의 합법적인 소득보다 많아 한 집단의 운명을 바꿀 수 있을 정도였고, 수입과 생활 방식을 기준으로 탐관과 청백리를 뚜렷하게 구분 지을 수 있을 정도였다. 근대 이래 정치 부패는 강호와 밀접하게 관련되어 있다. 상호 의존도가 대단히 높아 강호 없이 관리는 부유해질 수 없었고, 부유하지 않은 관리에게 강호란 없었다.

일반 간부, 상인, 피고용인

일반 간부란 국가 간부에 속하지만 권력이 없는, 기관의 사무원을 가리킨다. 공무원, 기업이나 비영리 기관의 직원이 이에 포함된다. 좀 더 구체적으로는 기관의 과원科員, 사무원, 교사, 의사, 국영 기업이나 비영리 기관의 사무 요원 등이 이에 해당한다. 그해 그 소도시 지역 간부의 총수는 약 1만 명으로 경제 활동 인구 가운데 10퍼센트를 차지했다. 일반인들의 표현을 빌리면 이들은 시민 가운데 체면이 서는 계층이다.

일반 간부와 관리(지도자급 간부) 사이에는 계층의 유동성이 있어 계층 간 격차가 매우 적다. 계층 이동은 위로는 쉽지만 아래로는 어려워 소위 올라갈 수는 있지만 내려갈 수는 없다. 이를테면 어제는 농민의 자제였던 사람이 오늘은 기관의 고위 관직자가 되는 수도 있고, 오늘은 아르바이트생이지만 내일은 대부호가 될 수도 있다.

한편 어떤 이들은 간부와 상인이라는 두 가지 업을 겸해 출근해서는 공무를 처리하고, 퇴근해서는 자신의 사업을 운영하기도 한다. 간부가 겸직하는 예는 쉽게 발견할 수 있다. 간부가 상업에 종사할 경우 자신의 근무지인 기관 내 인맥 자원을 이용할 수 있기 때문이다.

상인 중에는 대상이 있는가 하면 소상인도 있다. 기업주와 자영업자로 구분할 수 있지만, 세분하지 않으면 하나의 계층으로 간주할 수 있다. 상인이라기보다는 관리에 가까운 국유 기업의 사장은 행정 등급에 상응하는 대우를 받는다. 그해 그 지역 상인의 수는 1만여 명으로, 생산 연령 인구의 10퍼센트를 차지해 간부 수와 거의 비슷했다. 당시 그 소도시에서 규모가 큰 광공업체는 대단히 적었고, 대기업도 드물었으며, 귀향한 소수의 홍콩 자본 기업을 제외하고 규모가 큰 다국적 기업은 거의 찾아볼 수 없었다. 당시 사기업 사장의 수입은 일반 자영업자와 별반 차이가 나지 않았다. 또한 사회적 지위나 가치관, 집단 소속감은 훨씬 더 비슷해 계층을 구분하는 근거로 삼을 수 없었다. 따라서 여기에서는 이들을 '상인'이라고 통칭하고자 한다.

여기서 짚고 넘어가야 할 사항은 소상인의 지위다. 지역 경제와 역사적 전통의 영향으로 그 지역에는 소상인들이 굉장히 많았다. 대부분 수리를 하거나, 낡아서 못 쓰는 물건을 사들이거나, 승객을 실어 나르거나, 음식을 파는 노점을 운영하거나, 일용 잡화를 팔거나, 채소나 부식물을 판매하는 등의 일에 종사했다. 소상인과 상인을 구분하는 기준은 노동자를 고용했느냐 여부다. 상인은 종업원을 고용하지만 소상인은 혼자 힘으로 꾸려나가기 때문이다.

소상인의 수입은 상인과 비슷하지만 사회적 지위는 노동자나 사무원과 비슷하다. 이들 대부분은 실직한 사람들이거나 농한기에 도시로 옮겨와 부업을 하고 있는 농민들이다. 사회적 지위를 따져볼 때, 이들은 피고용자 계층에 훨씬 가깝다. 이들에게는 생계를 도모할 정당한 수단이 있다. 그럼에도 길거리 부랑자와 같은 습성을 지니고 있으며, 이들 가운데 소수는 사기를 치는 등 강호의 행동을 모방하기도 한다.

그 소도시에서 가장 많은 수를 차지하는 사람들은 노동자와 점원을 아우르는 피고용인 계층으로, 그 지역 생산 연령 인구의 70퍼센트 이상을 차지했다. 이들의 공통점은 고용되었다는 점이다. 품삯으로 살아가는 이들은 도시 권력의 핵심에서 상대적으로 소외되었으며, 이따금 선물을 주고 도움을 바라는 것 외에 특권으로 누리는 이익을 나누어 가지는 일이 거의 없었다.

하지만 이익을 조금밖에 나누어 가질 수 없다는 게 이익을 나누어 가지는 방법을 아예 모른다는 걸 의미하지는 않는다. 팍팍한 생활로 이들은 알뜰살뜰 살아가는 집단이 될 수밖에 없었다. 그러나 인생의 중요한 시기, 예컨대 자녀가 입학을 하거나, 치료를 받거나, 상을 당하거나, 공급이 달리거나, 저가 상품을 구매하고 싶을 때 이들은 뒷거래를 하고 뇌물을 쓴다. 이들은 뇌물을 주는 것에 매우 능숙할 뿐 아니라 친인척과 결탁하는 일에도 익숙하다. 특권을 누리고자 희망하는 이들은 매일 그 방법을 논의한다.

사회 이동, 물고기와 물의 조화

강호의 관점에서 위의 네 계층을 사회적 지위에 따라 세 부류로 나눌 수 있다. 세 부류 가운데 관리의 지위가 가장 높고, 피고용인의 지위가 가장 낮으며, 일반 간부와 상인은 관리와 피고용인 사이에 위치한다. 상인들 간에도 지위 차이가 현저해, 대부호는 국처급局處級, 심지어 훨씬 높은 등급의 고위 관리와 허구한 날 술 마시며 호형호제하고 지내는 반면, 대부분의 소상인이나 자영업자는 고위 관리와 접촉할 일이 거의 없다.

강호의 시각에서 보면, 관리는 수중에 권력을 쥐고 있기 때문에 타인을 지배할 수 있고, 사회적 자원 분배를 통제할 수 있다. 그래서 기타 집단은 이들을 우러러보며 이들에게 아부하고 순순히 뇌물을 바치는 것이

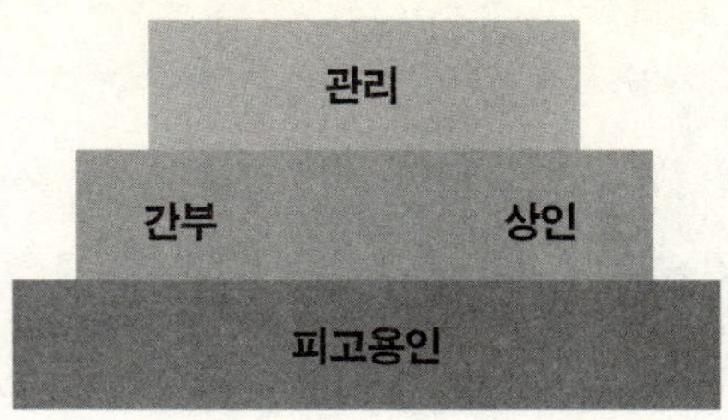

다. 중간층인 일반 간부와 상인은 개인의 바람과 무관하게 관리에게 아첨하고 무감각해질 때까지 굴욕을 참아내며 굴욕에 익숙해져야 한다. 일반 간부의 재산과 생명, 좀 더 구체적으로는 직급과 임금, 승진, 복리 후생 등이 모두 관리의 손에 달려 있기 때문이다.

'산은 높고 황제는 멀리 있다'는 말처럼 사회 전환기에, 그것도 정부의 법령이 미치지 않는 소도시에서, 상인은 이익을 보장받을 수 없었다. 회사의 장래와 개인의 재산이 모두 관리의 손에 달려 있었다. 부자가 되는 것도, 파산하는 것도 오로지 관리의 한마디에 달려 있었다. 납세, 산아제한, 무허가 건물, 종업원의 임시 거주, 오물세 체납 등 어떤 구실이나 이유로도 관리는 상인에게 치명타를 입힐 수 있었다.

성공하고 싶은 상인은 우선 현실을 직시해 관료 사회에서 인맥을 형성하는 방법을 배워 비호 세력을 구축해두어야 했다. 관리들과의 관계가 안정된 후에는 특권을 누리기 위해 조직적으로 지대추구행위를 하고, 아첨하고, 빌붙고, 알랑거리고, 굽실거리고, 떠받들었는데, 일이 일단 이런 식으로 돌아가면 하는 일마다 잘 풀렸다. 출혈을 해가며 뇌물을 쓰고 잘 섬기기만 하면 뒷배를 봐주는 큰형님이 있어 감히 업신여기는 사람이 없을 뿐 아니라 작은 손해를 보고 큰 이득을 얻을 수 있었던 것이다. 강호는 체제 밖의 먹이사슬이자 독립된 조직의 생물권生物圈이다.

이 소도시에서 가장 융통성 있는 계층은 간부였다. 간부들은 재직 중에 대부분 장사를 했다. 출근해서는 일하고 여가에 장사하는 것이 그 지역의 전반적인 풍조였다. 미술 선생님은 광고 회사를 설립하고, 음악 선생님은 학원을 차리고, 말단 공무원은 옷 가게를 열고, 경찰은 유흥업소를 운영하는 식이었다. 간부가 장사를 하는 이유는 수입이 적은 데다 장사를 할 수 있는 기회를 굳이 놓치고 싶지 않았기 때문이다. 그래서 절충안으로 선택한 것이 여가 시간에 장사를 해서 부수입을 올려 생활비에 보태는 것이었다. 게다가 간부는 많이 배워 전문 기술이 있는 데다 권력층과 친분이 있기 때문에 사적인 관계를 이용해 관련 업종에 쉽게 발을 들여놓을 수 있었다.

그러나 부업으로 장사를 하는 간부와 직업적인 상인 사이에는 현저한 차이가 있었다. 장사를 겸하는 간부는 직업상의 특권을 누리며 사업에서 쉽게 이윤을 남길 수 있었지만 시간과 정력을 이중으로 소모해 사업을 확장하기가 대단히 어려웠다. 따라서 대다수의 간부는 '위를 올려다보면 부족하고 아래를 내려다보면 여유가 있을' 정도의 생활에 만족해야 했다.

간부 외에 여가를 이용해 장사를 하는 사람은 대단히 적었다. 합작해서 대기업에 투자하는 경우를 제외하고는 관리 중에 장사하는 사람은 그리 많지 않았다. 직급이 높을수록 이러한 현상은 두드러져 고관 중에 장사하는 사람은 거의 찾아볼 수 없었다. 이유는 간단하다. 주머니 안의 부당이득만도 일반 상인의 수입보다 많은 데다 식비·여행비·유흥비·교통비 등이 공금으로 결제되었고, 그 지역의 부과급副科級 간부 이상에게는 기본적으로 개인 관용차까지 지급되어 상인의 경영 위험을 굳이 감수할 필요가 없었기 때문이다.

 강호 중국

말단 공무원은 관리로 승진할 수 있고, 공무원이 아닌 사람은 공무원 시험이나 공채를 통해 관계(官界)로 진출할 수 있다. 비(非)공무원 체계의 간부는 정부 밖에서만 관리가 될 수 있다. 비영리 기관에서 관리가 된 사람은 승진한 후에 청·처·과급과 비슷한 대우를 받는다. 국유 기업과 비영리 기관에서는 권력기관을 본떠 행정권과 비슷한 대우를 해주는데, 부과급 이상으로 승진하기만 하면 임금 외에도 묵인된 각종 경로를 통해 직급에 상응하는 수입을 손에 넣을 수 있다.

관료 사회로 비집고 들어가기

기록에 따르면, 그해 그 지역 관리들은 군대에서 전역한 간부이거나 대학 졸업생 출신이었다.

1990년대 이전에 처·과급 관리 가운데 군인 출신의 비율은 대학 졸업생보다 훨씬 높았다. 그뿐 아니라 이들은 대개 정직(正職: 보좌직인 '부직副職'과 구별되는 직위로, 예컨대 실장·시장직을 맡은 사람을 '정직' 간부라 부르고, 부실장·부시장직을 맡은 사람을 '부직' 간부라 부름—옮긴이)이나 요직을 차지하고 있었다. 그러나 1990년대 이후 소장화, 전문화, 지식화라는 간부 정책이 추진되면서 대학 출신의 관리 비율이 점차 증가해 1990년대 중반에는 대학 졸업생과 제대 군인의 수가 거의 비슷해졌다. 21세기에는 대학 졸업생이 제대 군인보다 많아 일약 주류 세력으로 부상했다.

군인 관리와 대학 졸업생 관리 대부분이 농민의 자녀로, 사회 하층민 집단 출신이었다. 누가 승리하고 누가 패배하건 최후의 승자는 결국 농민의 자녀였다. 그 소도시에서는 관리 중 적어도 80퍼센트가 농민 출신이었지만 기타 도시의 비율은 이보다 훨씬 높아 거의 전부가 농민의 자녀였다.

도농 관계의 시각에서 중국 도시화 과정을 살펴볼 때 위와 같은 추세
는 지극히 정상이었다. 시골 사람들은 관리가 되어 도시 사람들을 관리
했고, 도시 사람들은 장사를 하면서 승복하려 들지 않았다. 도시 사람들
사이에서는 대대로 장사하는 전통이 이어져 내려올 뿐 아니라 관리가
되고자 하는 의지도 시골 사람들에 비해 약했다. 근·현대 중국의 사회
적 이동의 기본적인 순환 구조를 요약하면 다음과 같다.

이 역시 사회 인구사의 시각에서 근대 중국 도시화의 과정을 바라본
것이다.

⑴ 시골 사람은 도시에 와서 관리가 되었고, 도시 사람은 장사를 했다.

⑵ 시골 사람이 도시에 와서 관리가 되어 도시 사람이 됨으로써 그들
의 자손은 장사를 했다.

⑶ 관리의 증원이나 자연적인 감소로 시골 사람은 대학 입시나 군 입
대 등의 경로를 통해 자격을 보충한 후 관계官界에 진출할 수 있었다. 이
렇게 여러 세대를 거치면서 도시 사람들은 점점 증가하고 장사하는 사람
들은 점점 늘어났다.

당시 도시 아이들의 꿈은 대학에 진학하는 것이었다. 대학을 졸업하고
취직하면 철밥통을 꿰차고 평생 간부로 살 수 있었기 때문이다. 하지만
많은 사람이 외나무다리를 건너려고 서로 다투고 밀치다 보면 결국 건너
갈 수 있는 사람은 소수에 지나지 않는 법이다. 낙오된 사람은 스스로 활
로를 찾을 수밖에 없었다. 그 소도시의 산업 기반은 취약했고, 규모가 큰
광공업체도 대단히 적었기 때문에 학생 미취업률과 노동자 실업률이 매
우 높은 편이었다.

따라서 대학에 진학하지 않은 젊은이들의 최상의 선택은 장사밖에 없
었다. 이들은 자영업자에서 시작해 소상인이 되었다. 만약 집안에서 장

사 밑천을 대줄 수 없는 형편이라면 사기업에 들어가 노동자 집단에 합류할 수밖에 없었다. 대학에 다니고, 군대에 가고, 장사를 하고, 아르바이트를 하는 등 젊은이들의 사회적 분화는 여기에서부터 시작되었다.

대학을 졸업한 행운아 가운데 일부는 외지에서 취업을 했고, 일부는 본적지로 돌아가 국유 기업이나 비영리 기관에 배치되었다. 이들 중에는 도시 자녀도 있었고, 농촌 자녀도 있었다. 농촌 사람은 도시의 생활 방식을 배웠고, 도시 사람은 농촌의 파벌 관계 등을 배웠다. 그러나 전반적으로 볼 때 도시의 자녀는 농촌의 자녀만큼 관료 사회에 잘 적응하지 못했다. 중국 남부 지역 여러 소도시의 상황 역시 이와 유사했다. 일단의 대학 졸업자들이 동시에 기관에 들어왔지만 수년 후 높은 자리에 오른 사람은 대부분 농민의 자녀였고, 도시의 자녀는 여전히 제자리걸음을 하고 있었다.

강호에서 상인과 관리는 아첨과 비호를 주고받는 관계다. 이들은 권력과 돈을 교환한다. 이것을 단순히 '지대추구행위'로만은 볼 수 없다. 정직하게 장사하는 상인일지라도 무뢰한이나 좀도둑의 말썽을 미연에 방지하기 위해 돈을 관리에게 건네는 수가 있기 때문이다. 아첨과 뇌물은 강호 제도의 산물이다. 강호는 단지 부패의 주된 도구에 불과하다. 인정, 인맥, 패거리 등은 모두 범죄의 도구로 이용될 수 있다. 탐관과 간상은 서로를 이용한다. 간상은 관료 사회와 접촉할 때에 확실하게 이익이 보장되지 않으면 손을 대지 않고, '작은 손해를 보고 큰 이득을 얻는다'는 두 가지 원칙을 고수한다. 작은 손해라도 이미 보았다면 간상들은 악착같이 이익을 탐하려 들 것이다.

철새족

관리에게는 임기가 있고, 그들의 행동은 모종의 주기적 패턴의 영향을 받는다. 길 수도 짧을 수도 있는 이 주기는 임기 만료와 관계가 있다. 예를 들면, 현·구 인민대표대회 대표 임기는 3년이기 때문에 말단 관리도 3년마다 바뀐다.

유임, 영전, 해임으로 3년마다 한 번씩 관료 사회가 전환점을 맞으면서 교체 주기를 중심으로 시기에 따라 고정된 패턴이 형성되었다. 임기 첫해에는 기초를 다지고, 임기 2년째에는 치적을 쌓고, 임기 3년째인 마지막 해에는 연임이나 승진 등을 위해 뇌물을 쓴다. 마치 겨울에는 남쪽 나라에 살고, 여름에는 북쪽 나라에 살고, 봄·가을에 이동하는 철새와 같이 이러한 과정이 주기적으로 반복되었다.

관료 사회뿐 아니라 외부에서도 이 패턴을 이미 속속들이 알고 있다. 실정을 모르는 일부 회사는 정무를 주관하는 관리의 임기 첫해와 마지막 해에 발전성이 있는 사업을 상부에 보고하겠지만 이 시기에 관리는 접대를 하느라 분주해 다른 것은 돌볼 겨를이 없다. 시간이 지나다 보면 기업 주도 주기성, 임기 첫해와 임기 마지막 해에는 일을 성사시키기 어렵고, 두 번째 해에 공을 들여야 한다는 점을 알 것이다. 임기 2년째에 관리는 다음 해 임기가 만료된다는 사실을 염두에 두고 치적을 쌓으려고 전심전력할 것이고, 눈치 빠른 상인은 이 기회를 이용해 사업을 관리의 '치적'과 연관시켜 성공을 쟁취할 것이다.

임기 3년째 관리의 운명은 풍전등화와 같기 때문에 뇌물을 쓰며 돌아다닐 수밖에 없다. 차기에 어느 곳에 몸을 둘지 알 수 없는 처지에 어떻게 가만히 앉아 있을 수 있겠는가? 그러므로 이 해에 기관의 일 처리 능률은 가장 떨어지고, 관리는 가장 바쁘다. 이 1년이 다음 3년을 결정하는

데 어느 누가 감히 소홀할 수 있을까?

'철새'의 부당이득

'철새'의 수입은 백색·회색·흑색 수입으로 나뉜다. 백색 수입은 합법적인 임금과 기타 수익을 가리킨다. 회색 수입은 명목상으로는 상여금과 복리후생비를 가리키는 것으로, 실제로는 불법적이지만 사회가 묵인하는 합리적인 수입을 의미한다. '묵인되면서 불법적'이라는 말에는 관행과 합법의 차이가 극명하게 드러나 있다. 상여금에는 이미 포상이라고 말할 만한 게 없는데, 그 출처를 살펴보면 일부는 기업이 창출한 이윤에서 합법적으로 떼어낸 것이고, 일부는 체제 밖에서 순환하는 비자금에서 나온 것이다.

비자금은 직장에서 비공식적으로 창출된 자금인 동시에 단일한 재정 관리에서 벗어난 자금을 말한다. 현실적인 상황에서 비자금은 부패의 온상이자 관료 사회의 강호 활동 유지를 위한 경제적 기반이다. 선물을 주고, 뇌물을 주고, 음성 거래를 하고, 사적으로 소비하고, 노름하고, 집창촌에 드나드는 비용은 모두 이 비자금으로 충당된다.

대외적으로는 두 개의 장부가 있고, 대내적으로는 부당 이익의 일부를 종업원들에게 상여금으로 지급해 모두를 입막음시키려는 목적이 있다. 더 심각한 상황은 최고 책임자의 패거리들이 자기들끼리 나누어 가지며 드러내놓고 횡령하는 경우다.

흑색 수입은 일부 관리들의 개인 수입 가운데 가장 많은 액수를 차지한다. 횡령하고, 공금을 유용하고, 사례금을 받고, 뇌물을 받고, 수수료를 챙기는 것 등이 모두 흑색 수입에 포함된다. 흑색 수입은 네 가지 요소와 관계가 있다. 첫째는 개인의 권력, 둘째는 부서의 부당이득, 셋째는 개인의 배짱, 넷째는 규제 제도다. 강호 개념인 부당이득은 부서 내 자금 유동량에 정비례하고, 규제 제도의 엄격함에 반비례한다. 이 네 가지 요소에 따라 관리의 부당이득은 큰 차이를 보인다. 그렇지만 적어도 부당이득이 임금보다 많다. 이 흑색 수입에 따라 관리 수입액이 결정된다.

회·흑색 수입은 이미 민간에서 묵인하는 분배 제도가 되었다. 그뿐 아니라 적잖은 시민들이 선물을 주고 뇌물을 주는 것에 적극 동참해 특권적 이익의 재순환에 합류하려 한다. 자세히 들여다보면 일반인은 부패의 피해자이자 가담자라 할 수 있다. 그 소도시에서 일반인은 도대체 자발적으로 뇌물을 준 것일까, 강탈당한 것일까? 자발성과 강제성의 비율을 따지자면 어느 것이 많고, 어느 것이 적을까?

이 문제에 대답하기는 상당히 어렵다. 양자가 이미 조화를 이루어 하나가 되었기 때문이다. 하나의 제도, 즉 강호의 규칙이 되어 모든 사람이 선물을 주고, 관계에 의지하고, 뒷거래를 했기 때문에 모두가 책임에서 벗어날 수 없다. 헤아릴 수 없이 많은 사람이 함께 이 온상을 조성했고, 온상에서 유동하는 돈이나 물자는 강호 제도의 통제하에 다른 계층으로 흘러들어가 관행이 된 것이다.

간상의 수입

표면적으로 보면 상인의 수입은 장사 이윤이다. 이 말은 불변의 진리처럼 들리지만 실상과는 거리가 멀다. 엄밀히 말하면, 자신의 본분을 지킬 줄 아는 상인의 수입만이 전적으로 합법적인 이윤에서 나온 것이다. 개혁 개방 초기, 자본 축적에 바쁜 상인들 가운데 분수를 지킬 줄 아는 이는 드물었다. 그 소도시를 예로 들면 자신의 본분을 지키려는 장사꾼은 상업계에 발을 붙이기가 지극히 어려웠다. 탈세한 적도 없고, 나쁜 물건을 속여 판 적도 없고, 무게를 속인 적도 없이 수년 동안 정당한 방법으로 생산·경영 활동에 종사한 상인들은 이윽고 종적을 찾을 수 없었다. 탈세를 일삼으면서 가짜와 저급 상품으로 원가를 낮춘 간상과 경쟁하려면 결국 간상을 모방할 수밖에 없었기 때문이다.

간상의 입장에서 합법적인 이윤은 수입의 일부분에 불과하다. 합법적 수입을 간상의 첫 번째 수입원이라고 규정해두기로 하겠다. 간상의 두 번째 수입원은 탈세로 인한 간접 수입이다. 이 수입은 객관적으로 공공의 이익을 해친다. 연안의 이 소도시에서 최대 탈세 사업은 밀수였다. 밀수는 현지 민간경제의 자본축적에 상당 부분 기여했다.

간상의 세 번째 수입원은 뇌물이나 사적인 관계를 이용해 은행의 자금을 장기간 유용한 후 영원히 갚지 않아 발생한 소득이다. 대출금이 사실상 개인의 자산으로 전환된 것이다. 많은 상인이 대출할 때 상환을 전혀 고려하지 않는다. 은행에 근무하는 사람도 상인이 대출금을 상환할 거라 기대하지 않는다. 그래서 상인에게 대출해줄 때 대출금의 거의 절반가량을 중개 수수료로 착복한다.

네 번째 수입원은 상인이 관리에게 뇌물을 주고 나서 독점 사업권을 획득해 얻은 이윤이다. 이들 사업의 독점적 성격을 고려할 때, 일단 독점 사업권을 따내기만 하면 개발을 하든 되팔든 이윤은 상인에게 굴러들어온다. 빈손으로 국유지를 넘겨받은(자금이 마련되지 않았음) 후에 좋은 가격에 되팔아 정부에 토지 양도금을 상환하는 경우 등이다. 이것이 바로 빈손으로 부동산 투기를 하는 방법이다. 이 네 번째 수입원은 탐관과의 공동경영에 기초한다.

돈 벌기 대항전

합법적인 영역에 국한했을 때 관리의 평균 재산은 상인보다 적을 테지만 상인에 비해 강호 탐관은 훨씬 빨리, 쉽게 돈을 벌 수 있다. 사회 계층별 수입 유형을 분석해보면 이들 각자의 축재 속도를 대강 알 수 있다.

이 소도시의 피고용인 계층 수입은 하루하루 노동량에 정비례했다. 일을 많이 하면 수입이 늘고, 일을 적게 하면 수입이 줄고, 일을 하지 않으면 수입이 없었다. 피고용인 계층의 누적 수입을 그래프로 나타내면 기울기가 완만한 직선이다. 이들의 수입은 유한하고, 재산은 날마다 조금씩 증가한다.

상인의 합법적 수입의 증가는 경제학의 문제이지 강호와 관련된 문제가 아니지만, 상인의 불법적 소득은 강호와 관련된 문제로 위험이 클수록 수익의 변동 폭도 커진다. 1980~1990년대의 제1세대 대부호는 대부분 사회적 지위와 교육 수준이 낮았고, 무식하면 용감하다는 말이 있는 것처럼 모험을 마다하지 않는 성격이었다. 재산을 불리는 속도가 빠른 만큼 빨리 써버려 현재 남아 있는 제1세대 대부호는 많지 않다. 21세기 이후 제2세대 상인이 이들을 대신했다. 제2세대 상인들은 대부분 고등교육을 받았고 경제에 정통했으며 강호에서 경험을 쌓았을 뿐 아니라, 관료 사회의 논리와 상계의 게임 법칙에도 익숙해 시장경제와 국제경제를 잘 알고 있었다.

일반 간부의 수입은 직급과 근무 연수에 정비례한다. 연공서열에 의한 인사 제도에 따르면, 나이가 많고 근무 연한이 길수록 봉급이 올라가고, 직급이 높을수록 근무 수당, 복리후생비, 상여금 등이 늘어난다. 일반 간부의 합법적 수입은 대체로 근무 연수에 정비례한다. 이 밖에도 간부에게는 강호적 성격의 체제 밖 수입이 있다. 이를테면 의사가 수술을 한 번하고, 기자가 기사를 하나 쓰고, 교사가 신입생을 한 차례 선발할 때마다 간혹 돈 봉투를 받는 것이다. 개중에는 자발성을 띤 것도 있고, 강제성을 띤 것도 있지만 오랜 시일이 지나면서 자발성과 강제성이 뒤섞여 결국 관행으로 굳어진다. 그러므로 간부의 체제 안팎 수입은 시간이 흐르면서 증가하지만 증가 폭은 피고용인이나 노동자보다 크다.

간부의 체제 밖 이익은 직업적인 권력을 통해 얻는 것으로, 관리가 권력을 이용해 사리사욕을 채우는 것과 일맥상통한다. 단지 직업적 권력과 행정적 권력의 차이가 있을 뿐이다. 간부의 체제 밖 수입은 의사의 수술이 200~300위안, 기자의 기사가 100~200위안 등 액수가 한정되어 있는 한편, 매번 고된 노동의 대가로 수입을 얻기 때문에 노동 집약형 산업에 속한다고 볼 수 있다. 따라서 탐관의 권력 집약형·자본 집약형 뇌물 수수와는 차이가 크다.

관리와 일반 간부의 검은돈을 비교해보면 관리의 검은돈은 공공 이익을 판 수수료에서 나온 것이고, 일반 간부의 검은돈은 당사자를 협박해서 얻은 이익이다. 수입의 원천이 하나는 공공 이익이고, 하나는 개인의 이익이기 때문에 액수의 차이가 클 수밖에 없다. 예컨대, 호적을 담당하는 관리는 농업 호적에서 비농업 호적으로 전환하려는 그 지역의 모든 사람을 대상으로 삼지만 신입생을 선발하는 교사는 그저 몇 명의 수험생을 대상으로 할 뿐이다. 그러므로 이들의 부당이득은 당연히 차이가 날 수밖에 없다. 강호 탐관의 수입 원천 가운데 대부분을 차지하는 것은 검은돈이고, 그다음이 회색 돈이다. 임금은 그들에게 푼돈에 불과하다.

일반 간부와 마찬가지로 관리의 보수도 근무 연수에 정비례한다. 그런데 회색 수입과 흑색 수입은 근무 연수가 아니라 권력과 관계가 있다. 권력 있는 관리가 직장에서 공개적으로 받는 상여금과 수당 액수는 일반인에 비해 훨씬 많은데, 여기에 회색 돈과 검은돈까지 합하면 관리의 수입은 어마어마하게 증가한다. 결국 관리의 수입은 권력과 밀접하게 관련되어 있다고 말할 수 있다. 회색 돈과 검은돈은 관리의 권력에 비례해 기하급수적으로 증가한다. 그렇다면 어째서 검은돈은 관리의 직급에 따라 기하급수적으로 증가하는 것일까?

첫째, 관할 인구가 직급에 따라 기하급수적으로 증가하기 때문이다. 직급이 높을수록 관할 구역은 넓어지고, 관할 구역이 넓어질수록 관할 인구는 많아지고, 관할 인구가 많을수록 청탁을 넣으며 뇌물을 주는 사람의 수도 증가하기 때문에 관리의 수입도 늘어난다.

둘째, 현행 제도에서 재무 심사와 비준 권한은 관리의 등급에 따라 기하급수적으로 증가한다. 일반적으로 100만 위안 이하의 사업은 구·현에서 심사·비준하고, 천만 위안의 사업은 시에서 심사·비준하고, 1억 위안 이상의 사업은 성에서 심사·비준한다. 한 등급 높아질 때마다 재무 관리권이 열 배 증가하는 것이다.

어느 해 대학 입시가 끝나고 한 교사가 학부모들에게 수험생들의 바람을 묻자 학부모들은 이구동성으로 말했다. "전공은 상관없어요. 무슨 과를 전공해야 관리가 되기 쉬운지 모르겠네요." 이 말에는 중국의 반反현대화 의식이 반영되어 있다. 일반 대중은 내심 관본위를 인정하면서도 애증이 교차하는 복잡한 심경을 드러낸다. 증오라기보다는 오히려 질투에 더 가깝다고 볼 수 있다. 대중의 이러한 태도는 강호적 특권과 사회 분배 제도의 온상이 되었다.

7

사회제도의
변화

1. 중국 강호화를 분석하는 도구

삼각형 모델

중국 강호화를 분석하려면 막스 베버의 '이상형'과 비슷한 도구를 차용해야 한다. 그 도구가 바로 구조주의 원리에 근거한 '삼각형 모델' 또는 '삼각형 구조'다.

사회제도의 일반적 구조는 삼각형이고, 내포된 세 가지 기본 요소는 가치 체계, 조직 체계, 규칙 체계다.

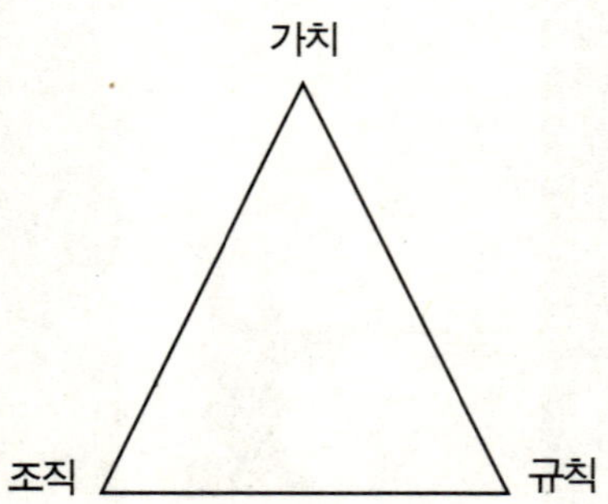

사회제도의 변천은 삼각형 구조로 나타나 하나의 삼각형이 다른 삼각형을 대신한다. 폭넓은 시각에서 보면, 종종 하나의 부차적인 삼각형이 주된 삼각형을 대신하고, 비공식 규칙들 가운데 하나가 정식 규칙을 대신한다. 각각의 정식 규칙 배후에는 언제나 정식 규칙의 지위를 노리는 수많은 비공식 규칙이 있다.*

삼각형 모델로 어떻게 근대 중국이 강호화되었는지 분석하기 전에 결론부터 이야기하면, 하나의 안정된 제도는 세 가지 요소의 균형과 조화에 의존한다는 것이다. 만약 세 가지가 갈등하면 제도의 불안정과 붕괴를 초래할 수밖에 없다. 변화 과정을 거쳐 생성된 새로운 요소는 새로운 구조를 구축하려 한다. 성문화된 제도가 변하든 불문법(풍속)이 변하든 모두 이 방식에 따라 삼각형 구조의 제약을 받는다.

그 적절한 예로 중국 유교를 들 수 있다. 이를 통해 가치, 조직, 규칙의 장기간 충돌이 어떻게 문명 제도를 붕괴시키는지 알 수 있다. 출산을 장려하는 핵심 가치 체제와 생산 능력의 한계 간 갈등은 주공周公이 유교를 창시한 초기부터 존재한 것이 아니다. '다자다복'의 가치도 처음부터 가족 조직, 종법 제도 및 과학기술 기반과 공존할 수 없었던 것이 결코 아니다. 처음에는 대단히 조화로웠지만 2천 년 후에 갈등이 서서히 고조된 것이다.

* 부차적인 것이 주된 것을 대신하고, 비주류가 주류를 대신한다는 게 계통론에서 주장하는 일반적인 사회 법칙이다. 예를 들어, 선전은 원래 광둥 성 바오안 현寶安縣 관할 변경의 조그마한 소도시였지만 개혁 개방 이후 선전이 도시로 승격되면서 도리어 바오안 현을 관할하게 되었다. 이것이 바로 행정구역 발전의 전도라는 것이다. 다시 예를 들어 보면, 상하이는 본래 쑹장 부松江府의 작은 현이었고, 와이탄外灘(상하이의 황푸 강안黃浦江岸 일대의 지명-옮긴이)은 황푸 강변의 갈대가 무성한 습지에 불과했지만 역사 변천 과정에서 쑹장은 상하이의 일개 구가 되었고, 와이탄은 세계적인 금융 중심지로 변모했다. 주도적인 것과 부차적인 것, 주된 것과 보조적인 것, 드러나는 것과 숨어 있는 것이 서로 바뀌고 전복하는 것이 사회제도 변천의 패턴이다. 역사 규칙의 수수께끼는 현실의 부차적인 영역에 숨어 있다. 사회가 하나의 시스템이기 때문이다. 사회는 수많은 범례 계통으로 구성되어 그 가운데 주된 범례가 하나 있고, 무수히 많은 버금가는 범례가 그 뒤에 있다. 달도 차면 기우는 것처럼 주된 범례가 쇠락하면 버금가는 범례가 기회를 틈타 주된 범례를 대신하게 된다. 강호의 운명도 똑같고, 현대화의 운명 역시 마찬가지다. 절대적으로 강한 것은 없다. 조건이 모든 것을 결정할 뿐이다.

이처럼 서로 관계있으면서도 상반된 두 가지 문제는 '무엇이 근대 중국의 강호화를 초래했는가?'와 '무엇이 중국의 현대화를 촉구했는가?'이다.

500년 전부터 200년 전까지 300년 동안의 인구과잉 추세는 생산 공급 체계와 식량 공급 능력에 지속적으로 압박을 가했다. 이 압박이 다시 가족 조직, 종법 제도, 가족 단위의 생산제와 가부장제 등 생산관계의 여러 요소에 가해졌고, 다시 사회제도에 가해지면서 중국 사회는 결국 현대화라는 변혁을 꾀하지 않을 수 없었다. 제도를 개혁하지 않으면 사회가 유지될 수 없었다.

이와 동시에 아무런 조짐도 없이 반대 방향에서 강호화가 출현했다. 강호화 역시 인구과잉의 위기에서 발생한 제도 모델이자 자연적으로 발전한 관행이었다. 다른 점은 강호화가 생산 모델이 아니라 사회 재분배를 요구하는 모델이라는 것이다. 이런저런 명목으로 돈을 갈취하거나, 지주나 부잣집을 습격해 재물을 요구하거나, 부자의 재물을 빼앗아 가난한 사람들을 구제했던 것이다. 불공평한 자원 배분 방식을 파레토 개선으로 합법적 제도를 타파하는 대신 파레토 최적을 통해 전통적인 생산관계의 틀 속에서 인구 수용 능력을 제고하려 했을 뿐이다.

현대화와 강호화는 비록 두 가지 상반된 제도 변혁에 속하지만 인구의 상대적 과잉이라는 공통된 배경에서 출현했다. 인구가 식량 공급 능력을 초과할 정도로 급증해 효율이 낮은 사회제도로는 더 이상 인구를 부양할 수 없었다. 유교 가치 체계는 다자다복과 자손 번성을 희망하지만 과학 기술을 배척하면서 기술 발전을 거부했기 때문에 식량 부족을 야기할 수밖에 없었다. 화전 경작과 농업기술의 정체로 1묘당 1석(石: 부피의 단위인 섬과 같은 말로, 한 섬은 열 말에 해당함-옮긴이) 남짓의 식량을 생산했는데, 이것은 수천 년 동안 변함없었다. 토지는 늘어나지 않는 상황에서 인구는 끊임없이 증가했다. 한정된 토지로는 감당할 수 없을 만큼 인구가 증가하자 다자다복은 다자다재多子多災, 다생다화多生多禍로 변했다.

인구사를 통해 현대화 과정을 살펴보면 피난의 역사, 유민의 역사라는 점을 알 수 있다. 수많은 정착 농민이 고향을 등지고 떠나 가족 생산 조직의 개혁을 요구하면서 새로운 제도로 생계를 이어나갔다. 인구가 넘쳐났기 때문에 정착 농민들은 고향을 떠나 이주해야 했는데, 농민들의 이주는 가족 통제 체계의 와해를 초래했다. 토대가 무너지자 유교 제도도 덩달아 무너지고 말았던 것이다.

삼각형 구조 공리

중국 근대 역사의 변천 과정에서 강호의 역사적 의미를 기술하려면 무엇이 변했는지부터 살펴야 한다. 의심할 여지없이 변천의 주체는 사회제도다. 기타 사회 요소 가운데 혈연·집단·문자·음식 등은 시종 변하지 않았고, 문학·예술·수공예·농업 기술 등의 변화는 대단히 미미한 편이다. 한마디로 불변하는 것은 사회 요소이고, 변하는 것은 제도라 할 수 있다.

사회제도는 상세히 서술하지 못할 정도로 복잡하기 때문에 논리적으로 분석하려면 공통의 도식을 만들어야 한다. 모든 제도에는 공통의 요소와 구조가 있다. 유교, 강호, 집단주의, 현대 법치를 반복해서 비교하다 보면 삼각형 모델을 도출해 사회제도의 일반적 특징을 묘사할 수 있다. 모든 사회제도는 가치, 조직, 규칙으로 구성되어 있는 삼각형 구조이며, 모든 사회 체제의 발전과 변천은 이 삼각형의 제약을 받는다.

유클리드 기하학 체계를 본떠 삼각형 모델의 가설을 '공리公理'로 서술하고자 한다.

(1) 모든 안정적인 사회제도는 가치 체계, 조직 체계, 규칙 체계로 구성되어 있다. 이 세 가지를 가치, 조직, 규칙이라고 약칭한다.

(2) 가치 체계는 집단의 가치관이다. 그것은 '주의'라고 부를 수 있는데, 이를테면 가족주의, 집단주의, 개인주의다.

(3) 조직은 개인들이 모여 일정한 규칙에 따라 만든, 명시할 수 있고 특정한 기능을 지닌 집단 형태를 말한다. 국가, 단체, 가족, 교회, 종교 결사, 비밀 단체, 사적인 관계망을 예로 들 수 있다.

(4) 규칙은 조직의 구성원에 의해 묵인되거나 강제집행되는 행위규범을 말한다. 법률, 도덕, 관례, 풍속을 예로 들 수 있다. 또한 규칙은 성문법과 불문법으로 나뉜다. 예컨대, 상품 거래에 관해서는 성문의 민법과 계약법이 있고, 불성문의 인정과 풍속이 있다.

(5) 사회 요소는 주류와 비주류로 구분된다. 성숙하고 안정된 사회에는 주류 가치관, 주류 조직, 주류 규칙이라는 주류의 삼각형 구조가 있다. 고대 유교 국가 제도를 예로 들면 주된 삼각형 구조는 가족주의 가치관, 부계 가족 조직, 예교 제도다. 이 세 가지가 주도적이면서도 강제성을 띠고 사회를 운용해나갔다. 기타의 가치관(제자백가), 기타의 조직 유형(비밀결사나 은둔자 집단), 기타의 게임 규칙은 모두 종속적인 위치에 있었다. 만약 한 사회에 두 가지의 동등한 삼각형 구조가 출현한다면, 사회가 불안해 변혁이 일어날 것이라는 의미다. 예를 들면 13세기 이탈리아 베네치아의 로마법과 상법의 대치, 16세기 이후 중국 유교와 강호의 대치, 중화민국의 헌정과 강호의 대치가 그것이다.

(6) 안정된 사회의 주류 가치, 주류 조직, 주류 규칙의 삼각형 구조를 통해 그 사회체제의 주된 특징을 묘사할 수 있다. 예컨대, 가족주의 가치→부계 가족 조직→예교 제도의 삼각형 구조를 통해 고대 유교 사회의

기본적 제도를 서술할 수 있고, 개인주의 가치→계약 집단→민주적 법제의 삼각형 구조를 통해 현대 제도를 서술할 수 있으며, 집단주의 가치관→단위→당의 기율/정책의 삼각형 구조를 통해 문화대혁명 이전 중국의 계획경제 체제를 기술할 수 있다.

삼각형 구조는 중국 사회체제의 변화와 발전을 설명할 수 있는 모델이다. 하나의 삼각형 구조를 읽어내는 것은 한 제도의 얼굴을 읽어내는 것과 같다. 이러한 독법은 천극(川劇: 쓰촨 지방의 전통극-옮긴이)의 변검(變臉: 쓰촨 지방의 전통극에서, 배우가 신속하게 가면을 바꾸는 것-옮긴이) 기예를 연상시킨다. 근대 500년 동안의 제도 변천은 변검과 매우 흡사하다. 제도 변천사는 바로 변검사다.

2. 역사 변검의 무대

제1막: 고대사회에서 강호가 출현하다

삼각형 모델로 유교가 강호 제도로 탈바꿈하는 과정을 분석해 하나의 삼각형 모델이 밀접한 관계가 있는 또 다른 삼각형 모델을 대신하는 과정을 알 수 있다.

진대秦代 이후 중국 사회는 점차 중앙집권적 통치 체제를 확립했는데, 가족주의 제도가 사회적 모델이 되었다. 삼각형 모델은 가족주의 가치관, 가족(부계 혈족) 조직, 예교 제도로 구성되었다.

가족주의 가치관이란 다자다복, 대 잇기, 자손 번성 등을 중시하는 가치관을 의미한다.

가족 조직은 가족을 농사나 수공업 생산 조직으로 보고 한 가족이 하나의 생산 단위가 되며, 가족의 개념에서 가산과 가부장적 재산권 제도가 창출되었다. 조상을 숭배하고, 촌수를 따지며, 장유유서를 중시하는 등의 가족 조직 관념이 정치 및 공공 사회의 조직 체계에까지 확산되면서 가족의 구조를 본뜬 범가족적 구조가 확립되었다. 즉, 조정(군신부자君臣父子), 관아(부모관父母官), 동업 조직(부자지간 같은 사제 관계) 등이 그것이다.

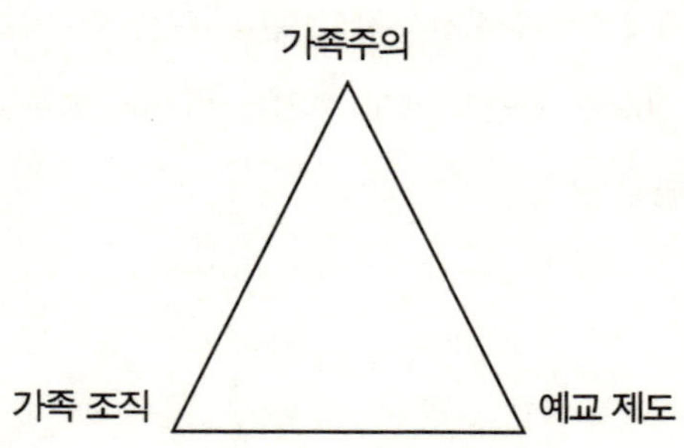

예교 제도는 『주례』에 근거해 예법과 예식, 예의와 풍속, 종법이 생겨났다. 오륜과 팔덕, 삼종지도와 사덕(四德: 인륜의 네 가지 덕으로 효孝, 제悌, 충忠, 신信을 말함—옮긴이)은 농촌의 자치 규약, 가훈과 제자규弟子規, 가법과 종법, 계율과 영업 규정, 전장 제도典章制度 등으로 발전했다.

가족주의와 가족(또는 범가족) 조직, 예교는 고대 사회제도의 근간이 되었는데, 이러한 구조는 소농 경제에서 상대적으로 안정적인 것이었다. 하지만 안정이라는 것은 상대적인 개념이다. 고대 중국 사회의 구조는 대체로 조화롭고 균형이 잡혀 있었지만 논리적 충돌을 은연중에 내포하고 있었다. 이 논리적 충돌이란 컴퓨터 프로그램의 버그와 같은 것이었다. 이 버그는 생성이 느려 마치 한 마리의 연충이 천천히 꿈틀거리는 것

처럼 슬그머니 숙주를 해쳤다. 그리하여 2천 년 동안 좀먹고 난 후에야
비로소 폭발하기 시작했던 것이다. 이 연충은 바로 무한한 인구 증가와
유한한 토지 자원, 그리고 상대적으로 변함없는 생산력 사이의 '조정할
수 없는' 갈등을 의미한다. 한마디로, 유한과 무한의 갈등인 것이다. 생산
력의 정체는 유교 제도문화의 최대 특징이었다.

  1. 유한한 자원과 무한한 인구 증가의 갈등

'조정할 수 없는'이라는 말은 지금의 지식 체계로 당시의 사회 상황을
판단한 것이다. 하지만 명대 중기부터 청대 중기까지 1500~1800년에
이러한 이치를 대중에게 설파할 선각자는 거의 없었다. 청대 후기 19세
기 말엽이 되어서야 왕사탁, 홍량길과 같은 선현이 불현듯 깨닫고 힘주
어 주장했지만 때가 너무 늦었을 뿐 아니라 대책을 강구할 생각조차 하
지 않았다.

  인민들은 변함없이 미친 듯이 출산을 했다. 천재와 인재로 화를 입고
도 그들은 출산을 그치지 않았다. 천재와 인재의 화를 입을수록 대를 이
을 아들이 줄어들까, 가문의 대가 끊길까 걱정한 이들은 더욱더 출산에
박차를 가했다. 조정과 재야, 일반 백성들은 왕사탁과 홍량길의 주장을
받아들이지 않았다.

  이와 동시에 유교 제도 및 생산 관계의 제약을 받는 농업 생산력의 정
체로 인구수와 토지 면적의 내재적 갈등을 완화시킬 방법이 없었고, 위
기는 폭발할 수밖에 없었다. 위기가 닥치기 전에 봉건 제국이 개혁을 꾀
해 현대적 제도를 마련하지 않는 한 이것은 역사적 필연이었다.

  인구 위기를 좀 더 상세히 알기 위해서 진·한대 이후의 인구사를 대강
훑어보는 것도 무방할 것이다. 역사가의 고증에 따르면, 하·상夏商 시대

부터 3천 년 동안 중국의 인구는 계단식 증가 추세를 보였다.

첫 번째 단: 하대 초기에서 진대 말기까지 1천 900년 동안. 인구는 1천만 명에서 3천만 명 사이.

두 번째 단: 한대 초기에서 오대십국五代十國까지 1천 100년 동안. 인구는 1천 300만 명에서 6천만 명 사이.

세 번째 단: 북송시대에서 명대 말기까지 686년 동안. 인구는 5천 400만 명에서 1억 1천만 명 사이.

네 번째 단: 청대 초기에서 중화민국 시기까지 290년 동안. 인구는 9천만 명에서 4억 4천만 명으로 증가. 그 후 전란으로 3억 명에서 4억 7천만 명 사이.

다섯 번째 단: 중화인민공화국 탄생 후 지금까지 50여 년간. 인구는 4억 3천만 명에서 13억 명으로 증가.*

현재 20억 묘가 못 되는 농경지로 13억 인구를 부양하고 있다. 이는 유교 시대 소농 경제 제도의 식량 공급의 한계를 현재 완전히 극복했다는 뜻이다. 이 말은 곧 유교 제도가 붕괴된 원인이 불어난 인구를 감당하지 못했기 때문이라는 이야기다. 그러나 유교 제도가 붕괴된 후에는 서양 민주제도를 지향한 게 아니라 강호를 지향했다.

근대로 되돌아가보면 명대 중기 이전, 전국의 인구가 1억 이하일 때 경지 부족과 인구 과잉은 개개 지역의 문제일 뿐이었다. 따라서 인구의 거족적 이동으로 인구 문제를 완화시킬 수 있었다. 동진 시대 사족士族들의 의관남도衣冠南渡와 후대의 객가인(客家人: 원래는 중국 황허 강 북부에 살았으나, 서진西晉 때부터 전란을 피해 지금의 광둥 성, 푸젠 성, 광시 성, 장시 성 등지의

* 자오원린趙文林·셰수쥔謝淑君, 『중국인구사中國人口史』 부도附圖17, 런민출판사人民出版社, 1988.

산간 지역으로 이동했음―옮긴이)의 거듭된 이동을 예로 들 수 있는데, 인구 이동이 아직 사회제도의 위기를 초래하지는 못했다. 가족 단위의 이주 외에 천재와 인재로 인한 인구 감소 역시 부분적으로 인구문제를 해결할 수 있었다. 그러나 인구가 한층 더 증가하면서 과잉 인구는 전국적인 문제가 될 수밖에 없었다.

소농 경제 시대를 되돌아보면, 전국 경작지 면적의 최대치는 줄곧 일정했다. 역사가의 고증에 따르면, 10억 묘가량이었다. 북송 시대에서 청대 초기까지는 약 7~8억 묘였고, 청대 중기 이후에는 인구 증가로 산비탈과 구릉에도 재배하면서 경지면적이 한때 14억 묘에 달하기도 했다. 그렇지만 산비탈, 간석지, 소택지는 경작하기에 까다로워 노동생산성이 낮았고, 가뭄과 장마도 생산량에 영향을 끼쳤을 뿐 아니라 일부는 종종 황무지로 방치되었기 때문에 실제 총 경지면적은 틀림없이 최대치보다 낮았을 것이다.

그리하여 주식물主食物의 재배 면적을 줄이는 대신 고구마, 감자, 옥수수, 땅콩 등 생산량이 훨씬 많은 밭작물을 심었고, 식량 부족으로 과잉 인구가 고향을 떠나 정처 없이 사방을 떠돌면서 안정적인 유민 계급이 형성되기 시작했다. 또한 인구 유실로 도시와 농촌의 부계 가족 조직이 제 기능을 발휘하지 못했다. 1인당 평균 경지면적이 지속적으로 줄어드는 바람에 사회제도가 파괴되고 민간 사회질서가 붕괴되었다.

14세기 명대 초기에 이러한 위기의 조짐이 슬그머니 나타났다. 첫 번째로 불운을 겪은 지역은 푸젠 성이었다. 푸젠 성 사람들이 화교 이민의 선구자이자 강호 문화의 시조가 된 이유다. 푸젠 성 사람들은 생계를 도모하기 위해 동남아시아에 가서 활동하고, 해적이 되고, 민간 결사(천지회)를 조직하고, 행상을 다니고, 원양 무역을 하고, 밀수를 하는 등 끊임

없이 외부 세계와 왕래했다. 푸젠 성 지방의 강호화에 뒤이어 명대 초기
에서 청대 건륭 연간까지 후대 300년 동안 동남부 연안 지역의 인구 밀
집 지역인 장쑤 성, 저장 성, 산둥 성, 안후이 성 등에 잇따라 액운이 찾아
왔다.

명대 홍무 26년(1393) 각 성의 1인당 평균 경지면적*

지역	인구(만 명)	경지(만 묘)	1인당 평균
푸젠 성	390	1400	3.59
저장 성	1049	5170	4.7
장쑤 성	898	6050	6.73
광시 성	150	1010	6.7
쓰촨 성	150	1120	7.5
산둥 성	526	7240	13.8
산시陝西·간쑤甘肅 성	230	3150	13.7
안후이 성	180	2880	16.0
허베이 성	190	5830	30.7
후베이·후난 성	470	20020	42.6
허난 성	190	14490	76.3

중국 농업도 인구 위기를 극복하기 위해 많은 기술적인 노력을 기울였
다. 베트남에서 점성도占城稻라는 올벼를 들여와 이모작을 보급하고 남아
메리카의 밭작물을 널리 보급하고, 한전과 구릉을 개간해 경지면적을 확
대했다. 점성도는 현재 베트남의 중남부 지역에 위치했던 고대 점성국占

* 허빙디, 앞의 책, 통계 수치는 필자가 환산한 것임.

강호 중국

城國에서 유래했는데, 일찍 여물고 가뭄에 강해 생산량이 곱절이었다. 점성도를 들여온 것은 중국 농업에서 생산 혁명과도 같았다.

아메리카 대륙의 4대 밭작물로는 땅콩, 감자, 옥수수, 고구마를 들 수 있다. 특히 고구마와 옥수수는 생산량이 많을 뿐 아니라 칼로리도 높아 쌀과 밀을 대신해 주식으로 삼기에 적합했다. 비록 쌀이나 밀에 비해 맛은 떨어지지만 입에 풀칠해 생명을 유지할 수는 있었다. 땅콩은 포르투갈 사람이 16세기 초 광저우를 통해 들여왔고, 감자는 푸젠 성 사람이 해외무역을 하면서 들여왔다. 고구마는 해로(푸젠 성)를 통해, 옥수수는 육로(윈난 성)를 통해 들여왔다. 아메리카 대륙의 밭작물은 생산량이 많고 가뭄에 강하기 때문에 밭이나 계단식 논밭에서 재배하기에 알맞았다. 이 4대 밭작물 덕에 농작물의 생산량이 늘어나 당시 중국의 인구 압력을 어느 정도 완화할 수 있었다.

2. 삼각형 모델로 강호의 부상을 바라보다

한정된 경작지로 넘쳐나는 인구를 부양할 수 없자 일부 주민은 촌락의 가족 조직에서 벗어나 유민으로 전락할 수밖에 없었다. 그리하여 정착 농경 사회조직은 파괴되었다. 가장 먼저 파괴된 것은 유교 사회의 기반인 가족 조직이었다. 가치, 조직, 규칙의 삼각형 모델에서 조직이 파괴되자 규칙에 해당하는 예교 종법 제도는 의탁할 곳이 없어 향촌 사회에서 무너질 듯 위태위태하게 명맥을 유지하거나 유민에 의해 수정되어 전혀 다른 모습이 되었다.

강호는 먼저 유교 제도라는 삼각형에서 한 각을 파괴했고, 한 각을 파괴함으로써 두 번째 각을 위태롭게 만들었다. 이 지경에 이르자 유교 제도의 조직과 규칙은 모두 파괴되어 출산을 중시하는 가치 체계만 부분적

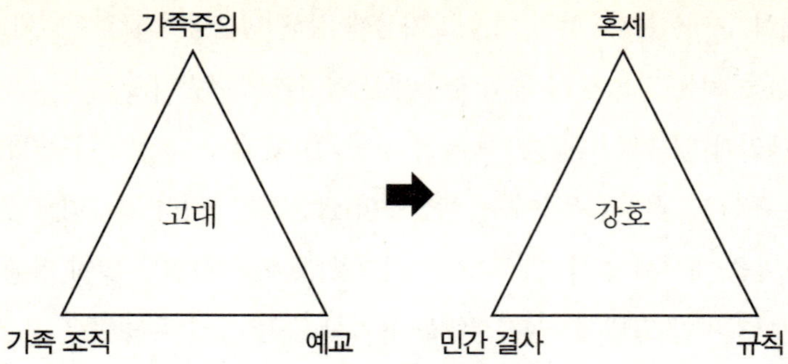

으로 계승되었다.

명대 이후 각지에서 급증하는 인구로 골머리를 앓았다. 고향으로 돌아갈 수 없었던 유민들은 오랫동안 외지에서 지내면서 역사상 유례가 없는 비혈연적 성격의 유랑 집단을 형성했고, 여럿이서 생계를 모색하는 강호 민간 결사를 조직했다. 이것이 현대 강호의 조짐이었다. 상주·진한 시대의 협객·은둔자 중심의 강호와 달리 당시의 강호는 안정성을 띠고 있었으며 규모가 컸고 제도를 형성했는데 이 제도는 훗날 조정과 헌정, 민간 문화에 강한 충격을 주었다. 명대 이전의 강호가 문화였다면, 명대 이후의 강호는 제도였다고 말할 수 있다. 전환점이 되는 시기는 명대다.

유민을 규합한 강호 집단은 조직의 모델을 구축할 필요가 있었다. 조직은 집단의 기반이자 생존에 필수였기 때문이다. 이를테면 뿔뿔이 흩어진 군대는 조직이 없어 한데 뭉칠 수 없기 때문에 관리에게 포위되어 토벌되고, 지방의 악질 토호에게 통째로 먹혀 결국 죽음에서 벗어날 수 없는 것이다. 당시 유민의 대다수는 문화 수준이 낮은 농민들이었다. 고향의 가족 조직과 종법 제도만이 그들에게 유일한 문화 자원이자 가장 간편한 이식 방법이었을 테고, 이식 결과 가짜 대가족 사회가 형성되었던 것이다.

이것은 삼각형 구조를 형성하는 첫걸음이었다. 좀 더 깊이 있게 말하면, 조직이 가족을 모방한 이상 제도 역시 가족을 모방할 수밖에 없었다. 그러나 삼각형 모델에서 조직이나 제도는 이식하기 어렵지 않지만 가치관은 이식하기가 상당히 어렵다. 그뿐 아니라 타성적인 문화 요소라서 어린 시절부터 굳어지면 바뀌기가 쉽지 않다. 이 점이 세 번째 고충이었다.

고대 가족주의 사회의 핵심 가치관은 대를 잇는 것이었다. 하지만 강호 사회는 유랑자들로 구성되어 혈연관계가 전혀 없었기 때문에 대를 잇는 가치관을 그대로 적용할 수 없었다. 이 때문에 강호는 생존에 적합한 기본 가치를 별도로 선택하거나 새로 만들어내야 했다. 그 결과 탄생한 것이 스스로의 가치 체계인 혼의 인생 철학이었다. 가족을 모방한 조직과 강호 규칙, 그리고 혼이라는 3대 요소가 확립된 후 강호의 주된 분파인 비밀결사와 종교 결사가 근본적으로 완성되었다.

강호는 형성된 후 유교 정통 체제 밖의 독립된 사회 체계로 발전했다. 명대 중기에서 청대 말기까지 400년 동안 중국의 사회제도는 이원적인 구조로서 이원적 성격을 띠었다. 즉, 황제―관료―신사(紳士: 명나라와 청나라 시기에 사회의 지배층을 담당했던 사회 계층으로, 이전 시기의 호족이나 귀족, 사대부와는 성격이 다름―옮긴이)―농민을 주축으로 하는 고대 유교 사회이자 맹주盟主―당주(堂主: 종파나 파벌 등 민간 조직의 관리 계층―옮긴이)―수하를 주축으로 하는 강호 사회였다. 강호의 건달이 조정에 잠입하고 조정이 건달과 결탁하는 등 상호 침투하기 이전까지 조정과 강호 세력은 때로는 충돌하고 때로는 서로 이용했다. 이들은 사회적 부의 거래 체계를 통제하고, 거래 규칙을 제정하고, 사회 거래 비용 가운데에서 이익을 탈취함으로써 사회제도 거래 비용을 이중으로 징수해 급기야 균형을 잃은 제국을 무너뜨리고 말았다.

명대 중기 이후 중국 사회는 고대·강호라는 이원적 사회로 서서히 변질되었다. 체제 안은 합법적인 정착 농경 사회였고, 체제 밖은 유민의 비밀결사가 지배하는 사회였다. 비밀결사는 다시 아편전쟁에서 태평천국 운동까지의 시기를 분기점으로 그 이전은 강호의 패거리(강호 1기)였고, 그 이후는 범죄 조직(강호 2기)이었다. 전쟁은 이처럼 비밀결사를 범죄 조직으로 변화시켰다.

대략 1500~1700년에 강호 사회는 맹아·성장의 단계를 거치고 있었다. 조직의 규모는 보잘것없을 뿐 아니라 뿔뿔이 흩어지고 비밀리에 활동해야만 했다. 강호 사회 발전에 전환점이 된 시기는 청대 초기에서 중기까지다. 당시 전국의 인구가 1억 3천만 명에서 3억 명으로 급증하는 바람에 유민의 수가 수백만, 수천만 명에 달하면서 사회질서를 어지럽혔던 것이다. 수많은 유민이 민간 결사 조직에 가입했고, 그 결과 비밀결사 세력이 팽창하면서 점차 공개적인 단체로 변모했다.

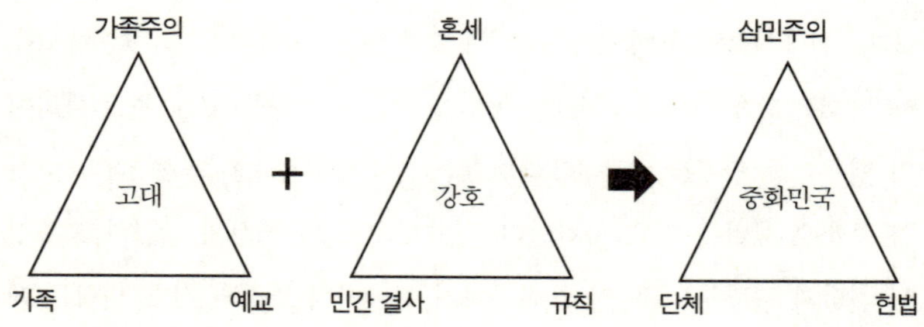

대청大淸 왕조를 무너뜨린 것은 강호였다. 1500년부터 시작해 수 세기 동안 강호와 유교 제도가 대치하고 나서 유교 정치의 힘은 철저히 소진되었다. 어수룩한 유교 제도는 강호와 대치하는 한편 과잉인구를 대량 생산해냈고, 강호 진영과 적이 됨으로써 신해혁명이 어부지리를 얻었다.

유교와 강호가 대치하는 이원적 사회가 현대 제도의 맹아인 중화민국의 탄생을 어떻게 촉진시켰을까?

중국은 전쟁과 문화에서 서양에 참패했다. 미시적 시각에서 보면 서구 식민주의자들에게 패배한 최초의 분야는 군사와 상업이었다. 군사 경쟁의 주체는 군대이고, 상업 경쟁의 주체는 상사商社다. 그런데 군대나 상사는 모두 사회조직이다. 따라서 근대 중국의 실패는 조직의 실패에서 비롯되었다고 결론 내릴 수 있다.

군사 조직을 면밀히 고찰해보면 당시의 서양 군대는 근대적 군사 제도를 갖추고 있었고, 군사 규정이 명료했으며, 기강이 엄격했다(훗날 중국인민해방군 역시 유사한 편제를 갖추고 있었음). 경제 분야도 마찬가지였다. 당시 중국에 진출한 서양인 회사(동인도회사와 자딘매디슨Jardine Matheson)의 조직은 오늘날 회사의 전신으로서 계약 법률 조직에 속했다. 이에 반해 중국의 상점은 대부분 가족적 성격을 띤 상회거나 수공업 공장으로 앞쪽은 상점이고 뒤쪽은 가정집이어서 장사를 하면서 식구를 건사할 수 있었다. 따라서 19세기 말 서양 경제에 패한 이유는 유교가 서양 제도와 조직에게 패했기 때문이라고 볼 수 있다.

유교의 가부장권과 현대의 인권은 공존할 수 없다. 가족의 혈연 조직과 비혈연 사회단체는 법률상 공존할 수 없는데, 제도를 실시하는 과정에서 양자는 타협의 여지를 발견할 수 없다. 유교 제도에서는 입헌정치나 사회단체, 인권이 있을 수 없고, 입헌정치에서는 가족의 특권적 지위가 있을 수 없다. 그러므로 만청 제도하의 변법은 실패할 수밖에 없었다. 하지만 변법이 실패한 대가로 중화민국이 탄생했고, 다시 공산당이 집권했던 것이다.

　삼각형 모델을 통해 볼 때, 중화민국은 입헌정치의 신기루에 불과했다. 실제 효과를 논하자면, 중화민국은 민간 기층 사회의 구조를 바꾸기는커녕 원래의 향촌 친족 조직에 의지했다. 중화민국의 공헌이라면 현대 제도의 합법화를 꼽을 수 있다. '무술변법'이 삼각형의 한 각인 규칙을 바꾸려 했다면 신해혁명은 두 번째 각인 가치관을 바꾸려 했다. 중화민국 시기에 사람들은 게임의 규칙을 바꿔야 할 뿐 아니라 가치관을 바꿔 가부장권에서 벗어나 인권과 개인의 가치를 회복해야 한다는 것을 이미 알고 있었다.

　중화민국은 무력으로 가치 혁명의 합법성을 확립했고, 민주·공화·헌정의 합법성을 확립했다. 의심할 여지없이 헌정 중국의 시작이라고 볼 수 있다. 그러나 중화민국은 기층 사회의 가족 조직 체계를 바꿀 수 없었다. 바로 그 점이 사회제도 개혁의 마지막 장애물이었다. 조직을 바꾸지 않으면 사회를 바꿀 수 없다.

　중국 사회의 기층 조직을 개혁해 유교 가족주의 사회제도에서 근본적으로 벗어난 계기는 중국 공산당이 집단 소유제와 단위제單位制를 실시하면서부터였다. 신중국 초기 도시와 농촌의 생산수단 집단 소유제 개혁부터 시작해 문화대혁명의 파사구(破四舊: 타파해야 할 네 가지 구악이라는 뜻으로, 구문화·구사상·구풍속·구관습 타파를 가리킴-옮긴이)에 이르기까지 17년 동안 조직과 물권 제도가 전반적으로 개혁되었다. 농촌에서는 인민공사(人民公社: 1958년 설립된 중국 농촌의 사회생활 및 행정 조직의 기초 단위-옮긴이), 생산대대(生産大隊: 10개 내외의 생산대로 이루어짐-옮긴이), 생산대(生産隊: 인민 공사 3급 소유제 중 말단의 소유 단위로, 25·30호로 조직되어 있음-옮긴이)와 같은 집단 조직을 만들었고, 도시에서는 조직의 '단위'화를 실시해 전국적으로 법률, 정책, 기율의 종합적 관리 체계가 수립되었다. 이 혁명으로 중국 사회는 유교 가족주의의 구패러다임에서 확실히 벗어날 수 있었다.

제3막: 집단주의

집단주의 정신, 단위제, 정책 규율을 포함하는 집단주의 체계를 삼각형 모델로 나타내면 다음과 같다. 사회주의와 공산당의 부상은 현대 중국사에서 중요한 화두가 되고 있다. 굳이 사회주의 사조와 공산당의 역사는 언급하지 않겠다. 다만 삼각형 모델을 통해 공산당이 중국에서 급부상한 원인, 특히 제도 변천 과정 중의 구조적 원인을 살펴보고자 한다. 공산당이 급부상할 수 있었던 원인은 20세기 초 중국인의 '구망도존救亡圖存'의 위기의식과 관련 있다. 이를 간략하게 서술하기 위해 삼각형 모델을 통해 집단주의 조직이 경쟁적인 측면이나 무력적인 측면에서 민족을 멸망으로부터 구할 강점이 있었음을 증명하고자 한다.

공산주의가 흥기한 원인으로는 여러 견해가 있지만 부인할 수 없는 유일한 사실은 공산당이 무력에서 강세를 보였다는 점이다. '권력은 총대에서 나온다'는 마오쩌둥의 말 역시 이러한 점을 반영한다. 의심할 여지없이 무력, 즉 전투력의 우위는 공산당의 두드러진 특징이었다. 그러나 국민당에게도, 청조에게도, 심지어 강호의 암흑가 조직에게도 총이 있었는데, 어째서 하필 공산당의 총대에서 권력이 나온 것일까? 문제의 핵심은 총에 있는 게 아니라 총의 사용에 있다. 또한 총을 사용하는 자의 조직과 규율, 가치관에 있었던 것이다.

삼각형 모델의 관점에서 볼 때, 1949년 공산당의 성공은 조직 구조 덕분이었다. 20세기 전반기에 공산당 및 그 군대는 중국 사회에서 유일무이하게 가족주의나 강호와 관계없는 진정한 현대 조직이었다. 가족적·강호적 성격을 배제한 공산당 조직 체계에는 상대적으로 선진성이 있었다.

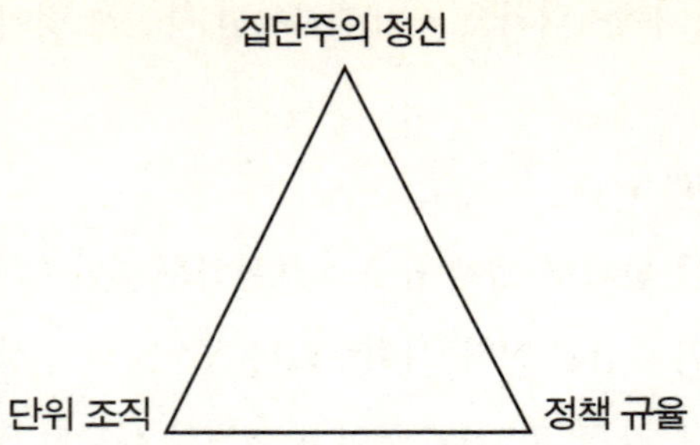

1911~1921년은 유사 이래 중국의 제도적 구조가 가장 복잡했던 암흑기다. 하·상·주 이후 춘추전국, 위진 남북조, 오대십국 등의 시대에 여러 차례 변화가 있었지만 당시처럼 혼란스러웠던 적은 없었다. 예로부터 중국 정치제도는 유·불의 싸움이거나 유·불의 보완에 지나지 않았고, 역대로 중국의 문화는 유·불·도의 싸움이거나 상호 보완에 지나지 않았다. 그러나 만청 왕조가 붕괴되기 직전, 중국 사회에는 이미 유교와 강호라는 이원적 질서가 공존했다. 양자는 각기 가족 체제의 이익과 유민 계층의 이익, 다시 말해서 체제 내 인구의 이익과 잉여 인구의 이익을 대변하고 있었다. 이 모순을 해결하고 사회불안 요인으로 인한 각종 무질서에서 벗어나기 위해 신해혁명이 일어났던 것이다. 신해혁명은 제도적으로 서양을 모방했다는 이유로 역사의 전면으로 떠올랐다.

그러나 신해혁명은 사회질서의 혼란을 수습해 천하 통일을 이루기는커녕 제도 붕괴의 폐허 위에 민주공화제라는 자본가계급의 이익을 대변하는 요소를 가미했을 뿐이다. 사회질서를 더 복잡하게 만들면서 공화제를 제대로 시행하지도 못했다. 이리하여 1911년부터 중국에는 유교, 강호, 중화민국 공화제라는 세 가지 사회제도가 공존하면서 각기 전통적 가족, 유민 무산계급, 민족 자본가계급의 이익을 대변했다.

세 가지 제도가 공존하는 구조는 사회질서의 혼란을 가중시켰다. 그 와중에 서구 식민주의자가 빈틈을 뚫고 들어와 중화 민족은 생사존망의 위기에 놓였다. 당시 민족의 급선무는 문화, 군사, 상업 분야에서 서양의 도전에 맞서 싸우는 것이었다. 이것을 '구망도존'이라고 불렀는데, 구망도존을 위해 중국은 질서를 재정비하고, 전쟁 중에 사회 개혁을 꾀하고, 위태위태한 유교를 대신할 만한 새로운 제도를 찾아야 했다. 하지만 상공업 기반은 취약했고, 자본가계급의 힘은 미약했으며, 신해혁명은 불완전했기 때문에 위기는 지속될 수밖에 없었다. 새로운 제도의 희망이 멀어져가는 것처럼 보이자 마침내 일부 지식인들이 1921년 공산당을 창당했다.

5·4운동 이후의 혁명을 '신민주주의'라고 부르고, 신해혁명을 '구민주주의'라고 부른다. '구민주주의'는 삼각형 구조에서 세 각이 아닌 한 개의 각, 게임의 규칙만 바꾸려 했을 뿐이다. 다시 말해서 공화 헌정共和憲政 체제로 전환만 했을 뿐 사회단체 조직이나 개인 가치 체계(예를 들면 인권, 물권, 사권私權)에 걸친 전면적 혁명으로 발전하지는 못했다. 삼각형 구조의 혁명이 아니라 한 각의 혁명이었던 것이다. 구민주주의 혁명의 실패를 통해 공산주의자들은 교훈을 얻었다.

공산당은 사회조직을 철저히 재편했을 뿐 아니라 토지소유권과 생산수단의 공유화를 통해 사회조직 체계의 혁명을 꾀했다. 소유권과 생산관계를 개혁해 조직 혁명을 이끌었으니 정곡을 찔렀다고 말할 만하다. 여전히 명맥을 이어가며 영향력을 행사하는 유교 사회의 마지막 급소를 찔러 사회 규칙, 조직 구조, 가치관을 전면적으로 개혁해 구제도가 의지했던 사회조직 세포를 없애버린 것이다. 공산당은 유럽의 비주류인 사회주의로 유교 제도를 대신해 서구 사회의 주류인 자본주의에 맞섰다.

그렇다면 20세기 초 중국에 공산당이 출현하고, 공산당이 중국을 장악하고 주도할 수 있었던 이유는 무엇일까? 공산당의 기원과 관련된 수많은 논고 가운데 두웨이밍杜維明의『현대 정신과 유가 전통』이라는 책의 한 구절은 자못 흥미진진하다.

> 당시 중국의 학술 분위기에서 이데올로기는 주로 서방에서 유입되었다. 이는 서구 문화를 전부 그대로 받아들이면서 전통에 반대하려는 요구에 따른 것이었다. 동시에 이 이데올로기는 강렬한 애국주의, 다시 말해서 제국주의 침략에 반대하는 비분강개한 마음과도 결합되어야 했다.

이성적으로는 서양을 배우면서 감정적으로는 서양에 반발하는 이러한 역설에 적합한 이데올로기는 공산주의뿐이었다. 공산주의는 서구에서 유래했지만 서구에 반대하는 유일한 이데올로기였기 때문이다. 5·4운동 이후 중국 사상계는 방황기에 접어들면서 전통문화에 대한 자신감을 잃고 서구의 부국강병책을 배우고자 하는 한편, 제국주의의 지나친 억압으로 서구 문명을 몹시 증오하고 있었다. 즉, 서양을 모방하는 동시에 반대해야 했던 것이다. 결국 이 두 가지 조건으로 서구 문화의 비주류인 마르크스주의에 초점을 맞출 수밖에 없었다. 마르크스주의만이 서구에 속하면서 서구에 반대하는 이중적 속성을 지니고 있었기 때문이다.

중국 문제를 통제하고 주도하기 위해서는 권력을 탈취해야 했는데, 권력을 빼앗을 수 있는 방책을 마련하는 게 바로 '주의主義'의 역할이었다. 그렇지만 조직의 경쟁력, 특히 군사적 전투력이 없다면 어떠한 '주의'도 공염불에 불과하다. 공산주의자들이 하나의 이론을 실천으로 옮겨 국민당, 지방 군벌, 서양 제국주의, 민간 파벌 세력, 비밀결사, 도적 등 모든 반대파를 제압할 수 있었던 것은 단순히 이데올로기나 무력 때문만이 아니라 일련의 제도 체계를 개혁했기 때문이다. 무엇보다도 가장 결정적인 역할을 한 것은 새로운 조직, 즉 집단주의 조직이었다. 바로 이 집단주의 조직으로 공산당은 막강한 전투력을 보유했다.

삼각형 모델을 통해 중국의 제도 변천 과정을 살펴볼 때, 유교 제도가 쿵 하며 무너지고, 제국주의가 빈틈을 타고 들어오면서 인민이 망국민으로 전락할 위기에 처한 역사적·사회구조적 압박 속에서 공산주의가 부상했다. 1919년 5·4운동 이후, 중국 사회에 망국의 위기감이 팽배하면서 구망도존이 시대적 과제가 되었다. 이러한 위기감이 조성된 원인은, 제국주의라는 외적, 유교 제도의 갑작스러운 붕괴, 그리고 강호화된 질서가 파괴되었기 때문이다. 위기의 순간, 구망도존을 실현할 수 있는 자가 중국을 지배하게 될 터였다.

'구망도존'이란 중국 사회 정세에 알맞은 새로운 제도를 찾는 것이다. 이 새로운 제도는 대내적으로는 사회질서를 안정시켜야 했고, 대외적으로는 서구 열강을 막아내야 했다.

공산주의자들이 단계적 성공을 거둔 결정적인 원인은 새로운 가치와 새로운 제도를 이용해 중국 사회의 하부 조직을 전면적으로 개혁했기 때문이다. 공산주의자들은 집단주의 '단위제'를 보급했고, 가족·규벌閨閥 및 강호 민간 결사의 범가족 구조를 배격했으며, 토지개혁과 생산수단의 국유화 등 일련의 제도적 조치를 통해 새 조직의 구조를 공고히 했다. 한마디로 말해서 가치 체계, 규칙 체계, 단체 조직의 개혁을 동시에 진행해 새로운 조직 제도를 공고히 했던 것이다. 도시에서 조직은 일률적으로 단위화되었고, 농촌에서는 인민공사와 생산대가 설립되었다.

공산당 집단주의 제도의 삼각형 구조를 살펴보면 다음과 같다.

집단 단위 조직 — 직장을 기본으로 조직을 구성해 통일적으로 관리하고 혈연과 사적인 관계를 배제한다.

집단주의 가치관 — 모든 것은 집단의 이익에 따르고, 개인은 집단에 복종하고, 집단은 중앙에 복종하며, 중앙은 민주집중제를 시행한다. 사상을 통일하고 모든 것을 조직의 결정에 따른다.

조직의 규율과 정책 제도 — 조직의 규율을 엄격히 하고, 정책 제도를 분명히 하고, 사상 교육에 힘쓰고, 정기적으로 사회 기풍을 바로잡고, 사상 선전 체계를 강화한다.

문명사적인 측면에서 볼 때, 집단주의 제도는 현대 사회 형태의 일종으로, 현대 헌정 제도와 마찬가지로 근대 유럽 사회 발전의 산물이다. 현대 제도와 집단주의 제도는 개인주의와 집단주의라는 가치 체계만 다를 뿐 조직이나 규칙의 구조는 대단히 비슷하다. 양자의 조직 유형은 현대 단체와 집단 단위로 구분된다. 현대 단체는 개인이 주체가 되고, 계약(계약서)에 의지하며, 개인의 권리를 존중하는 반면 사회주의 단위는 집단이 주체가 되고, 중앙 정책과 지방 규율에 의지하며, 개인은 대체 가능한 나사일 뿐이다. 가치 체계의 차이를 보면, 현대 제도의 핵심은 인권과 개인주의 정신인 반면, 집단 단위는 집단주의 정신을 신봉하기 때문에 개인은 조직에 복종해야 한다.

개인주의 가치의 실현 여부는 그 사회의 생산력 특히 생산요소의 하나인 노동자 현황과 관계있다. 간략히 말해서, 노동자들이 정착 위주의 생활을 하는지, 이동 위주의 생활을 하는지, 집단 안에서 개인의 권리가 어느 정도 보장되어 있는지, 그리고 개인의 독립성을 보장해줄 경우의 이로움이나 폐단 등과 관계있다. 생산요소를 최적 배분하고 생산력을 제고하기 위해 집단 정착이 유리한지, 개인의 자유로운 이동이 유리한지 살펴야 한다. 이주해야 한다면 당연히 개인을 단위로 삼을 수밖에 없기 때문에 개인의 권리를 존중해야 한다. 그렇지 않다면 올해는 광둥 성에서 살고, 내년에는 푸젠 성에서, 내후년에는 저장 성에서 살아야 하는 노동자는 도대체 어느 곳의 집단주의에 충성해야 한단 말인가?

공업 시대에 생산요소가 대거 이동하는 과정에서, 개인은 이주의 단위이자 이주의 주체가 되었다. 따라서 사회 규칙의 핵심과 가치의 방향은 무슨 무슨 주의와 관계없이 개인에 의해 실현되었다. 공업 시대의 일부 생산관계가 이합집산을 되풀이하고 자원이 재배치되면서 단체나 가족을 포함한 모든 집단은 수시로 해체될 수밖에 없었다. 예컨대, 현대 기업은 수시로 소유권을 변경하거나 도산했고, 이혼으로 가족이 해체되었으며, 사회단체는 수시로 문을 닫았다. 따라서 개인주의는 공업 시대에 없어서는 안 될 가치 기준이 될 수밖에 없었다. 개인주의가 실현되지 않으면 인구의 자유로운 이동 및 생산요소의 최적 배분을 보장할 수 없었기 때문이다.

집단주의 역시 일련의 사회 기술 체계라고 볼 수 있다. 집단주의가 나중에 계급독재의 수단이 된 것도 그것의 기술적인 속성 때문이었다. 그 속성이란 단위가 사회조직의 세포가 되고, 일체의 책임·권리·이익이 단위에 있으며, 가치의 목적이 집단을 강대하게 하는 것이라는 점이다. 제도에는 절대적인 우열이란 게 없고, 모든 것은 시대의 추세에 따라 달라진다. 당시의 천시天時는 구망도존이었고, 선택된 것은 민족의 이익이었다. 구망도존이 없었다면 공산당도 없었을 테고, 공산당이 없었다면 신중국도 탄생하지 못했을 것이다. 시간이 거꾸로 반세기 흘러 역사적으로 공산당이 출현하지 않았다면 오늘날의 중국은 어떤 모습일지 확실히 알 수가 없다.

제4막: 개혁 개방과 현대화

신중국이 건국되고 나서 17년 동안, 그리고 문화대혁명 기간의 10년 동안을 합해 도합 27년간 집단주의 제도가 신봉되었다. 집단주의 제도 이후 중국은 개혁 개방과 현대 법치 제도라는 제도 변혁의 신장정(新長征: 중국이 개혁 개방 이후, 현대화를 실현하기 위해 노력 분투한 역사적 노정─옮긴이)에 오른다.

개혁 개방이 추진될 수밖에 없었던 이유를 분석하는 데 삼각형 모델은 매우 유용하다. 비록 이런 분석이 강호와 직접적인 인과 관계는 없다고 해도 '개혁 개방'이 제안된 사회적 원인과 강호 흥기의 원인은 동일한 모델에 기초할 뿐 아니라 현대화 개혁과 강호 질서는 당시 중국에서 서로 영향을 주고받는 복잡한 관계에 있었다.

첫째, 강호 사회의 통치, 즉 중국의 강호화는 기본적으로 현대 사회제도의 수립에 의존했다. 특히 현대 법률제도하의 거래 비용 우위에 의존했다. 둘째, 개혁 개방 초기에 집단주의가 현대 법치로 전환되는 과정에서 곳곳이 무질서 상태였는데, 이것이 강호의 중흥을 초래했다.

1949년 신중국이 건국되고 중국 사회를 주도한 삼각형 모델은 집단주의 정신, 집단 단위, 정책 규율이었다.

정권을 잡은 후에 공산당은 집단주의 조직 모델을 당·정·군에서 민간으로 확대해 '사회주의 개조'를 시행했다. 이때 공산당은 정치 운동을 통해 소유권, 분배 관계, 단체 구조 등을 대대적으로 개혁했으며, 각종 사회단체를 집단주의의 틀에 맞춰 농촌의 인민공사나 생산대 또는 도시의 기업과 비영리 사업 기관 및 주민위원회 등과 같은 집단 단위로 전환시켰다. 당시 공산당은 당의 지도력을 한층 강화하기 위해 하부 조직에 일률적으로 당 지부를 두고 정치사상 공작을 강화했으며, 집단주의 가치관

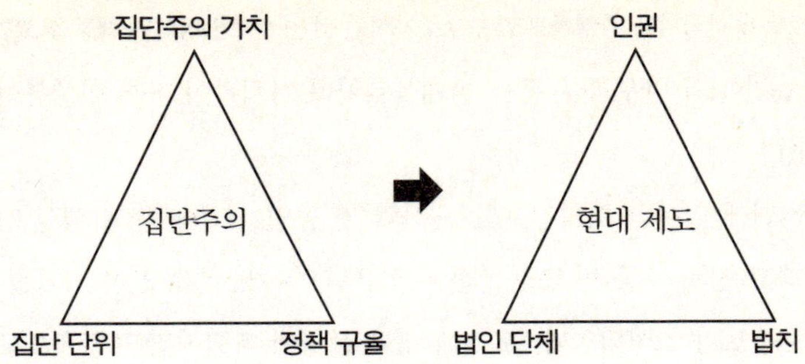

을 관철시켰다.

1949년 이후 집단주의를 관철시키는 주된 수단은 '운동'이었는데, 이 운동은 집단주의 체제 특유의 자원 동원 방식이었다. 건국 이후부터 문화 대혁명까지 20년도 채 안 되지만 대규모 개조 운동이 연이어 일어났다.

반혁명 진압 운동 — 1950년에 중국 공산당 중앙위원회는 '반혁명 활동 진압에 관한 지시'를 발표했고, 1951년에 중앙정부는 '반혁명 처벌 조례'를 공포했다. 제국주의와 국민당, 강호 비밀결사의 잔존 세력을 뿌리 뽑기 위해서였다.

삼반오반운동三反五反運動 — 1951~1952년에 국가기관을 겨냥해 독직과 낭비, 관료주의를 반대하는 '삼반운동'이 일어났고, 법을 어긴 자본가를 겨냥해 증회贈賄, 탈세, 국가 재산 절취, 자재 및 노동력의 편취, 경제 기밀 누설을 반대하는 '오반운동'이 일어났다.

공유제 사회주의 개조 — 농촌에서는 토지를 국유화하고 농촌 합작사 및 인민공사를 설립했고, 도시에서는 사기업을 먼저 공사합영公私合營 기업(중국의 사회주의와 자본주의의 과도적 경제 제도로서, 반관반민의 기업 형태—옮긴이)으로 바꾼 후 차츰 국유화했다.

1957년 발백기(拔白旗: 홍기가 프롤레타리아 사상을 나타내는 것에 반해 백기는 부르주아 반혁명을 상징하므로 부르주아적인 낡은 사고방식이나 행동을 고친다는 뜻—옮긴이)와 반우파 운동—이데올로기나 가치관이 다른 이색분자를 공격했다.

1958년에 일어난 대약진운동—산업 및 농업 생산에 관해 행정 명령을 내리고 정치 운동 방식을 생산에 적용함으로써 실속 없이 성과를 부풀리는 풍토가 조성되었다. 그 결과 경제 불황에 빠졌지만 표면적으로는 '3년간 계속된 자연재해' 탓으로 돌렸다.

1964년 사회주의 교육 운동과 사청四淸 운동(사회주의 교육 운동의 일환으로 농촌 지역의 무능한 간부들을 재교육하거나 제거하는 운동—옮긴이).

1966~1976년 문화대혁명—정치 운동이 극단으로 치달아 공산당은 결국 자신의 운명을 바꿔, 건국 후 심혈을 기울여 수립해놓은 경제·사회질서가 거의 파괴되었다.

문화대혁명 이전에 일어난 대규모 운동들의 본래 취지는 집단주의 모델을 사회에 널리 보급해 중국을 집단주의 구조 체계로 전환하려는 것이었다. 강력한 사회통제와 효율성 높은 동원 체계는 본래 집단주의 체계의 장점이었지만 지나친 사용은 체계의 효율성을 떨어뜨려 사회조직에 근본적으로 손상을 입혔고, 그 결과 사회 발전은 정체되거나 심지어 후퇴했다. 모든 운동을 하기 위해서는 생산을 중지하고 휴교를 하면서 혁명을 일으켜야 했고, '운동' 후에는 혼란한 시국을 바로잡아야 했다. 때로는 시국이 안정되지 못한 상황에서 다시 새로운 운동을 일으켜 새 갈등을 해결하려 했기 때문에 사회질서가 반복적으로 동요될 수밖에 없었다. 이러한 사회 동요는 자본주의의 주기적인 불황과 달리 운동으로 인한 주기적 불황이었다. 다시 말해서 '운동'의 고조로 '운동성'이 저하되었던 것이다.

과거 50여 년 동안 집단주의 체계의 구조적 모순은 다방면에서 드러났지만 공산당이 개혁을 결심한 주된 원인은 집단 체제에서 경제 운영이 어려웠기 때문이다. 자원 배분의 비효율성은 자원의 심각한 부족과 국민경제의 반복적인 동요, 경제 체계의 불안정을 초래했던 것이다.

경제는 정치와 사회의 토대이자 모든 갈등이 한데 모이는 집결지다. 집단주의적 경제체제는 계획경제 체제를 신봉하는데, 논리적으로 말해서 계획경제 체제는 집단주의 제도가 경제 체계로 자연스럽게 확장된 것이다. 정책 지령에 따라 자원을 배분하고, 생산량과 판매액을 계획하고, 단위의 생산 할당량을 책정하고, 사상 교육으로 민중을 동원하고, 기율로 민중을 통제하는 것이다.

이론상 집단주의 제도에서는 시장경제를 시행할 수 없다. 서로 다른 제도 체계에 속하기 때문이다. 시장경제 체계는 개인의 주체성에 근거하고, 물권의 법제적 보장 및 개인 소비 욕망에 대한 존중에 기초한다는 점에서 '개인이 집단에 복종하는' 집단주의 정신에 위배된다. 계획경제와 시장경제는 가치 체계가 다르다. 즉, 계획경제는 집단 단위를 주체로 하고, 시장경제는 개인을 주체로 하기 때문에 게임의 규칙이 완전히 다른 것이다. 시장의 주체는 기업인데, 기업은 주주권 규정에 따라 체결된 단체인 반면에 계획경제의 주체는 단위이고, 단위의 수립 및 단위 간의 자원 배분은 국가의 지시와 정책에 따라야 한다. 이처럼 시장경제와 계획경제는 서로 다른 게임이기 때문에 경쟁을 통해서만 우열을 가릴 수 있다. 집단주의 체제는 일찍이 전쟁 중에 승리를 거두었지만 경제활동 과정에서는 도리어 제도적 어려움에 부딪혔다.

경제는 국민의 삶의 질과 관련되어 있고 국가 안보와도 관련되어 있다. 1950~1990년대에 세계는 장기간에 걸쳐 동·서양 진영의 냉전의 압력을 받고 있었다. 냉전, 즉 군비 경쟁의 배후에서는 국력 경쟁이 벌어지고 있었다. 강대국 소련이 냉전 중에 해체되면서 당시 중국이 국제적으로 감내해야 하는 정치·경제·군사적 압력은 이루 말할 수 없었다. 각 분야의 사회적 압력은 경제 분야에 집중되었다. 정치적·군사적 압력도 경제 문제로 귀결되었다. 경제가 정치, 군사의 기초가 되기 때문이다. 냉전 중에라도 재정 상태가 좋으면 버틸 수 있지만 재정이 부족하면 게임에서 퇴장하고, 심지어 붕괴되거나 해체될 수밖에 없었다.

1970년대에 중국은 냉전에 대처하고 국민 생활을 보장하기 위해 많은 물자와 돈이 필요했다. 따라서 경제발전은 국가의 존망과 관련된 절박한 문제였다. 바로 이때 중국의 계획경제 체계는 무거운 짐을 감당하지 못하고 여러 실수를 저질렀고, 중국은 개혁 개방을 추진하고 체제 전환을 꾀할 수밖에 없었던 것이다. 다시 말해서 직접적인 원인은 경제였고, 배후의 원인은 집단 조직과 제도(삼각형의 두 개의 각)의 효율이 떨어진 데다 제도 거래 비용이 상승했기 때문이다.

소유제와 사회조직 단위제의 개혁을 완수했으며, 계획경제 체제에 의해 신경제 체계를 운영하기 시작했다. 계획경제란 계획에 따라 생산 자원을 분배하고 물자의 생산과 공급을 결정하는 것을 말한다. 계획경제에 근거해 정부는 계획경제위원회를 설립하고, 생산 지표를 정하고, 생산 활동을 계획하고, 기업의 생산 행위를 직접적으로 통제하고, 물자를 조달하고, 맨 마지막에는 배급표(고기 배급표, 식량 배급표 등)를 배분했다. 이러한 체제는 소련 '형님'을 모방한 것인 동시에 전쟁 중에 당과 해방군 조직의 경험을 집대성한 것으로, 집단주의 제도가 경제 체계로 확장된 것이다.

여기서 가족제, 법인 단체, 집단 단위, 중국 고유의 범가족적 강호제 등

    강호 중국

현존하는 몇 가지 조직 유형을 살펴보고자 한다. 집단주의자들은 개인 중심의 시장경제를 받아들일 수 없었다. 그들이 시장경제를 선택하지 않은 것은 시장경제 자체를 싫어해서가 아니라 그것의 가치 배경인, 집단주의와 공존할 수 없는 개인주의를 꺼렸기 때문이다. 따라서 유일하게 적합한 것은 계획경제뿐이었다.

그러나 1949년 이후 경제가 최초로 곤두박질친 계기는 대약진운동이었다. 1957년 전후에 제국주의의 봉쇄에 맞서 반발심에서 또는 지기 싫어하는 마음에서 중국 정부는 실제와 동떨어진 경제 지표를 만들어 사회 경제 자원을 무분별하게 투입해 기초 자원을 과도하게 사용했다. 그 결과 경제체제가 붕괴될 지경에 이르는, 어려운 시기를 보내야 했다. 어려운 시기가 지난 후 1963~1965년의 짧은 회복기에 접어들었지만 뒤이어 집단주의 체제는, 훗날 '10년의 대재난'이라고 불릴 문화대혁명을 일으켰다. 문화대혁명은 전국의 생산 체계에 타격을 주었고, 그 결과 수많은 공장이 조업을 하지 않았다.

객관적으로 볼 때, 건국 후 30년에 달하는 계획경제 체제에서 거시 경제 지표는 전반적으로 상승세를 보였다. 1978년 경제 규모는 1949년에 비해 약 4.6배 상승했다. 1953~1978년에 중국의 GDP 연평균 성장률은 대략 6.3퍼센트로 개혁 개방 후인 1979~2000년의 평균 성장률인 9.3퍼센트에 비해 그다지 뒤처지지 않은 것처럼 보인다. 그러나 꼼꼼히 분석해보면, 경제 지표가 어느 해에는 상승하고 어느 해에는 하락하면서 반복적으로 동요했다는 것을 알 수 있다. 그 바람에 경제 동향을 전혀 예측할 수 없어 사람들은 전전긍긍할 수밖에 없었고, 계획경제에 응당 있어야 할 계획이라는 특징도 사라져버렸다.

사실, 계획경제 체제에서는 계획을 세울 때부터 이미 수요와 공급의 복잡한 연결 고리가 끊긴다. 계획을 짜는 소수의 관리가 대충대충 경제 계획을 세우는 탓에 쓸데없는 제품은 과잉 생산되는 반면 유용한 물품은 공급 부족에 시달려 자원이 부족한 상황에서도 낭비를 초래하는 기현상이 벌어진다. 생산된 물자가 대량 재고로 방치되는 한편 생활필수품은 극도로 부족해진다.

계획경제로는 내우(생활필수품 결핍)와 외환(세계 열강의 압력) 문제를 해결할 수 없는 상황에서 국민 경제가 안정되려면 계획경제를 포기하고 시장경제로 전환할 수밖에 없었다. 하지만 문제는 그렇게 간단치 않았다. 삼각형 모델에 따르면, 규칙의 변화는 조직의 변화를 초래할 뿐 아니라 가치의 변화를 초래하기 때문이다. 세 가지는 하나로 통합되어 있어 나누거나 가를 수 없고 사소한 일도 전체에 영향을 미친다. 다시 말해서 시장경제로 전환하려면 새로운 체제 혁명을 꾀해야 했던 것이다.

처음으로 규칙의 전환을 꾀한 사람들은 안후이 성 펑양鳳陽의 농민들이었다. 1980년 초에 이들은 '가족 단위 농업 생산 책임제'를 자발적으로 시행했다. 가족 단위의 생산으로 복귀하면서 이들은 일에 비해 사람이 많고 대우가 똑같은 생산대 체제를 포기하고 전통 가족 조직에 의지해 농업 생산에 종사했다. 그것은 가족 기업, 향진 기업, 외자 기업, 경영권과 소유권의 분리, 도급 경영, 임차 경영, 주주제로 전환, 소유권 제도 개혁 등 진정한 제도 전환의 과정을 밟기 위한 것이었다.

경제 분야의 규칙 변화는 공무원 제도 개혁, 민법, 회사법, 단체법, 경제 계약법, 노동 보호법, 전원 계약제, 현대 기업 제도 등 사회조직 유형의 변화라는 '도미노 효과'를 야기했다. 심지어 헌법 조항이 개정되기도(개인 재산권 보호) 했다. 이상이 바로 오늘날 중국에서 일어나는 조직에서 규칙까지, 규칙에서 가치 체계까지의 체계 혁명이자 변화무쌍한 현대 혁명이다.

삼각형 모델에 따라 추론해보면 조직, 규칙, 가치는 상호 불가분의 관계에 있는, 사회제도 체계다. 법인 단체의 수립을 목표로 하는 이 조직 혁명은 오늘날 가치 영역으로 확산되었다. 그리하여 개인의 주체성, 개인의 권리, 개인의 책임 윤리, 개인의 창의성, 사회보장 제도 및 사유재산 보호 등이 새로운 제도 수립을 위한 주관심사로 떠오른 것이다.

근대 중국 사회의 전환 및 유교·강호·집단주의·현대 법치 제도의 복잡한 관계를 다른 방식으로 설명할 수도 있겠지만 '삼각형 모델'은 구조적·전체적 시각에서 복잡한 중국 근대 사회를 설명해준다.

근대 제도의 변화를 살펴보고 각종 제도 상호 간의 관계를 밝힌 이유는 합법적인 영역과 비합법적인 영역, 공식 규칙과 비공식 규칙을 통일된 시각으로 바라보고 강호 및 강호화가 중국 민족에게 어떤 의미가 있었는지 살피기 위해서였다. 게임이론의 원리에 따르면, 안정된 제도의 필수 조건은 바로 균형이다. 강호의 관행 제도나 집단주의 제도는 일반적인 균형을 이루지 못했기 때문에 꼭 필요한 안정성이 결여되어 있었고, 이 때문에 두 제도는 아직까지도 계속 진화하는 것이다.

현대 법치 제도는 결국 강호 제도를 대신할 것이다. 왜냐하면 양자의 관리 대상이 동일하게 이민 사회이기 때문이다. 하지만 양자는 공정성과 생산성, 거래 비용에서 본질적으로 차이를 보인다. 이주는 후後농업 시대의 주된 특징으로, 상공업 시대에 가족 조직이라는 기존의 틀을 깨고 새로운 생산 방식으로 자원을 배분하기 위해 필요한 전제 조건이다.

한 사회가 가짜 또는 형식적인 현대 제도가 아니라 진짜 현대 법치 제도를 시행한다면 강호는 존재 가치를 상실할 것이다. 강호 제도의 거래 비용은 합리화나 부패 등으로 현대 법치 제도보다 훨씬 높다. 이 때문에 대부분의 유민과 이주자는 현대 법치 제도에 흡수될 것이고, 실업자는

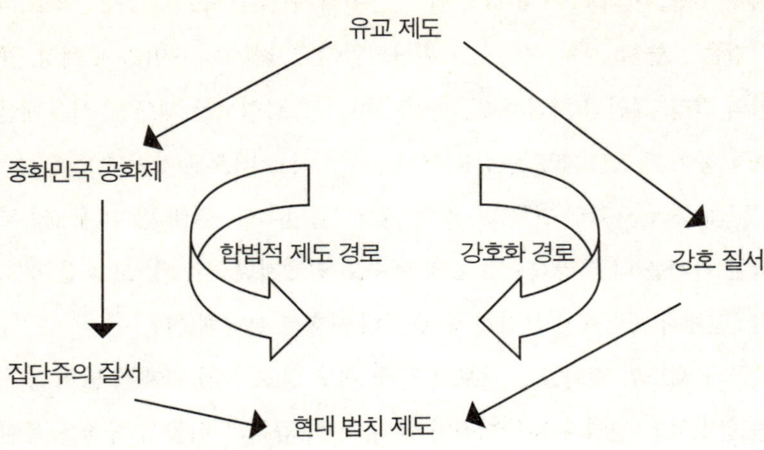

사회보장 체계에 포함될 것이다. 따라서 머지않아 강호는 대중적 기반을 상실한 채 역사의 무대에서 사라질 것이다.

하지만 이것은 미래에 대한 예측에 불과할 뿐 오늘날 중국 사회에서 강호화는 여전히 심각한 문제다. 강호화를 뿌리 뽑기 위한 유일한 방법은 현대 법치 제도 수립에 박차를 가하고, 헌정 제도의 운영 비용을 낮춰 진정한 우위를 점할 수 있도록 하는 것이다.

8

중국의
꿈

중국의 문화 고질병을 뿌리 뽑기 위해서는 국민들의 인지와 자기반성이 선행되어야 한다.

역사상 중국의 강호 현상은 세 단계로 구분해 이해할 수 있다.

강호의 맹아 — 기원전 1천 년에서 기원전 200년까지. 왕조라는 정통 체제 밖에서 변방 문화에 속하는 상인의 전통, 협객의 정신, 도가 문화 등이 싹트기 시작했다.

체제 밖 강호의 부상 — 14~18세기 명·청 시대. 유교를 핵심으로 하는 고대사회 체제가 점차 동요·붕괴되는 한편 체제 밖 조직과 문화 제도가 점차 성숙해져 비밀 단체, 종교 결사, 동업 조직, 의형제, 사적인 관계망 등이 이주민 사회를 통제했다.

체제 내의 강호화 — 20세기 이후 만청민국에서 신중국 수립 이전까지. 국가의 기강이 재확립되고 사회제도가 전환돼 강호 세력과 강호의 실력자들이 국가와 조직의 권력을 장악했고, 강호의 조직·체제·문화가 주류 사회체제에 이식되어 사회 전체가 강호화되었다.

중국 강호화는 두 단계로 구분할 수 있다. 첫 번째, 체제 밖 사회가 체제 내 사회를 파괴하는 단계다. 비밀결사와 사적인 관계망이 이에 해당한다. 두 번째, 체제 내 게임 규칙이 강호화되는 단계다. 강호 사람과 강호의 가치관이 합법적 체제에 침투해 주류 체제가 실권을 잃고 강호화된 비공식 규칙이 이를 대신하는 것이다. 이 두 가지는 긴밀하게 연결되어 있어 후자는 전자가 어느 정도 강력해진 후에 전자의 세력에 의존해 출현한다.

체제 내 강호화의 근원이 되는 것은 체제 밖 강호 사회의 발전이다. 체제 밖 강호가 흥기해 조정보다 강력한 세력으로 부상한 것은 16~18세기 유교 사회체제에 구조적 균열이 생겼기 때문이다. 2천여 년 역사의 유교 제도가 완전히 실패하자 강호가 틈을 타고 들어왔던 것이다.

유교 제도 균열의 원인은 인간과 땅의 갈등에 있다. 유교 사회구조는 이미 강호를 배태하고 있었다. 첫째, 가족주의 가치관의 영향으로 인구가 한 없이 증가했다. 둘째, 과학기술을 농업 생산력 증진에 이용하는 것을 반대했고, 농업을 중시하고 상업을 경시해 상공업의 발전을 제약했다. 생산관계가 생산력에 적응하는 것을 막았고, 경제 공급 체계가 스스로 균형을 유지할 수 없게 만들었으며, 문화는 이른바 극도로 안정된 구조에 국한되었고,* 농업 생산과 식량 공급은 장기간 지지부진을 면치 못했다.

그 결과 인간과 땅의 갈등, 즉 유한한 경작지와 무한한 인구 증가로 인한 갈등이 심화되었던 것이다. 북송대에서 청대까지 중국의 가경지 면적은 10억 묘 이내에서 맴돌았지만 인구는 5천만 명에서 4억 5천만 명으로 9배 남짓 증가했다. 그러나 단위면적당 식량 생산량은 거의 증가하지 않아 1묘당 생산량이 한 석 정도에 지나지 않았다. 인간과 땅의 갈등이 전면적으로 폭발하면서 궁극에는 인간과 인간, 인간과 제도의 총체적 충돌 양상을 띠게 되었다.

* 진관타오金觀濤 등, 『역사 표상의 배후在歷史表象的背後』, 쓰촨인민출판사四川人民出版社, 1983.

1. 체제 밖 강호의 유래

지난 500년 역사를 종합해볼 때, 강호 문화의 발전과 쇠퇴는 한대 이후의 유교 제도, 그리고 명·청 시대의 인구와 땅의 갈등과 관계있다.

청대 이전까지 중국은 2천 년 동안 유교 제도를 신봉해왔다. 하지만 청대에 이르러 유교 제도가 감당할 수 없을 정도로 인구가 급증했고, 이러한 위기 상황이 강호의 온상이 되었다. 다음은 강호 탄생의 원인이다.

(1) 진대 이래 2천 년 동안 인구는 나선형으로 증가했다. 구체적인 인구수는 치세와 난세에 따라 증감했지만 전체적으로는 완만한 증가세를 보였다. 진·한대의 인구는 5천만 명에 불과했지만 청대 말기에 이르러서는 4억 3천만 명으로 증가했다.*

(2) 정통 유교 제도에서 농업 생산력의 발전은 더디게 이루어져 경작·개간·관개 기술의 발전 속도가 다자다복 가치관에 의해 고무된 인구 증가 속도를 따라잡지 못했다. 토머스 맬서스의 인구론을 참고할 때, 인구 증가로 인한 갈등은 폭발할 수밖에 없었다.

(3) 인구가 급증한 반면 송대에서 청대 중기까지 전국의 총 개간지 면적은 고작 7억~8억 묘에 지나지 않았다. 벼와 밀 등 주요 작물의 경지면적은 개간의 한계에 다다랐다. 경지 확장은 국토 면적 및 관개·품종개량 등 종합적인 농업 기술 수준의 제약을 받았다. 농업기술은 문화를 초월한 체제 요인과 관련되어 사람의 의지에 따라 좌우될 수 없다.

(4) 명·청 시기 노동 생산성 수준에서 한 사람을 부양하기 위해서는 대략 평균 4묘의 경작지가 필요했다.** 생산된 식량은 주로 농업과 비농업

---

* 이 장의 자료는 각주를 달아 밝힌 것을 제외하고 모두 허빙디, 앞의 책에서 인용했음.
** 거지옌슝 등, 『인구와 중국의 현대화』, 쉐림출판사, 1999. p.92.

   강호 중국

인구의 양식으로, 그리고 가축의 사료와 수공업 원료로 쓰였다. 따라서 만약 1인당 평균 경지면적이 4묘 이하라면 생산관계 체계에 혼란을 야기해 결국 사회제도를 동요시켰을 것이다.

강호가 어떻게 중국 사회에 출현했는지, 그것도 하필 명·청 교체기에 출현했는지 설명하기 위해서는 인구와 유교 제도의 모순을 언급해야 한다. 유교 제도의 특징은, 가족주의 가치관, 부계 가족 조직, 예교 제도로 간단히 요약할 수 있다. 이 세 가지가 사회체제의 삼각형 구조를 형성하는 요소였다. 유교 가족주의 가치관은 일관되게 출산을 장려하며 인구 증가를 부추겨왔다. 하지만 유교 제도의 생산 관계로는 감당이 안 될 만큼 인구가 증가하자 파멸의 길을 걸을 수밖에 없었다. 폭발적으로 증가한 인구와 생산 관계 및 생산력 사이에 격렬한 충돌이 생기면서 유교 제도가 붕괴·와해되는 한편, 정착민은 여분의 식량과 살길을 찾아 도처를 떠돌기 시작했다. 이들은 부지중에 생산요소를 재배치하는 방식을 모색하며 생산관계 개혁을 통해 인구과잉 문제를 해결하려 했다. 이것은 제도 전복과 혁명을 의미하는 것이었다.

강호를 이해하기 위해서는 중국 인구 변천사에 주목할 필요가 있다. 이는 강호를 이해하기 위한 또 다른 열쇠가 되기 때문이다. 진·한대에서 명·청대까지 2천 년 동안 중국의 인구는 긍정적·부정적 요인의 영향을 받아 '3보 전진하고 2보 후퇴하는' 나선형의 증가세를 보였다. 인구 증가의 요인을 종합해보면 다음과 같다. 긍정적 또는 격려 요인은, 자연 번식과 유교 정통 가족주의 가치관의 출산 장려, 가족 단위의 생산 협력 체제등이다. 부정적 또는 억제 요인은 천재와 인재로 인한 높은 사망률, 짧은 평균 수명, 빈곤과 낙후된 의료 환경, 조세 부담과 토지소유권 독점 등이다.

　진한대 이래 중국의 전통적 조세는 인두세였다. 따라서 자식을 한 명 더 출산할 때마다 조세 부담은 늘었고, 이것이 인구 증가를 억제하는 요인이 되었다. 또한 토지가 풍족한 상황에서 토지소유권과 인구는 직접적으로 관계가 없지만 인구가 증가해 포화 상태에 이르면 토지 독점을 용인하는 지주제, 즉 부자에게 토지가 집중되고 가난한 사람들은 토지를 잃는 지주제가 수많은 백성들을 기아에 허덕이게 만들었다. 생계를 이어 갈 수 없어 인구가 감소했다. 이상의 요인을 통해 청대 이전 2천 년 동안의 인구 변동 추세를 대략적으로 이해할 수 있다.

　국토 면적과 경지면적은 항구 불변했고, 단위면적당 식량 생산량은 줄곧 일정했다. 사료에 따르면 당시 중국 국토 면적으로 감당할 수 있는 인구의 최대한도는 약 2억 5천만 명이다. 인구 변천사를 거슬러 올라가 추론해볼 때, 인구 2억 5천만 명을 돌파한 시기는 건륭 연간이었다(1740~1794). 인구 급증의 여파는 반세기 동안 지속되어 건륭제의 불운한 두 자손인 도광제와 함풍제에게도 그 불똥이 튀었다. 인구사학자 허빙디何炳棣가 '강건성세'라 부르기를 거부하면서 '강옹성세康雍盛世'라 부른 이유는 바로 이 때문이다. 건륭 연간에 조정의 기강은 이미 무너져내려 급증하는 인구를 제어할 방법이 없었고, 바로 이 점에서 유교 제도 붕괴의 화근을 배태한 셈이다.

　급증하는 인구를 제어하지 못한다는 사실은 단순히 인구문제나 애신각라(愛新覺羅: 청 태조 누루하치가 낳은 만주족의 한 부족 이름으로 후에 청조의 성姓이 되었음-옮긴이) 집안의 정권 문제로 끝날 수 있는 성질의 것이 아니었다. 2천 년 전장 제도의 붕괴 및 중화민족의 멸망을 초래할 수도 있는 절체절명의 위기 상황이었던 것이다.

명·청대 과잉 인구와 유민 급증, 사회의 강호화

세계 역사에서 볼 때, 중국에서만 체제 밖 사회가 출현한 것은 아니지만 체제 밖의 강호가 체제 안의 강호화, 더 나아가서 사회 전체의 강호화를 유발한 예는 세계적으로 중국이 유일무이하다. 체제 밖의 비밀 단체는 인류 문명의 발전에 따른 부수적인 현상으로, 세계 각국에서 흔히 찾아볼 수 있다. 이탈리아의 마피아, 미국의 케이케이케이단, 일본의 옴진리교, 중국의 청홍방과 천지회 등이 있다. 중국 사회의 특징은 비밀 단체가 청대 말기에서 중화민국 초기에 사회제도의 공백기를 틈타 전체 사회를 통제하고, 비밀 단체의 두목이 정부에 침투하는 한편 그 졸개들이 거리에서 활보함으로써 이들의 문화와 습관을 대중이 모방해 사회 전체가 강호화되었다는 점이다. 이것이야말로 세계 다른 나라와 구별되는 중국의 특수성이며 '강호 중국'이라는 개념의 깊은 의미다. 강호 중국은 바로 중국의 강호화를 말한다.

중국 유교 문명 특유의 모순인 유한한 경지 자원과 무한한 인구가 서로 충돌하던 긴 세월 속에서 1500년과 1800년은 상징적인 시기다. 1500년 전후 중국의 일부 인구 밀집 지역에서는 인구과잉 현상이 나타났다. 예를 들면 푸젠 성 동남부 연해 지역, 진북(晉北: 산시 성山西省 북부—옮긴이) 지역과 후이저우는 당시 1인당 평균 경지면적이 고작 2.5묘 정도였다. 이 세 곳에서 가장 먼저 근대 개인적 성격의 유민이 등장했다. 그 표징이 되는 것은 휘상, 진상, 민상 등의 상방과 항방의 흥기였다. 상방과 항방의 발전은 농업·수공업 생산품의 교환을 촉진했을 뿐 아니라 사회 자원 배분의 효율을 높였다.

이 밖에 푸젠 성 사람들은 바다에 인접한 지리적 이점을 이용해 동남아시아에서 활동했으며, 대외 무역에 종사했고, 해적이 되기도 했다. 북쪽으로 일본, 유구琉球에서 남쪽으로 필리핀 제도의 루손 섬, 자바에 이르기까지 이들의 족적이 광범위하게 남아 있다. 전국의 인구가 지속적으로 증가하면서 인구과잉 현상은 인근의 장쑤 성, 저장 성, 산둥 성 등지에서도 나타났다. 인구과잉은 생산력의 혁명을 자극했을 뿐 아니라 가족제 생산 관계에 강한 충격을 주었다.

상방과 항방의 발전 외에도 인구과잉으로 나타난 또 다른 현상은 일자리를 잃은 농민이 고향을 떠나면서 유동 인구가 대폭 증가했다는 점이다. 대흉년이 들면 절반 이상의 인구가 유민으로 전락했고, 약간의 흉년만 들어도 인구의 10~20퍼센트가 유민이 되었다.

상방, 항방, 유민, 종교 결사, 비밀 단체는 최초의 집단화된 강호(훨씬 이른 시기의 협객은 집단화되지 못했음)이자, 중국 역사상 최초의 비가족적 성격의 개인 이민이며, 오늘날 강호의 선조(개인화·비가족적 성격을 지닌 이민이야말로 강호의 시조라 할 수 있고, 세계 각지에 흩어져 있는 '객가인'과 같은 가족적 성격의 이민은 가족제도에 충격을 주지 않았음)다. 이리저리 옮겨 다니는 상인은 상방을 조직하는 한편 지연에 의지해 각지에 산시회관山陝會館, 후광회관, 민저회관閩浙會館 등의 회관을 지었다. 일부 유민들은 각양각색의 비밀 단체와 종교 결사를 조직했는데, 백련교, 나교, 황천교, 일관도 등이다. 이 밖에 상인, 유민 및 노동자는 가족을 벗어나 생존하면서 일종의 인맥 네트워크 조직인 사적인 관계망을 발전시켜 인맥 사회를 형성해 자원을 확보하고 생존을 보장받으려 했다.

1800년은 전환점이 되는 또 다른 시기다. 이때 중국의 인구는 전국적으로 포화 상태에 이르렀다. 경지면적과 생산력에 비해 상대적으로 과잉인 인구는 이제 일부 지역만의 문제가 아니라 전국적인 문제로 확대되어 정통 제도와 왕조 정치에 충격을 주는 수준으로까지 발전했다. 인구가 증가해 제도도 붕괴되었는데, 제도 붕괴를 감안하지 않고 인구가 지속적으로 증가하는 바람에 마침내 1911년에 절명하고 말았다.

유교 문화뿐 아니라 청대의 국가 정책도 1800년대 이러한 재난의 원인이 되었다. 명대 말기의 전란과 삼번의 난을 거친 후 청대 초기 인구는 약 7천만 명이었다. 이민족 통치라는 특수한 역사적 상황에서 청나라는 한족과 소수민족의 환심을 사기 위해 감세 정책을 시행하는 등 조세 제도를 개혁했다. 인구 통제의 네 가지 요인, 즉 천재와 인재, 낙후된 의료 환경, 인두세, 토지소유권 양극화는 청대 초기에 모두 개선되었고, 100년이 지난 건륭제 말기에는 3억 명을 돌파해 2억 5천만 명이라는 한도를 넘어서고 말았다. 인구가 3억 명을 돌파하면서 유교 제도의 합법성에 치명타를 가했고, 유교 제도는 빠른 속도로 무용지물로 전락해 공자는 쓸모없는 서생의 대명사가 되고 말았다. 5·4운동과 문화대혁명이 공자의 사상을 추악하게 묘사했기 때문이기도 하지만 명·청대 이후 유교가 실제적인 업적을 쌓지 못하고 백성들의 생존조차 책임질 수 없었기 때문이다. 건륭 연간 이후 19세기에 중국 사회는 이미 경제 수급 균형 능력을 상실하고 말았다.

19세기 인구가 부양 한도를 넘어 증가하면서 나타난 또 다른 현상은 인구의 폭발적인 증가와 급속도로 악화된 사회질서였다. 통제에서 벗어난 각종 세력 및 비밀결사 조직이 강성해지면서 유민이 주체가 된 비밀단체의 수는 사상 최고치를 기록했다. 국가 통제력이 미치지 않는 지역이 늘어나면서 유교 제도의 붕괴를 촉진했고, 과잉 인구는 생존할 방법이 없는 고향을 떠나 생계를 모색하기 위해 외지를 떠돌았다.

유민이 전체 인구의 절반을 넘어서면서 가족을 기반으로 한 정착 농경 사회제도는 타격을 입었다. 인구가 4억 명에 달하는 상황에서 정착 농경

제도는 더 이상 유지될 수 없었다. 유일한 출구는 정착 농경 제도의 울타리가 되어주는 가족 조직을 타파하는 것이었다. 전통 종법 제도와 유교에 근거해 그것을 약간 개조한 유민 사회 모델이 출현했으니, 그것이 바로 강호 사회다. 강호 문화와 습속이 유민들 사이에서 싹튼 후에 강호 조직은 나날이 발전했다. 강호인들은 빌붙고, 아첨하고, 매관매직하는 등 부정한 수단을 통해 지방 권력을 장악했고, 이에 따라 각계각층에 강호 문화가 전파·흡수되었다.

중국 강호 사회는 명대 중기에 싹튼 후 잉여 인구 및 유동 인구의 증가에 따라 발전했다. 명·청대 비밀 단체의 급격한 증가는 바로 이러한 추세에 따른 것이다.* 후에 강호는 두 종류의 조직으로 발전했다. 하나는 비공식 조직, 즉 명문화된 제도가 없는 관계망이고, 또 하나는 공식 조직, 즉 엄격한 조직과 제도를 갖춘 비밀 단체나 종교 결사다. 이 두 종류의 조직, 즉 유형의 단체와 무형의 관계망은 500년 후에 상반된 운명에 처한다. 중국 본토의 비밀 단체와 종교 결사 등 유형의 조직은 20세기 중반에 공산주의 집단에 의해 소멸되거나 강력하게 억제되었다. 그러나 사적인 관계망은 무형이라는 점 때문에 비밀리에 유지됐고, 시의적절하게 발전했으며, 사라졌다 나타났다 하면서 결국 오늘날에 전성기를 맞이했다.

* 친바오치秦寶琦·탄쏭린譚松林, 『중국비밀사회中國秘密社會』, 푸젠인민출판사福建人民出版社, 2002.

2. 체제 내 강호화

19세기 말 이후 중국의 사회제도는 빈번히 바뀌었다. 양무운동, 무술변법, 신해혁명은 그 전조이고 오늘날의 개혁 개방이 그 후속이다. 그 사이 수많은 동요와 혼란, 혁명이 있었다.

19세기 중엽, 과잉인구가 유교 정착 제도의 붕괴를 초래한 후 일련의 충격적인 대사건들이 발생했다. 백련교의 난, 아편전쟁 패배, 태평천국운동, 중일 갑오해전 패배, 제2차 아편전쟁, 베이징 함락, 청조 멸망, 신해혁명 이후 공화제 정부 수립, 중화민국의 군벌 혼전, 국공 내전, 공산주의 혁명, 신중국 수립, 문화대혁명이라는 대재난, 개혁 개방 등이 이에 속한다. 겉으로 보기에는 직접적인 관계가 없는 것 같지만 실제로는 사회제도 개혁의 거듭된 시행착오를 의미한다.

19세기에 중국 전체가 과잉 인구로 골머리를 앓은 후 중국의 사회구조는 변화했다. 그 변천의 요점은 제도가 자주 바뀌고, 사회 문화 풍속이 강호화되었기 때문이다.

18세기 말에서 19세기 초에 걸쳐 일어난 백련교도 난의 직접적인 원인은 인구과잉이었다. 이는 유교 제도가 민생 문제를 더 이상 해결할 수 없음을 경고한 사건이라 할 수 있다.

수십 년 후에 아편전쟁이 발발했다. 영국군은 불가사의하게도 불과 5천 명의 병력으로 4억 인구를 뒷배로 둔 청 제국을 꺾어 유교의 어수룩한 통치에 경종을 울렸다. 아편전쟁의 패배는 청나라 조정에 대한 경고일 뿐 아니라 낙후된 문화에 대한 경고이기도 했다.

제도가 붕괴되자 민생은 악순환을 거듭했고, 생계를 유지해나갈 방법이 없었던 유민들은 각지를 떠돌아다녔다. 아편전쟁 패배로 전쟁 배상금을 지불해야 했던 청나라 정부는 백성들의 조세 부담을 가중시켰으며, 이에 따라 도주와 유민 문제가 날로 심각해졌다. 14년 동안 계속된 태평천국운동으로 청나라의 국운은 급속도로 기울기 시작했다.

조금 숨을 돌리고 나서 청나라 조정은 방향을 바꾸어 열강의 도전에 대응했다. 자구책들이 모두 실패로 돌아가자 각계각층의 중국인들은 절망감에 휩싸였다. 이에 신해혁명이 일어나 유교 제도를 버리고 중화민국의 새로운 제도가 탄생했다.

1911년의 중화민국은 비록 유럽을 본보기로 현대 제도를 수립하려 했지만 20세기 초 중국 사회는 현대 제도를 시행할 조건을 갖추지 못했다. 당시 사회조직은 가족 단위의 농업 생산, 가내 수공업, 의형제 무리, 도제 관계, 가국동구(家國同構: 가족과 국가는 같은 구조를 지닌다는 뜻-옮긴이)의 조정 등 여전히 가족제 및 범가족제에 의해 운영되었다.

현대 제도 수립을 위한 세 가지 요건은 개인주의 가치관, 단체, 사법 제도다. 이 세 가지 가운데 하나라도 결여되어 있으면 헌정 제도를 제대로 시행할 수가 없다. 이처럼 개인 본위, 계약 집단, 사법 체계가 상부상조해야 현대 사회 체계를 이룰 수 있는데, 중화민국 초기에는 이 세 가지가 모두 결여되어 있었다.

중화민국의 성과는 청조의 군주제를 무너뜨린 것을 표지로 오랫동안 신봉해온 유교 제도를 팽개쳐 2천 년에 달하는 역사에 종지부를 찍었다는 점이다. 하지만 현대 제도를 시행하지 못하고 중국 사회의 혼란을 가중시켰다는 점에서 그 한계가 드러난다. 중화민국은 제도를 건의하고 제안할 수 있는 권리를 국공 내전의 승패에 맡기는 한편 각지의 군벌과 청홍방 천지회에게 주도권을 순순히 넘겨주었다.

강호는 자연적으로 생겨난, 구속력 있는 유민 풍속 제도지만 생산성을 갖춘 합리적 제도는 아니다. 강호의 가치는 '생산'이 아닌 '혼'에 있기 때문에 생산력을 향상시킬 수도 없었고, 생산관계를 개혁할 수도 없었다. 강호 위기를 초래한 인구과잉 문제뿐 아니라 제국주의 세력을 막아낼 수도 없었다. 강호는 본래 취약한 유민 집단에 지나지 않았지만 게임의 결과가 잠시 그들에게 유리하게 돌아갔을 뿐이다. 따라서 중화민국이 수립되고 나서 강호가 득세해 각지의 두목들이 정계에 진출했지만 합법적 제도의 수립 문제는 시종일관 해결을 볼 수 없었던 것이다.

강호화는 체제 밖 강호의 가치·조직·규칙이 체제 안으로 침투해 신속하게 주도적 위치를 차지하는 것을 말한다. 사적인 관계망이 사회자원 배분의 주요 수단 가운데 하나가 되었고, 뒷거래가 범람했으며, 합법적 이익 분배 메커니즘이 특권층에 의해 장악되었다.

18세기 이전에는 설령 강호에 사람들이 모이고 유민이 위기에 처하더라도 식량이 공급되어 통제되기만 하면 유민은 흩어지고 천하는 다시 태평해질 수 있었다. 중국 근대 이전에는 치세와 난세가 반복되어 치세에는 식량이 충분했지만 난세에는 식량이 부족했다. 그러나 유교 제도가 농업 생산 문제와 인구문제를 해결하지 못하면서 유민들로 인한 위기는 유교 제도가 몰락하기 직전까지 지속될 수밖에 없었다.

19세기 말에서 20세기 초의 사회 혼란기는 마침 신해혁명 전후로, 국가의 합법적 체제가 변화하는 시기였다. 강호는 혁명에 개입함으로써 일거에 합법성을 획득해 권위 있는 강력한 집단으로 부상했다. 이에 따라 민간 결사의 신분과 파벌이 공개되어 이들이 부러움의 대상이 되었으며, 강호의 기풍이 전체 사회가 선망하는 문화가 되었다. 군벌, 총통, 정계 요인 들은 의형제 관계로 정치적 동맹을 체결해 권력의 안정을 도모했다. 비밀 단체가 정계 요인의 배경이 되면서 비밀결사의 구성원이 아니면 정계의 높은 자리에 오를 수도 없었다. 그리하여 강호의 신념이나 가치관, 게임 규칙이 전체 사회에 확산되어 전 국민의 강호화를 야기했던 것이다.

강호 조직과 강호의 규칙이 유교와 중화민국 공화제를 대신해 주도 세력이 된 후에 중화민국은 내적으로 강호화 국가가 되었다.

3. 외면적 복구

외면적 복구의 목적은 인간과 땅의 갈등을 완화시켜 민생을 개선하고, 공급 능력을 향상시키고, 사회통제를 강화해 체제 밖의 유민 집단을 흡수하기 위한 것이다.

중국 근대사에서 강호 집단은 인간과 땅의 갈등으로 생겨났다. 외형적으로는 유교 제도의 균열로 생겨난 것으로 보이지만, 균열의 중심부에는 유교 가족 가치 체계에서 파생될 수밖에 없는 인간과 땅의 갈등이 자리 잡고 있다. 시간이 흐르면서, 그리고 출산이 끊임없이 장려되면서, 인간과 땅의 갈등은 1500년대에 조짐을 보이다가 1800년대에 전국적으로 폭발했다.

반세기가 지난 뒤 중국은 외면적인 측면에서 인구문제를 해결하려 했다. 그 구체적인 전략은 농업, 식량 공급, 실업 구제, 호적 관리, 인구 통제 등에 관한 전반적인 계획에서부터 시작해 사회자원 문제와 제도 문제를 해결하고 강호의 온상을 뿌리 뽑는 것이었다.

식량 공급

유교 제도에서는 농업기술이 정체되어 있었다. 수천 년 동안 단위면적당 식량 생산량은 100여 근으로, 4묘의 땅에서 한 명을 부양할 수 있는 수준에 머물러 있었다. 그러나 신중국이 건립되고 나서 현대 조직 형태를 갖춘 학술 연구 기관이 품종개량, 기상, 토양학, 화학 비료, 농기계 등의 분야에서 대규모 수리 공사를 실시하고, 계단식 농업기술과 농촌 합작 조직이 보급되면서 단위면적당 식량 생산량이 큰 폭으로 증가했다.

인구 통제

1950년대에 마인추馬寅初가 제기한 인구론을 시작으로 여러 번 풍파를 겪은 후 마침내 산아제한 정책이 실시되어 인구 증가가 억제되었다. 인구 증가 문제가 무리하게 해결되고 나서 인구 고령화 등의 부작용이 따르지만 이것은 별개로 취급해야 할 것이다.

호적 제도

호구 제도, 신분증 제도, 임시 거주증 제도, 주민 위원회 조직, 소개장 및 단위 증명 제도, 떠돌이 인구 수용 제도는 호적 제도의 중요한 요소에 포함된다. 호적 제도는 유민이 창궐하는 것을 방지하는 데 중요한 역할을 하지만 양날 검처럼 양면성이 있다. 다시 말해서 호적 제도는 인구의 무질서한 유출에 제약을 가하는 동시에 생산 자원 재배치의 활력을 저하시킨다. 그러므로 국가는 유민을 규제하는 동시에 자유로운 이주를 보장해주는 윈윈 방안을 모색해야 할 것이다.

사회보장 체계

수십 년 전의 계획경제 체제에서 현재의 시장경제 체제에 이르기까지 국가는 실업 구제, 퇴직금 제도, 의료보장 제도 등 사회보장제도를 실시해왔다. 사회보장제도는 민생을 보장하고, 실업 인구가 유민으로 전락하는 것을 막고, 강호의 창궐을 막는 등 중요한 역할을 했다.

남아 있는 문제

1950년대에 신중국이 강호 비밀 단체를 박멸할 수 있었던 것은 '양면 작전'을 썼기 때문이다. 비밀 단체의 두목을 탄압하는 한편으로 조직원들에게 일자리를 마련해주어 활로를 찾아주었다. 이 전략은 상당히 효과를 거두어 500년 만에 처음으로 비밀 단체가 절멸되었다.

그렇지만 이러한 억압 정책은 극약 처방에 불과할 뿐이다. 근본적인 해결을 위해서는 일자리를 마련해주고 식량 공급 문제를 해결해주는 등 민생 안정을 위한 방안을 강구해야 한다. 식량 공급에 문제가 없고, 경지 자원이 법률적으로 보호받고, 농민 문제를 국책 사업에 포함시킨다면 강호의 창궐을 막을 수 있을 것이다.

현대 사회 재분배 구조에서 일단 분배가 불공평하게 이루어지면 설사 식량 공급에 문제가 없더라도 2차 분배에 문제가 생겨 실업·유민 문제가 발생할 가능성이 대단히 높다. 그런데 만약 실업 인구가 중국 고유의 강호 문화와 결탁한다면, 강호 통치가 재현될 수밖에 없을 것이다.

1990년대 이후, '암흑가 성격의 범죄 단체'로 규정된 집단이 다시 흥기하고 있다. 비록 구식 비밀 단체와 직접적인 관련은 없지만 이 조직의 구조는 비밀 단체와 매우 유사하고, 이 조직의 제도 역시 의형제와 삽혈 동맹에 기초한다. 한마디로 호형호제하는 범가족 조직이다. 비록 단일

조직의 규모가 크지는 않지만 전국적으로 흩어져 있는 비밀결사의 수는 대단히 많아 새로운 강호 비밀결사가 흥기할 조짐으로 볼 수 있다.

한편 민간의 비밀 종교 결사 조직은 여전히 활발히 활동한다. 'ㅇㅇ공', 'ㅇㅇ교'라고 이름을 붙인 각종 종교 결사 조직을 흔히 볼 수 있다. 이들 종교 결사는 합법적 체제의 감시·관리 바깥에서 활약하는, 강호의 잠재 세력이다.

체제 안의 파벌과 인맥은 여전히 사회 재분배의 가장 중요한 요소로서, 사회적 부의 재분배에 강력하게 개입하는 한편 현대 제도 수립과 사회 정의에 관여한다. 하지만 일단 체제 내 사회보장에 빈틈이 생기면 많은 사람은 사적인 관계망에 도움을 청해 자원을 획득하고 사회보장을 모색하려들 것이고, 그 결과 음성적 강호가 체제 안에서 활개를 칠 것이다.

현대 강호를 관리하는 방법은 여전히 식량, 인구, 호적, 사회보장 등 외면적 복구에 의존할 뿐 체제의 강호화를 야기한 내면적 균열은 아직 복구하지 못하고 있다. 외면을 복구하면 물론 유민 문제를 해결할 수는 있다. 따라서 외면적 복구 역시 혁혁한 공로라 할 수 있지만 중국 강호화 문제의 핵심에서 벗어나 있기 때문에 결국 아무런 도움도 되지 못할 것이다.

4. 내면적 복구

체제 밖 강호의 역사는 500여 년에 달하지만 체제 내 강호화는 100년 남짓에 불과하다. 근대 중국의 경험을 통해, 그리고 이론적 분석을 통해 다음과 같은 결론을 내릴 수 있다. 철저히 현대화되고, 철저하게 현대 제도가 시행되어야만 중국은 고대 제도 붕괴와 제도의 장기적 단절 문제를 해결할 수 있고, 체제 밖 강호 문제를 해결할 수 있으며, 합법적 체제 내의 강호화 위기를 극복할 수 있다.

강호 관리 입장에서 보면 외면적 현대화와 내면적 현대화의 차이는 실질적이면서도 현저하다. 외면적 현대화에만 의존하면 강호 문제를 해결하는 데 한계가 있을 수밖에 없다. 일반적으로 중국인들은 권리를 침해당하거나 충돌이 벌어졌을 때 뒷거래를 하거나, 인맥에 의지하거나, 실력자에게 아부를 한다. 다시 말해서 중국인들은 법제 규칙보다 강호의 규칙을 우선시한다. 이 점은 중국 법제 시행의 최대 장애이고, 외면적 현대화의 한계다.

적잖은 사람들이 법제보다는 강호 체제에서 훨씬 더 많은 이익을 얻는다. 그러므로 법제가 강호를 이기려면 체제 경쟁력을 강화할 수밖에 없다. 식량, 임금, 복리 후생, 생활필수품 등의 영역에서 공급 능력을 향상시키고, 실업 구제, 의료보험, 연금보험 등 법률 체제의 사회보장 능력을 강화하고, 제도 거래 비용을 낮추는 한편 시정施政 문턱을 낮춰 국민이 문제에 부딪혔을 때 체제 밖 불법 조직에 도움을 청하는 것을 막아야 한다. 법제의 거래 비용을 강호의 거래 비용보다 낮춰 막후의 강호 거래가 고가에 이루어질 수 있도록 해야 한다.

5. 중국의 꿈

현대화가 중국이 반드시 거쳐가야 할 길이라는 점에 의심을 품는 사람은 아무도 없다. 현대 법제와 관본위·규벌 관계·인정의 거래 등 법 외 체계의 대결전이 아직 시작되지 않았지만, 결국 법제가 승리하리라는 걸 의심하는 사람은 거의 없다. 현대화는 대세의 흐름이다. 후발 개발 도상국의 경험에 비추어볼 때, 제도적으로 현대화되려면 1인당 GDP가 5천~1만 달러 이상 되어야 한다.

오늘날은 현대 법치가 힘겹게 강호와 게임하는 중이라 말할 수 있다. 장래의 중국은 안정적인 질서의 균형을 이룰 수 있을 것이다.

로널드 코스의 신제도주의 경제학의 관점에 따르면, 현대 법치 수립의 근본적인 목적은 사회의 거래 비용을 낮추는 것이다. 현대 법치 제도의 총 거래 비용이 강호 제도보다 낮아질 때 강호는 더 이상 존재할 수 없을 것이다.

맺음말

1958년 인류학자 에드워드 밴필드Edward C. Banfield는『후진 사회의 도덕적 기초The Moral Basis of a Backward Society』라는 책을 발표했다. 이 책에서 그는 몬테그라노라는 이탈리아 남부의 낙후된 마을에 만연한 이기주의, 가족 본위, 집단 협력을 배격하는 관념과 행동에 대해 상세히 서술하며, 이 세 가지를 빈곤을 초래하는 '빈곤 문화'라고 불렀다. 몬테그라노 주민들은 가족을 위해서는 기꺼이 희생할 각오가 되어 있었지만 눈앞의 현실적인 이익에만 급급할 뿐 어느 누구도 마을 전체나 공공의 이익에는 관심이 없었다.

밴필드는 사회구조적 요인이 이 마을의 도덕적 기초인 비도덕적 가족주의를 야기했고, 반대로 이 마을의 본질이라 할 수 있는 비도덕적 가족주의가 이 마을의 발전에 영향을 끼쳐 빈곤을 조장하거나 심화시키는 악순환을 초래했다고 보았다. 밴필드는 '비도덕적 가족주의'가 이 마을 사람들이 오랫동안 지켜온 가치 윤리임을 강조하면서 가난한 사람들이 자신의 힘으로 기회를 잡아 빈곤에서 벗어날 수 없는 이유는 그들의 가치관이 사회 발전을 저해하기 때문이라고 말했다.

중국 강호 문화는 에드워드 밴필드의 책에서 서술된 이탈리아 남부 마을의 비도덕적 가족주의 문화 및 그것의 제약을 받는 후진 사회와 유사하다. 이 책에서 내린 결론과 밴필드의 생각은 놀랄 만큼 비슷했다. 사회의 구조적 요인(인구와 제도의 모순)이 근대 중국 사회의 보편적 특징인

'비도덕적 범가족주의' 강호를 유발한 동시에, 강호가 중국인의 정신에 파고들어 중국 근대사회의 빈곤을 조장하고 가중시키는 악순환을 초래했다는 것이다. 이탈리아에서 이러한 문화는 마피아를 배태했고, 중국에서 이러한 문화는 강호를 배태했다. 이런 의미에서 볼 때 강호에 대한 연구는 보편적인 의의를 지니고 있다고 할 수 있다.

저명한 학자 탕더강唐德剛은 『원씨당국袁氏當國』에서 역사학은 역사 기록과 역사 철학의 통합이라는 고견탁론을 밝힌 바 있다. 철학은 있되 역사적 사실이 없는 것은 난해한 글에 속하고, 역사적 사실은 있지만 철학이 없는 것은 청말 이보가李寶嘉의 『관장현형기』 같은 부류의 책이 포함된다. 이른바 '현형기現形記'는 그러하다는 것은 알지만 왜 그런가는 알지 못하는 경우가 대부분이며, 관점이 분명하지 않고 가변적인 게 특징이다.

이 책에서는 관학 형식에서 중국의 진상을 연구한 게 아니라 대중적 측면에서 중국 사회의 내재적 구조를 깊이 있게 연구했다. 따라서 후스胡適, 탕더강의 계몽체啓蒙體, 그리고 량수밍(『중국문화요의中國文化要義』), 페이샤오퉁(『향토 중국』)의 통속적 국학國學(국학이란 철학·사학·문학·고고학·언어학 등 중국 고유의 학술 문화를 연구하는 학문을 말함—옮긴이)을 본보기로 삼아 심오한 내용을 알기 쉽게 표현하려 애썼고, 그러하다는 것뿐 아니라 왜 그러한지도 알려고 노력했다.

초등학교에 다니던 때에 문화대혁명이 일어났다. 당시 나는 열심히 공부했고, 성적도 좋았다. 그런데 내가 학기 말에 성적표를 받아 우쭐거리며 뽐낼 때 이런 일을 당하곤 했다. 일단의 아이들이 나를 둘러싸고 왼편에 있는 아이들이 나를 칭찬하면 오른편의 아이들은 공부 무용론을 주장했다. 이들은 성적은 사회에 나가면 아무런 소용도 없는 것이라고 얘기했다. 당시 미숙했던 나는 종잡을 수 없어 어리둥절한 표정만 짓고 있을 뿐이었다.

이렇게 해서 처음으로 책 속의 지식과 사회적 지식이 다르다는 이원적 지식의 견해를 받아들이게 되었다. 구체적으로 말하면, 학생이 칭찬을 받기 위해서는 공부를 해야 하지만 혼세를 잘하려면 담배를 피우고, 도박을 하고, 의형제를 맺고, 패거리를 만드는 등 사회 지식을 배워야 한다. 그 속에 담긴 오묘한 이치를 평범한 아이는 이해할 수 없다. 예를 들어, 책에서는 무슨 이유로 사회 실상에 대해 말하려 들지 않는 걸까? 사회는 어째서 책 속에 스며들고자 하지 않는 걸까? 그 원인에 대해서는 어른들도 확실히 말할 수 없었다. 그리고 아무도 제대로 설명할 수 없는 이 문제를 스스로의 사명으로 알고 연구해야겠다고 생각했다.

나와 같은 세대, 소위 '1960년대생'은 반복되는 사회적 동란을 경험했다. 어쩌면 우리 세대의 최대 재산은 바로 이 동란일지도 모른다. 반복되는 체제 변혁, 동요, 충격을 견디면서 우리는 무엇을 따라야 할지 모르는 혼란한 시대를 살았다. 나 자신을 예로 들면 반평생 가족과 살면서 유교의 잔재를 경험했고, 공부를 마친 후에는 집단주의 시대의 시련을 겪었고, 취업한 후에는 개혁 개방으로 현대 제도를 경험했고, 공개된 사회체제의 충돌을 모두 목도했다. 또한 서른 살이 되어 생활의 압박으로 사업에 뛰어들면서 강호를 경험했다. 뒤돌아보니 모두 네 종류의 사회체제를 경험한 것이다.

우리를 통제하는 제도가 빠르게 변하면서 규정이 자꾸 바뀌고, 세상사가 늘 변했다. 1960년대에 태어난 우리는 어떻게 해야 될지도 몰랐고, 어찌해볼 도리도 없이 모든 것을 받아들이는 한편 모든 것을 의심했다. 우리 세대의 유일한 장점이라면 전환기의 사회를 경험하면서 제도 전환

   강호 중국

에 대해 깊이 생각할 수 있었다는 점이다.

500년 동안 중국 사회는 끊임없는 제도 전환을 경험했지만 중국 사회 자체는 하나의 독립된 사회 공동체로, 그 성격이나 특징이 대단히 뚜렷하다. 모든 것은 성숙한 서양 사회과학을 모방했는데, 이는 신을 신고 발바닥을 긁는 격으로, 근대 이후 중국의 책과 사회 간에 괴리가 생기는 원인이 되었다. 과거를 되돌아볼 때 사서오경과 당·송대 이전의 사회 간에는 본래 괴리가 없었다. 이 차이는 근대 서양 문명이 중국에 전해진 후에 생긴 것이다.

현대 학문은 대부분 서양에서 유래했는데, 지금까지 중국의 주된 현실을 망라할 수 있는 서양의 사회과학 서적을 본 적이 없다. 솔직히 말해서 적지 않은 서양 사회과학 서적은 난해한 데다 구체적인 내용이 중국의 현실과 괴리가 있었다. 사회과학 교과목을 이수했다 해도 사회에서 활용할 수 없기 때문에 어느 정도 현실적인 전환이 필요하다. 중국을 연구하는 데 서양 학문의 기본적인 원리가 좋은 참고가 되기 때문이다. 이 책에서는 조지 호먼스George C. Homans와 피터 블라우Peter M. Blau의 사회적 교환이론, 조지 허버트 미드의 상징적 상호작용론, 탤컷 파슨스Talcott Parsons의 구조 기능주의, 클로드 레비스트로스Claud Lévi-Strauss의 구조주의 인류학을 도입하려 시도했다. 근거로 삼을 서양 학문이 없었다면 관계, 인정, 체면, 패거리, 혼, 그리고 이것들의 사회적 의의에 대해 제대로 이해하기 어려웠을 것이다. 어쨌든 관계, 인정, 체면, 패거리, 혼 등의 중국적 개념을 사용하면서 서양 학문을 받아들인 후 중국 사회의 구체적인 현실로 되돌아와야 했다. 이것이 이 책의 사고 맥락이다.

10년 동안 두 개 소도시의 주류 사회를 깊이 있게 조사하며 '강호화 가설' 또는 '체제 밖 체제 가설'을 확인했다. 이곳은 헌정 체제 밖에 있고,

불문율의 관행이 있으며, 지방의 권력 분할이나 이익 분배를 전부 또는 부분적으로 통제하고 있었다.

우쓰吳思의 '잠재 규칙'과 유사하지만 필자의 눈에 그것은 규칙을 넘어 온전한 규칙 체계, 즉 체제로 보였다. 그것은 체제 밖의 체제이거나 법외 체제이거나 체제와 대립되는 체제이거나 체제를 능가하는 체제였다. 어떻게 말하든 상관없지만 합법적인 체제와 달랐다. 당시에는 이것이 강호라는 것을 알지 못했고, 중국 사회가 강호화되었다는 사실도 깨닫지 못했다. 무협 붐이 오랫동안 지속되고, 진융·량위성梁羽生·구룽의 무협 소설이 고전의 반열에 오르고, 이들이 셰익스피어에 비견되는 일련의 현상 배후에 강호라는 문화적 기반이 있다는 걸 알지 못했다.

체제와 체제 밖의 전통적 용어는 '묘당廟堂'과 '강호'다. 묘당과 강호는 중국 정치의 오랜 유형에 속한다. 예로부터 중국에서는 조정 또는 정부를 묘당이라 불렀고, 묘당 이외의 것은 강호라고 불렀다. 일반적으로 강호는 모든 비정부 조직, 지금의 NGO를 가리킨다. 강호는 중국 고대의 NGO이자 비공식 사회였다. 강호의 어원을 고증하기란 쉽지 않다. 그러나 필자가 살펴본 사료들을 종합해볼 때, 강호라는 용어를 자주 사용했던 최초의 사람은 도가의 대종사 장주였다. 『장자莊子』에는 강호라는 용어가 상당히 자주 등장한다. 비록 그 의미가 현대 강호의 뜻과 완전히 일치하는 것은 아니지만 차이가 많지 않아 현대 강호의 시조로 삼을 만하다. 『장자』를 숙독한 독자는 『장자』에서 어류나 조류의 동물 행위로 인생을 비유했다는 걸 알고 있을 것이다. 굳이 비유하자면 강호(오늘날의 소위 '습지')를 동물의 서식지에 비유할 수 있다. 의심할 여지없이 '정치 체제 통제 밖의 자유로운 세계'라는 의미를 함축하고 있는 것이다.

『장자』라는 책이 없었더라면 강호는 아마도 강호라고 불리지 않았을 것이다. 물론 강호 현상은 나타났을 테지만 '강호'라는 이름은 아니었을 것이다. 강호라는 두 글자에는 시적인 정취가 담겨 있다. 풍경화와 같은 표현이 고대 정치 문화의 쇠퇴·붕괴를 미화했고, 종종 미숙한 사람들을 강호에 탐닉하게 해 의식을 마비시켰다. 유행하는 무협 소설은 문학적 수식에 혼신의 힘을 쏟아 시적인 정취와 그림 같은 아름다움으로 마치 아편처럼 수많은 동포를 환각 상태에 빠뜨렸다. 이것이 무엇일까? 엑스터시, 헤로인이다. 현재 중국 인터넷을 보면 강호의 언어가 난무하고, '마갑馬甲', '협객'이라는 아이디가 유행하고 있다. 인터넷 사이트 중 강호 문화에 젖지 않은 게 어디 있을까?

관계, 인정, 체면, 혼은 내가 도출해낸 1차적 성과로, 하나로 연결된 관계 운용의 쇠사슬과도 같다. 이 네 가지는 오늘날 강호에서 가장 빈번히 사용되는 용어이기도 하다.

관계망을 연구하면서 필자는 실증적 방법을 사용했다. 모 관계망 속에서 직접 경험하면서 샘플과 통계 수치를 수집해 1차적 결론을 내렸다. 당시에는 현재 유행하는 설문 조사나 인터뷰 방식을 사용할 수 없었다. 강호의 흑막 속에서 음모를 꾸미는 사람이 공개적으로 인터뷰에 응하거나 설문 조사에 응할 만큼 어리석지 않기 때문이다. 생명의 위험을 무릅쓰지 않는 한 음모에 쉽게 접근할 수도 없었다. 따라서 적진에 잠입한 경찰처럼 슬그머니 관찰하면서 모르는 체할 수밖에 없었다. 이 점이 방법상의 문제였다. 중국의 강호 문화에 대한 반성과 계몽이 늦어지는 이유 가운데 하나가 증거 확보의 어려움이다. 강호에 정통한 사람은 책을 쓰지 않고, 책을 쓰는 사람은 강호에 대해 잘 모른다. 이 점이 강호 연구의 난점이다.

이 난점을 해결하고자 스스로 관계망 속으로 뛰어들어갔던 것이다. 관계망 내부에서 그것의 운용을 관찰할 수 있었다. 만약 비밀결사나 패거리였다면 잠입할 수 없었을 것이다. 난도가 지나치게 높기 때문이다. 사생활이나 심지어 생명의 안전까지 담보로 해야 하는 수도 있다.

관계, 인정, 체면, 혼으로 체계적이면서도 중국적인 사회학 저서 한 권을 능란히 쓸 수 있다. 페이샤오퉁이 반세기 전에 쓴 『향토 중국』을 정독하고 나서 얻은 게 참 많았다. 그래서 『향토 중국』을 본떠 『강호 중국』이라고 이름 지었다. 첫째는 선생을 기리기 위해서이고, 둘째는 『향토 중국』과 특별히 구분하기 위해서이며, 셋째는 유·불·도를 중심으로 한 아카데미즘의 〈문화 중국〉(중국 CCTV 프로그램—옮긴이)과 구분하기 위해서다. 『향토 중국』과 〈문화 중국〉은 모두 중국의 전통적인 정도正道지만 강호 중국은 사도邪道다. 강호는 향토에서 유리된 유민 집단이 전체 중국 문화를 전복한 것으로, 정도에 비교해보아도 그 의의가 결코 적지 않다.

중국 민족의 현대화를 반성하려면 강호 문제를 짚고 넘어가야 한다. 현대화를 위해서는 우선 스스로의 역사를 반성해야 하기 때문이다. 강호화를 거울삼아 현대화를 통찰하고, 개괄하는 것이 이 책을 쓴 본래의 취지다. 강호의 역사적 실상을 알기 위해서는 강호를 역사 속에서 이해해야 한다.

문헌을 살펴본 결과 체면, 인정, 관계가 기원한 시기는 의외로 비슷했다. 체면은 명대 말기, 인정은 청대 초기, 관계는 청대 말기에서 그 기원을 찾을 수 있었다. 제도사나 통사적 측면에서 볼 때 명대 말기에서 청대 초기, 좀 더 확대해서 말하자면 명·청 양대는 중국 고대 문화가 막을 내리면서 새로운 시기가 도래하는 전환기라 할 수 있다. 이후 고대 문화 및 제도의 지위와 명성은 차츰 추락해 심지어 악명을 떨치기도 했다.

명·청 시대에 도대체 무슨 일이 일어났던 것일까? 여기서 '무슨'이 중요한 이유는 그것이 중국 사회 체제의 변화를 초래해 전대미문의 전환을 가져와 정부 제도를 붕괴시켰기 때문이다. 그런 후 일종의 불문법 계열인 강호가 사회를 통제하기 시작했다. 이 불문법 계열은 어떠한 정부 측 체제와도 병립할 수 있었다. 유교, 공화 헌정, 사회주의, 현대 법제라는 네 가지 정통의 강하고 용맹스러운 적수와 상대하고도 괴멸의 징후를 보이지 않았던 것이다. 그것은 중국의 방해물이 될 만큼 지나치게 컸다.

이 시기를 연구하면서 필자는 주로 다음의 두 가지 객관적인 요건에 의지했다. 첫째, 수많은 사료를 통해 체면, 인정, 관계라는 낱말이 이민 집단, 특히 유민 집단에서 기원했음을 알 수 있었다. 둘째, 역사가 허빙디는『명대 초기 이후 인구 및 그와 관련된 문제(1368~1953)』에서 명·청 시대의 인구 증가가 고대 정치제도의 경제 기반 쇠퇴와 밀접하게 관련되어 있음을 서술했다.

명대 이후 경작지 개발은 한계를 드러내고 있었지만 인구는 문화 가치관의 영향을 받아 끊임없이 증가했다. 유한한 경작지와 무한히 증가하는 인구는 두 차례 충돌했다. 첫 번째 충돌은 명대 중·후기에 일어났다. 인구가 증가하여 1억 명을 넘어섰지만 명대 말기 전란으로 인구가 조절되면서 완화되었다. 두 번째 충돌은 청대 건륭 연간 말기에 인구가 3억 명을 넘어서면서 일어났다. 이 두 번째 충돌은 고대 제도 붕괴의 직접적인 원인이 되었을뿐더러 인구 증가 추세를 완화시킬 방법도 없었다. 바로 이때 중국 근대사 비극의 서막이 열린 것이다.

인구 증가와 경제 위기 배후에 숨어 있는 유교 가치관과 유교 체제의 생산 능력 한계라는 모순에 기인한 것이었다. 지금까지도 반복적으로 되풀이되는 제도 전환은 유교 체제에서의 생산 능력 한계에서 비롯되었다. 이것은 각기 외적인 원인과 내적인 원인으로 구분할 수 있다.

유교는 본래 인구 증가를 장려했지만 인구 증가를 통제할 제도적 장치
는 마련되지 않았다. 통제할 수 없을 만큼 폭발적으로 증가한 인구는 우
선 유교 제도에 치명타를 입혔고, 이런 상황에서 때마침 서양 강대국, 즉
포르투갈, 스페인, 네덜란드, 영국의 제국주의 세력이 끊임없이 동쪽으로
밀려왔던 것이다. 이러한 국제적 압력 속에서 중국 사회는 두 가지 길을
선택했다. 서양에게 배워 구망도존의 방법을 모색하는 한편, 허물을 벗
고 강호화되었다.

요컨대 중국은 현대화되기 이전에 먼저 강호화의 길을 걸었던 것이다.
이 모든 것은 유교 말기 사회의 자연적인 추세에 부합된다. 강호화가 선
수를 치면서 현대화는 약세를 보이는 가운데 서서히 힘을 모았다. 지금
의 교과서에서는 대개 한쪽에 대해서만 언급할 뿐 다른 한쪽에 대해서는
언급하지 않는다. 하지만 근대 중국 역사를 제대로 이해하기 위해서는
강호화와 현대화를 함께 언급해야 한다고 생각한다. 강호화를 중국의 광
의적, 입체적, 변증법적 현대화 물결의 일부분이었다고 볼 수 있기 때문
이다.

강호, 그리고 강호 안의 비밀결사, 도당, 관계망, 인정, 체면, 혼세 등은
기본적으로 사회 현상에 해당한다. 이러한 사회 현상을 서로 다른 시각
에서 분석할 수 있다. 하지만 명확하게 이해하기 위해서는 하나의 시각
을 선택할 수밖에 없다. 이런 생각에서 중간의 몇 개 장은 가능한 한 중
국화된 사회학으로 분석하고자 했다. 이를테면 이 책에서는 인맥이나 관
계망을 일종의 특수한 사회조직 형태로 보고 고찰했다.

관계망은 유래가 깊은 역사적·사회적 현상이다. 충실을 기하기 위해
이 책에서는 조직의 속성에 제한해 서술했다. 관계망은 흥미로운 사회조
직이다. 독자적인 조직의 원리를 생성할 수 있고, 엄격한 집단 규정에 의

존할 필요도 없다. 관계망은 단체와 상보적 관계에 있으며, 현대 단체의 협력을 증진시키는 역할도 한다. 또한 관계망은 기타 영역에서 발전할 수 있는 잠재력이 있다. 예를 들어, 인터넷이나 판매 영역의 직거래망, 이웃과의 공조망, 치안망 등은 모두 네트워크 조직의 전형적인 예다.

인정에 대해 서술하면서는 사회적 교환이론과 상징적 상호작용론을 번갈아 사용했다. 문제는 인정의 핵심을 이해하려면 사회질서의 원점, 즉 교환과 상호 작용으로 되돌아가야 한다는 것이다. 교환론, 상징적 상호작용론을 도구로 삼지 않았다면 인정에 대해 말하기가 대단히 어려웠을 것이다. 자칫하면 인정현형기(人情現形記: 현형現形이란 본모습을 드러내다, 정체를 폭로하다라는 뜻임—옮긴이) 식의 서술이 되었을 것이다. 교환과 상호작용을 번갈아 활용하며 분석하는 과정에서 청산하지 않는 인정의 특수한 속성이 부각되었다. 인정의 빚을 깨끗이 청산하지 않거나 되로 받고 말로 갚는 것은 꾸물거리는 인정의 속성에 해당한다.

이러한 농경 시대의 행위 특성은 관계망을 유지하는 데 유리하게 작용했다. 강호 식의 인간관계가 유지될 수 있는 이유는 인정 가운데 교환과 왕래의 요소가 포함되어 있기 때문이다. 인정이 없으면 관계가 있을 수 없다. 인정의 빚을 깨끗이 갚지 않아야 강호인 서로 간에 친근감을 유지할 수 있다.

체면은 강호 교류의 특수한 수단이지만 그 원리는 복잡하다. 본래 체면은 유교의 '명분'에서 기원했고, 사대부 문화에서만 통용되었다. 근대에 들어 체면은 사적인 교제의 통속적 문화 메커니즘으로 변질되어 점차 독립성을 띠었다. 이즈음에 강호는 체면을 강호 문화로 흡수해 수단적 성격을 한층 더 강화했다. 그리하여 체면은 강호의 가치관과 이익 교환 매체로 변해 체면을 세우고, 체면을 봐주는 풍조가 생겼다.

'혼'에 관한 장은 나중에 추가한 것이다. 일찌감치 혼의 보편성과 강호에서 혼이 차지하는 특수한 지위를 알고 있었지만 그것을 어떻게 정의 내릴지가 줄곧 난제였다. 그러던 어느 날 텔컷 파슨스의 『사회적 행위의 구조The Structure of Social Action』를 읽고 영감을 얻었다. 파슨스의 구조 기능주의적 관점에 따르면, 사회구조는 모두 기능에 봉사한다. 그 기능은 대개 그 구조의 군중 가치관으로 드러난다. 따라서 강호의 복잡한 사회구조 배후에는 가치 구조가 숨어 있는데, 이 가치 구조는 필연적으로 '혼'일 수밖에 없다. '혼'은 강호의 가치관이다. 강호가 없으면 혼도 없고, 혼이 없으면 강호도 없다.

이어서 '사회제도의 변화'라는 장에서는 제도사를 분야별로 설명했고, 강호와 정부 측 제도를 함께 논했을 뿐 아니라 강호화와 현대화라는 두 가지 상반된 역사 과정을 대조적으로 논했다. 이러한 대조적 방법의 기준이 된 것은 구조주의였다. 구조주의적 사유 방식은 제도, 체제를 하나의 분야로 추상화해 분야의 충돌과 교체 속에서 제도 변천의 원인을 찾는 것이다. 구조주의 견해를 참고로 한 이유는 강호의 기본적인 요소와 주류의 유교 제도 요소가 거의 통하지 않는다는 걸 알고 있었기 때문이다. 그 후 중화민국의 공화제와 신중국의 집단주의 제도를 분석하면서 그것들의 구성 요소가 다르다는 걸 알았다.

그 가운데 연관성을 찾기 위해서는 공통점을 발견해야 했고, 그래서 삼각형 체제 구조라는 가설을 세워 강호, 유교, 사회주의, 현대 법치를 종합적으로 설명했다. 이 방법을 쓴 것은 클로드 레비스트로스의 구조주의 인류학 저서인 『슬픈 열대Tristes tropiques』의 영향이 컸다. 구조주의의 방법이 만능은 아니지만 근대 중국 변혁의 총체적인 원인을 밝히는 데 도움이 될 뿐 아니라 '역사적 대사건 기록'이라는 미시적 방법에 구애받지 않을 수 있다.

　이 책은 처음에는 전적으로 현실 관찰에 토대를 두었지만 관찰만으로
는 한계가 있었다. 그래서 이 책의 뒷부분에서는 사회적 교환이론, 상징
적 상호작용론, 구조주의 도식 등 서양 학문의 각종 방식을 활용하였다.
『강호 중국』은 중국 근대 제도 전환사에 관한 계몽 서적이자 대중 독본
이라고 할 만하다. 현재 남아 있는 역사적 자취에 근거해 과거 500년 동
안의 민중 사회 역사에 대해 서술했고, 진실되지만 복잡하고 우회적인
방식으로 제도 전환의 원인과 과정을 보여주었으며, 중국 현대화 과정에
서 사람들에게 등한시된 강호의 탈바꿈·흥기·방해 요인을 부각시켰다.
중국인이 자신을 이해하고 근대 역사를 반성하기 위해서는 강호를 망각
하면 안 된다는 점이 이 책을 쓴 취지다.

　강호의 미래에 대해서는 누구도 감히 함부로 말할 수 없다. 책의 마지
막 장에서 지면을 많이 할애해 강호의 미래에 대해 대담하게 추측했지만
주도권은 내게 있는 게 아니다. 강호의 운명은 개인이 결정할 수 있는 게
아니라 전체 중국인이 결정하는 것이다. 그렇지만 다수의 사람들에게 결
정권이 없다 해도 규칙에 의해 결정될 수는 있는데, 이 규칙은 바로 중국
인의 이익 게임과 이익의 최대화다. 만약에 강호가 운 좋게도 이익의 최
대화를 보장해준다면 중국인은 강호를 계속 신봉할 것이다. 반대로 강호
가 이익의 최대화에 방해된다면, 이를테면 사회 운영 관리의 거래 비용
을 쓸데없이 올려 소수의 사람들만 이익을 얻고 다수의 사람들은 손해를
본다면 보이지 않는 메커니즘이 강호를 압박하고 현대 제도 문화를 발전
시킬 것이다. 무엇을 버리고 무엇을 선택할 것인가? 도대체 다수의 사람
들에 의해 결정되는 것일까, 규칙에 의해 결정되는 것일까? 그렇지 않고
규칙이 다수 사람들의 이익에 의해 결정되는 건 아닐까? 계속해서 지켜

봐야 할 것이다.

　현상의 발전 과정에서 강호화와 현대화는 나누거나 가를 수 없는 긍
·부정의 두 가지 측면이다. 그 결과 강호, 그리고 잔존하는 유교가 현대
제도 문화와 융합해 중국적 특색을 지닌 현대 제도가 탄생하는 것이다.
비록 그 문화 형태가 보기에 좋지 않고, 그다지 잘 통합되지도 못할 테
고, 구조가 느슨하고, 거칠고 조야하고, 재래식과 현대식이 구분되지 않
겠지만 꽤 쓸 만할 것이고, 간편해서 실행하기도 쉬울 것이며, 순리에도
어긋나지 않을 것이다. 중국에 다른 미래가 있을 거라고는 생각하지 않
는다. 이것이야말로 진정한 자유주의이자 역사 발전의 자연적인 추세를
중시하는 자연주의라고 생각하기 때문이다.

　헌정 대 강호 제도 전쟁의 결과에 대해 필자는 국민의 게임 역량 및 최
소 거래 비용 제도에 대한 국민의 선택을 신뢰하려 한다. 최소 거래 비용
의 제도가 게임의 최후 균형이다. 필자는 '강호'나 '헌정'을 막론하고 최
소 거래 비용 제도가 가장 좋은 제도라고 생각한다.

2006년 5월 16일

위양

교과서나 정규 교육에서 배울 수 없는 것을 가르쳐주는 책, 강호에서 살아남는 비법을 소개한 책! 약장수의 광고 같은 느낌이 들긴 하지만 이렇게 소개하고 싶다. 본래 도가의 은자나 협객에서, 비밀 단체나 종교 결사로, 다시 암흑가 조직으로 계통을 잇는 강호를 정의 내리기란 쉽지 않다. 강호란 체제 밖의 사회를 의미하고, 강호화란 체제 밖의 강호가 체제 안으로 유입된 것을 뜻한다. 따라서 강호 중국이란 강호화된 중국을 의미한다. 좀 더 쉽게 표현하자면 뒷골목의 지저분한 사회, 폭력이 난무하고 뒷거래가 성행하고 뇌물이 오가고 법보다는 주먹이 가까운 세계다. 합법적이고 공명정대한 사회가 아니라 어두컴컴하고 음흉한 강호 사회에서 살아남기 위한 비법이란 과연 무엇일까?

저자는 강호의 개념과 역사를 설명하면서 강호인들이 중시하는 관계, 인정, 체면에 대해 자세히 이야기한다. 그 얘기를 듣다 보면 어느새 강호를 이해하고, 강호 사회에서 살아남기 위한 처세술을 터득하게 된다.

인류 역사에는 시공을 초월하는 보편성이라는 게 있어서 우리는 중국 강호에 대한 얘기를 들으면서 어쩌면 우리 실정과 이렇게도 비슷할까, 무릎을 치며 한숨을 쉬게 되는 것이다. 중국과 마찬가지로 대한민국 역시 관계나 연줄, 인맥이 생존을 위한 자원이 되는 사회다. 생명선과 같은 그 관계라는 걸 유지하기 위해 신세를 졌으면 반드시 갚아야 하고, 적당히 상대의 체면을 세워줄 줄 알아야 하고, 가식을 떨면서 위선을 부려야 하고, 때로는 속임수를 써야 한다. 우리는 상당히 피곤한 사회에 살고 있다.

책의 뒷부분에 저자는 삼각형 모델을 대입해 사회제도의 변천에 대해 설명하면서 결국 현대 법치가 승리해 중국에서 강호는 발붙일 곳을 잃고 말 것이라는 제법 낙관적인 전망을 하고 있다. 역자의 생각은 저자와 좀 다르다. 절대적으로 선한 사람이 없듯 절대적으로 공평하거나 정의로운 사회는 이 세상 어디에도 없다. 우리는 어쩔 수 없이 밝음과 어둠이 교차하는 사회에서 살아갈 수밖에 없고, 싫더라도 살기 위해서는 거기에 적응해야 할지도 모른다. 그러므로 우리는 강호를 무시해서도, 강호를 뿌리 뽑을 수 있다고 결코 장담해서도 안 된다. 연줄이 소용없고, 검은돈이 오가지 않고, 뒷거래가 없는 사회가 세상 어디에 있을까? 다만 그것이 성행하지 않기만을 바랄 뿐이고, 다수의 사람들이 정의롭다고 느끼는 사회를 만들기 위해 노력할 뿐이다.

물론 독자의 생각은 역자와 다를 수 있다. 이 책을 먼저 읽고 번역했다는 이유로, 그리고 역자 후기를 써달라는 출판사의 청에 못 이겨 어쩔 수 없이 아는 척을 할 수밖에 없었다. 끝으로 이 책을 직접 기획하신 우찬규 사장님과, 역자와 만난 적도 없고 아무런 연줄도 없는데 연락을 취해준 학고재에 감사의 말씀을 전한다.

2012년 12월
서아담

옮긴이 서아담

전북대학교 사학과를 졸업하고 동 대학원에서 석사 학위를 받았다. 중국 언론대학교와 저장대학교에서 중국어를 공부하고, 이화여자대학교 통번역대학원 한중과를 졸업했다. 번역한 책으로『중국역사암호 44 』,『중국 거상에게 배우는 부의 전략』,『밥그릇 경영: 불변의 법칙』등이 있다.

강호 중국 인맥과 처세의 중국 파헤치기

ⓒ 위양, 2012

2012년 12월 26일 초판 1쇄 발행

지은이 위양
옮긴이 서아담
펴낸이 우찬규
펴낸곳 도서출판 학고재

주소 서울시 종로구 계동 101-12번지 신영빌딩 1층
전화 편집 (02)745-1722 영업 (02)745-1770
팩스 (02)764-8592
홈페이지 www.hakgojae.com

ISBN 978-89-5625-189-9 03910